监狱学新视点

连春亮　编著

群众出版社
·北　京·

罪犯改造的犯因性差异理论

这一理论是吴宗宪教授在《罪犯改造论——罪犯改造的犯因性差异理论初探》一书中提出的罪犯改造的理论。这一理论的基本观点是：犯罪是犯罪人存在犯因性差异的结果，罪犯改造就是缩小和消除这些犯因性差异的活动。犯因性差异不仅存在于静态的因素或特征方面，更存在于动态的因素或特征方面，特别是存在于动态的相互作用（互动）方面。犯因性差异既是个人犯罪的重要原因，也是对罪犯进行改造的理论基础，表明了罪犯改造的方向，指明了罪犯改造的对象。从社会、道德和法律的标准来看，体现犯因性差异的因素都是有缺陷的，它们共同构成了犯因性缺陷。因此，改造罪犯实际上就是努力缩小和消除犯因性差异或犯因性缺陷的活动。

罪犯改造的犯因性差异理论包括两部分。其中，犯罪原因论提供了改造罪犯的科学依据，而罪犯改造论是犯罪原因论在罪犯改造活动中的具体应用。

※专业术语群：犯因性互动、犯因性互动因素、犯因性作用、犯因性效果、犯因性缺陷、犯因性差异、犯因性生理因素、犯因性心理因素、犯因性行为因素、犯因性认识因素、犯因性反应方式、犯因性情境因素、犯因性环境、犯因性环境因素、犯因性素质、犯因性个人因素、犯因性个别差异、犯因性需要、犯因性问题、犯因性个人特征、犯因性互动方式、犯因性认识、犯因性环境缺陷、犯因性个人缺陷、犯因性互动缺陷、犯因性思维模式、犯因性动力因素、犯因性情感因素、犯因性情绪因素、犯因性精神状态、犯因性人格因素、犯因性智力因素、犯因性观念因素、犯因性教育因素、犯因性能力因素、犯因性技能因素、犯因性认识缺陷等。

走出罪犯改造理论的“围城”

——吴宗宪教授“罪犯改造的犯因性差异理论”述评

吴宗宪教授在学术研究上以敬业、勤奋和严谨而著称，多年以来，他在监狱学、犯罪学、社区矫正等领域进行了孜孜不倦的探索，出版了一大批有影响力的学术专著，提出了诸多新的观点和理论，可以说是这一专业领域的真正大家，赢得了同行的敬重。《罪犯改造论》是吴宗宪教授的博士论文，后被收入“京师刑事法学博士文库”，由中国人民公安大学出版社 2007 年 8 月出版发行。在书中，吴宗宪教授以罪犯犯罪的差异问题作为切入点，提出了罪犯改造的犯因性差异理论，这是“一种以缩小和消除犯因性差异为核心展开的罪犯改造理论”。[①] 可以说，这一理论以它自身所具有的特质性和异质性，成为罪犯改造的新基点。[②]

一、犯因性差异理论及其特质

犯因性差异理论是吴宗宪教授在已有研究成果的基础上，基于改造罪犯的应用性目的而提出的一种犯罪原因理论。这一理论的基本观点是：犯罪是犯罪人存在犯因性差异的结果。犯因性差异不仅存在于静态的因素或特征方面，更存在于动态的因素或特征方面，特别是存在于动态的相互作用（互动）方面。犯因性差异既是个人犯罪的重要原因，也是对罪犯进行改造的理论基础，表明了罪犯改造的方向，指明了罪犯改造的对象。从社会、道德和法律的标准来看，体现犯因性差异的因素都是有缺陷的。因此，改造罪犯实际上就是努力缩小和消除其犯因性缺陷的活动。

犯因性差异理论有自己的理论视域和研究范畴，旨在研究具体的个体犯罪行为，属于个体犯罪的微观探究，而不是研究整个社会的宏观犯罪现象。它的基本内容包括两部分：一是犯因性互动观点，说明犯罪行为产生的一般原理和原因；

---

① 吴宗宪著：《监狱学导论》，法律出版社 2012 年版，第 645 页。

② 本专题试图对吴宗宪教授的“犯因性差异理论”进行梳理和评论，因此凡是在本专题中出现的关于吴宗宪教授的思想观点，均出自《罪犯改造论》，非特定情况下，不再一一注明。

二是犯因性差异观点，说明特定个人进行犯罪行为的具体原因。

（一）犯罪原因互动观

吴宗宪教授认为："科学的犯罪人改造活动，应当是一种在明确的理论和观念的指导下进行的活动。这类理论和观念应当包括有关犯罪原因的学说，因为根据一般的逻辑规则，要想有效地改造犯罪人，就必须科学地认识犯罪人进行犯罪行为的原因。"只有系统地认识和把握犯罪的原因，多层次地认识和把握犯罪原因，客观地认识犯罪因素的不同作用，才能深层次地把握罪犯改造和矫正的问题。这就要求在对待罪犯改造的方法上，必须探求罪犯走上犯罪的本源性问题；只有找到了犯罪的"因"，才会研究出解决犯罪的"策"。而关于犯罪原因的研究，不论在世界范围内，还是在我国的犯罪学研究领域，学者们都进行了诸多探索，不仅形成了各种各样的理论观点，而且还催生出不同的理论流派，仅在我国就有诸多观点，如犯罪原因结构论、犯罪原因因素论、犯罪原因特征论、犯罪原因主次因素论、客观原因论、主观原因论、犯罪原因生物因素论、犯罪综合动因论等。应该说，每种理论观点都是我国犯罪学界长期研究的结晶，为我国的预防犯罪工作作出了贡献。但是我们也毫不讳言，各种理论流派又存在缺陷和不足，特别是在我国新的社会形态下，需要探求新的理论作为预防犯罪和改造罪犯的支撑。吴宗宪教授不媚世俗、不循常规，经过多年的探索，提出了犯罪原因互动观。

犯罪原因互动观认为，犯罪是个人与环境相互作用的产物。犯罪行为是在与犯罪相关的各种因素之间发生的相互作用而引起的。很明显，这一观点是人类认识犯罪行为长期探索的结晶，是在经过简单的单因素犯罪原因论、多因素犯罪原因论之后发展起来的更具有科学性的犯罪原因理论。这一观点是对我国各种各样犯罪原因理论的继承、深化、拓展和创新，之所以说是对我国犯罪原因理论的继承，是因为这一理论观点和我国犯罪学、犯罪心理学研究中的主流观点是协调一致的。例如，王牧教授提出的"系统结构犯罪原因论"就认为犯罪原因"是指有机结合在一起的作用力性质和程度各异的相互影响和作用的引起犯罪的社会因素和个人因素的综合体"。[①] 罗大华教授提出的"犯罪综合动因论"也认为个体犯罪原因是一个整体系统（母系统），这个整体系统是由若干相互联系和相互作用的主体内外因素（子系统）所构成的，它们形成多层次、多维度的原因网络结构。犯罪就是多种主体内外因素综合的互为动力作用的结果。[②] 之所以说犯罪原因互动观是对我国犯罪原因理论的深化、拓展和创新，是因为吴宗宪教授赋予

① 王牧著：《犯罪学》，吉林大学出版社 1992 年版，第 273 页。

② 罗大华主编：《犯罪心理学》，中国政法大学出版社 1997 年版，第 89 页。

了犯罪原因论新的内涵、新的价值，不是对原有理论的简单重复和表述，而是在拓展研究原有理论的基础上，强调犯罪人在整体犯罪过程中的犯因性“互动”。

（二）犯因性互动观

吴宗宪教授的犯因性互动观，是指在犯罪心理形成和犯罪行为发展过程中发生的各种相关因素之间有利于犯罪心理产生和犯罪行为实施的相互作用。其实质在于与犯罪相关的各种因素之间发生的有利于犯罪心理形成和犯罪行为实施的相互作用，由此引起犯罪行为的发生。

吴宗宪教授的犯因性互动观进一步丰富了犯罪原因的互动观点，是在犯罪原因互动观点基础上的进一步深化和升华。吴宗宪教授认为，“在应用犯罪原因的互动观点分析犯罪原因的过程中，不仅应该看到犯罪行为的产生与多种相互关联的因素有关，并且在这些相关的因素之间存在着相互作用，而且应该看到，这些因素之间的相互作用具有犯因性性质，即这类相互作用具有有利于犯罪心理的形成和犯罪行为的实施的特点。”这是因为，与犯罪有关的因素很多，相互之间产生的作用具有不同的性质，仅就对犯罪心理的形成而言，既有正向的推动作用，也有负向的抑制作用，致使犯罪动机具有不同的生成形态。“只有当与犯罪有关的因素之间发生有利于犯罪心理产生和犯罪行为实施的相互作用时，犯罪行为才有可能产生。”很明显，吴宗宪教授的犯因性互动观点：一是强调犯罪行为是由相关的多种因素引起的，而不是由某种单一因素引起的；二是强调犯罪行为是由与犯罪有关的因素之间的相互作用（互动）引起的，犯罪行为就是各种相关因素相互作用的产物，是在各种相关因素的动态互动中产生和实施的；三是强调这类相互作用（互动）具有“犯因性”性质，即有利于犯罪心理的形成和犯罪行为的实施的性质。在这里，“犯因性”包含了犯罪心理形成和犯罪行为发生的前置性质，是所有犯罪行为产生的完整的原因；而“互动”则是引起犯罪行为的内在动力因素。犯因性互动的初始到完成是一个极其复杂的网络系统，内部由相关的多个相对独立的子系统构成，在不同的子系统以及同一子系统内的各个要素之间都会发生犯罪的“物质和能量”的交换，由此决定着犯罪行为的向度和强度，决定着犯罪行为在实施方式和不同危害后果等方面的形态差异和实质区别。

吴宗宪教授认为，犯罪行为是以犯罪人的心理活动为中介，通过折射发生的。这是因为，从犯罪行为与个人心理活动的关系来讲，在犯罪行为的产生过程中，往往伴随着不同的心理活动。外在的对犯罪人产生影响的因素必须被犯罪人所感知、所意识、所接纳，才会引起犯罪人相应的心理活动，然后才能引起犯罪行为。而客观现实并不直接引起犯罪行为，在客观现实与犯罪行为之间，以犯罪人的心理活动为中介。在这里，吴宗宪教授用了“折射”这一概念，强调犯罪行为都是以犯罪人已经形成的主观世界为中介进行的。客观现实对于犯罪行为的作用，不仅以心理活动为中介，而且也以犯罪人已经形成的主观世界为中介，从而表现出犯罪人自己的特点。

吴宗宪教授认为，所有对犯罪心理产生和犯罪行为实施起诱发、推动和助长作用的因素，都可以称之为“犯因性因素”，犯因性因素的有机结合和相互作用，是犯罪行为产生的原因。很明显，在犯因性因素体系中，即使是长期存在于犯罪人身上的具有定型化特征的犯罪因素，只要在犯罪人犯罪中没有起诱因、推动和助长作用，就不属于“犯因性因素”。这就界定了犯因性因素的作用和范畴，将非犯因性因素排除于犯罪行为产生的原因之外。

（三）犯因性差异观

吴宗宪教授认为，“在现实中，并不存在完全相同的事物和现象；既不存在完全相同的环境，也不存在完全相同的个人；任何人之间以及任何人所面临的环境之间，都存在不同程度和性质的差异。”因此，在犯罪心理形成和犯罪行为实施过程中也存在着个人因素、环境因素及其互动方面的有利于犯罪心理和犯罪行为产生的个别差异，这就是犯因性差异。“犯因性差异”是吴宗宪教授罪犯改造犯因性差异理论中最重要的概念之一，着重强调这种差异是在犯罪心理形成和犯罪行为实施过程中存在的差异；强调犯因性互动存在于以犯罪人为核心的犯因性环境因素、犯因性个人因素和犯因性互动因素之间等多个方面的差异；强调犯罪人与守法者之间的差异。由此，犯罪人之所以会犯罪，是由于在很多情况下，犯罪人自身以及他们所接触的环境、犯罪人与环境的相互作用等，都是与守法者有差异的，都是有利于犯罪心理和犯罪行为产生的。尤其是犯罪人自身内在的区别于守法者的犯因性差异因素，直接驱动了犯罪人的犯罪动因，是犯罪人实施犯罪的“动机性因素”。这些有利于犯罪心理的产生和犯罪行为的实施方面的差异，构成了“犯因性差异”。正是由于存在这样的差异，一些人变成了犯罪人，而其他人并没有变成犯罪人，这就是“犯因性差异”最核心的内容，也是犯因性差异理论的基本假设。

吴宗宪教授还强调犯罪人之间的差异。尽管对于犯罪人而言，他们之间面临的社会环境、具有的个人特征以及使用的互动方式，可能更具有相似性，但这种相似性大于他们与守法者之间的相似性，犯因性差异理论仍然强调，这些因素在犯罪人之间也是互有差异的。犯罪人并不是一个同质的群体，他们不仅与守法者群体有差异，而且在犯罪人群体内部的不同个体之间也有差异。犯罪人之间的这种差异不仅表现在一些静态的方面，更表现在很多动态的方面，特别是各种内容和形式的相互作用方面。正是这些方面的差异，导致不同的犯罪人实施了形形色色的犯罪行为，造成了犯罪行为的多样性。退一步讲，即使犯罪个体在一个同质性的犯罪群体中，如从事盗窃犯罪的群体，从事买卖婴儿的犯罪群体，从事毒品买卖的犯罪群体，从事具有黑社会性质犯罪的群体等，也存在诸多的差异。首先，在犯罪群体中由于犯罪个体所处的地位不同，所起的作用存在很大差别，犯罪个体的“犯因性内在本质”存在差异。其次，犯罪群体内的每个犯罪个体，其从事犯罪的“犯因”也不一样。再次，犯罪个体在群体犯罪时所反映出来的“价值取向”也存在差异。最后，犯罪个体在群体实施犯罪之后，对待犯罪的“犯因性态度”也不一样。即使在服刑改造中，同一犯罪群体的罪犯个体对犯罪的认知也存在很大的差异。如果深究其原因，就在于罪犯个体所存在的不同的“犯因性元素”在起着支撑作用。因此，就这一层面而言，犯因性差异既是静态存在的“具有犯罪质的样态”，也是呈现于犯罪人不同犯罪阶段的“犯罪因子”。

二、犯因性差异理论的专业术语特质

犯因性差异理论的理论体系，不仅形成了具有自身特质的理论形态，而且以“犯因性”为核心，形成了这一理论特有的专业术语群，充分体现出这一理论的自身特色。吴宗宪教授特别强调：“在论述犯罪原因等问题时，‘犯因性’这个词有较大的使用价值，能够较好地表达自己的意思，以它为定语可以构成很多术语，因此，在本文独创和使用了多个以‘犯因性’开头的汉语词汇……”这些专业术语既是犯因性差异理论构建的元概念，也是理论体系的基本单元，更是理论体系特质的体现。笔者大致归纳如下：犯因性互动、犯因性互动因素、犯因性作用、犯因性效果、犯因性缺陷、犯因性差异、犯因性生理因素、犯因性心理因素、犯因性行为因素、犯因性认识因素、犯因性反应方式、犯因性情境因素、犯因性环境、犯因性环境因素、犯因性素质、犯因性个人因素、犯因性个别差异、犯因性需要、犯因性问题、犯因性个人特征、犯因性互动方式、犯因性认识、犯因性环境缺陷、犯因性个人缺陷、犯因性互动缺陷、犯因性思维模式、犯因性动力因素、犯因性情感因素、犯因性情绪因素、犯因性精神状态、犯因性人格因素、犯因性智力因素、犯因性观念因素、犯因性教育因素、犯因性能力因素、犯因性技能因素、犯因性认识缺陷等。应该说，专业术语群是这一理论的特质元素，也是这一理论得以构建的“基本因子”。不仅如此，吴宗宪教授还对大多数专业术语进行了界定，对部分术语的应用和彼此之间的关系进行了阐述，不仅使犯因性差异理论和其他理论具有了明显的视域区分，而且也赋予了这一理论体系的新的价值内涵，完善了罪犯改造犯因性差异理论的逻辑结构。

（一）专业术语界定

罪犯改造犯因性差异理论的专业术语界定主要有：

——犯因性因素就是对犯罪心理的产生和犯罪行为的实施起诱发、推动和助长作用的因素。简而言之，犯因性因素就是具有犯罪原因性质的因素。

——犯因性作用就是犯因性因素在犯罪心理的产生和犯罪行为的实施中所起的推动和促成性作用，亦称犯因性效果。换言之，犯因性作用或者犯因性效果就是促使犯罪心理产生和犯罪行为实施的作用。

——犯因性环境是指在个人的成长和发展过程中受到环境方面的影响和促使个人形成犯因性个人特征的环境。

——犯因性个人因素是指犯罪人自身存在的诱发、推动和助长犯罪心理的产生与犯罪行为的实施的因素。

——犯因性素质就是诱发、推动和助长犯罪心理的产生与犯罪行为的实施的个人特征。包括生理、心理等多个方面的特征。

——犯因性互动方式是指个人所使用的有利于犯罪心理的增强和犯罪行为的发生的相互作用方式。

——犯因性互动是指使用犯因性互动方式进行的相互作用活动。

——犯因性认识是指在互动中对有关因素作出的有利于犯罪心理形成和犯罪行为实施的认识和评价。这里所说的“有关因素”，既包括参与互动的环境因素，也包括参与互动的个人因素。

——犯因性反应方式是指在犯因性认识基础上产生的相应的外部反应方式。

——犯因性情境因素是指在犯罪人与犯罪情境之间存在着多方面的相互作用，其中，一些情境因素具有犯因性作用，这类因素可以称为犯因性情境因素。

（二）不同概念的转换运用和区别

关于不同概念的转换运用和区别的问题，吴宗宪教授论述了犯因性差异、犯因性缺陷和犯因性素质之间的联系、区别和转换运用。

吴宗宪教授认为，在犯因性差异理论中，“犯因性差异”和“犯因性缺陷”是从不同角度论述同类现象的两个术语，在理论价值上具有等值性。从解释犯罪人与守法者区别的角度来看，可以将犯罪人与守法者之间存在的那些与犯罪心理的产生和犯罪行为的实施有关的因素方面的差异称为“犯因性差异”。从社会、道德和法律的标准来看，这些体现犯因性差异的因素，实际上都是违反社会准则、社会道德标准和法律规范的，从这种角度来讲，它们都是有缺陷的。因此，从这样的角度出发，可以将“犯因性差异”转换为或者称之为“犯因性缺陷”。

根据这种转换，从社会、道德和法律的标准来看，“犯因性环境因素”是促使个人产生犯罪心理和实施犯罪行为的缺陷，可以称之为“犯因性环境缺陷”；“犯因性个人因素”和“犯因性个人特征”是个人成长和发展过程中形成的容易使个人产生犯罪心理和实施犯罪行为的缺陷，可以称之为“犯因性个人缺陷”；“犯因性互动因素”对于个人犯罪心理的产生和犯罪行为的实施有重要的促进作用，同样属于有缺陷的现象，可以称之为“犯因性互动缺陷”。

由于使用语境的不同，使用某一个术语可能更为恰当一些，也可能更加符合理论表述的逻辑和习惯等方面的要求，因此在下文中将根据语境的不同，选择使用这两个术语中的一个。这样既可以符合表达方面的要求，也可以使行文简洁明了。一般来讲，凡是使用“犯因性差异”一词比较得体的地方，就不使用“犯因性缺陷”一词；只有在使用“犯因性差异”有不合逻辑或者表达习惯等问题的场合，才会考虑使用“犯因性缺陷”一词。

此外，应注意犯因性差异、犯因性缺陷与犯因性素质这三个术语之间的关系。

犯因性差异和犯因性缺陷的关系仅仅是从不同的角度和语境中使用的，用来指同样对象的两个术语。应当注意的是，无论是犯因性差异，还是犯因性缺陷，都包括与犯罪心理和犯罪行为有关系的所有主客观因素（犯罪人及环境因素），但是犯因性素质仅仅指其中的犯罪人因素，是指犯罪人自身所具有的各种犯因性差异或者犯因性缺陷。因此，在着重论述改造罪犯问题的时候，也可以使用犯因性素质的概念。

（三）犯因性差异的种类区分

吴宗宪教授认为，犯罪人的犯因性差异有多方面的表现。根据上述转换的情况，所有犯因性因素都可以转换为犯因性差异。因此，犯因性差异的种类与犯因性因素的种类是一致的。

一是从犯罪人所接触的环境来看，所谓的“犯因性环境”体现了特定的犯罪人与其他守法者之间在所接触的环境方面的差异。犯罪学等学科的研究发现，很多犯罪人成长和发展的环境确实不同于很多守法者，他们接触的环境与大多数守法者接触的环境是有差异的，这种容易使个人形成犯因性个人特征的环境差异，可以称之为“犯因性环境差异”，换言之，犯因性环境差异就是个人所接触的容易引起犯罪心理和产生犯罪行为的环境方面的差异。

二是从犯罪人的自身情况来看，所谓“犯因性素质”或者“犯因性个人特征”体现了特定的犯罪人与其他守法者之间的个别差异，因此也可以称之为“犯因性个体差异”。换言之，犯因性个体差异就是个人不同于他人的容易产生犯罪心理和实施犯罪行为方面的差异。

三是从犯罪人与环境的相互作用来看，犯罪人的互动方式也有不同于守法者的特征。这方面的差异可以称之为“犯因性互动差异”。换言之，犯因性互动差异就是个人在与环境的相互作用方面不同于他人的容易产生犯罪心理和实施犯罪行为的差异。

三、罪犯改造目标层次论

在犯因性差异理论框架内，改造罪犯就是缩小和消除罪犯的犯因性缺陷，从而使其成为守法者的活动。由此，改造罪犯是消除犯因性差异而不是罪犯所存在的所有差异，恰恰相反的是，我们对罪犯的改造，除了消除犯因性差异之外，还要宽容对待罪犯的一般个别差异，将其改造为具有个性特征的人。只有明确了这一点，才能进一步理解犯因性差异理论关于罪犯改造目标的异质性。

新中国成立后，关于罪犯改造的目标，在不同的时代有不同的价值追求，随之在法律法规、部门规章以及规范性文件、工作规范的要求上有很大的区别。综合起来看，大致经历了以下三个阶段：

第一阶段是罪犯改造的传统目标，主要是对罪犯政治人的塑造。这一时期从1949年新中国成立到1978年改革开放。这一时期出于政治需要，罪犯改造的目标是围绕当时的政治形势而选择的，在政治教化的主导下，以阶级划分的方法，将罪犯作为阶级斗争的对象，罪犯改造的标准以罪犯的阶级立场的转变为标志。例如，1949年9月29日中国人民政治协商会议第一届全体会议通过的《共同纲领》第7条中规定，要通过强迫劳动把罪犯改造成为新人；1954年政务院发布的《劳动改造条例》第1条中沿用了这一表述；1958年8月全国公安会议上通过的《关于劳动改造工作的决议》中变成“把绝大多数罪犯改造成为走社会主义道路，有利于社会主义建设的劳动者”；在1960年2月的第十次全国公安会议上提出：“把大多数罪犯改造成为真正改恶从善，自食其力的劳动者。”

第二阶段是对罪犯法律人的塑造。从1978年改革开放至2003年监狱体制改革。这一时期是我国改革开放时期，既是经济高速发展的时期，也是我国法治建设的黄金期，依法治国成为最基本的治国方略，在追求法治的背景之下，对罪犯的改造目标也发生了变化，以“守法公民”为核心的法律人成为罪犯改造的价值追求。具有标志性的规定有：1981年12月，中共中央在《第八次全国劳改工作会议纪要》的批示中提出，“把罪犯改造成为拥护社会主义制度的守法公民和社会主义建设的有用之材”；1994年颁布的《监狱法》第3条规定“监狱对罪犯实行惩罚和改造相结合、教育和劳动相结合的原则，将罪犯改造成为守法公民”。这一规定指明了改造罪犯的根本目标：“将罪犯改造成为守法公民”，这里所说的“根本目标”，就是要通过一系列的罪犯改造工作最终所要达到的结果。

第三阶段是对罪犯“社会人”和“职业人”的塑造。从2003年监狱体制改革至今。2003年我国监狱按照“全额保障、监企分开、收支分开、规范运行”的总体思路，拉开了体制改革的序幕，对罪犯的改造进入了多元化时代，将对罪犯人权的保护提到了新的高度，来源于西方的罪犯矫正理念进入中国罪犯改造领域，并迅速为社会所接纳，尤其是人性化管理理念的提出和贯彻，使监狱形成了新的监狱价值观念。监狱在对自身工作重新审视的基础上，将罪犯置于“社会人”的层面进行矫正和教育。一方面强调罪犯作为社会人的健康人格的塑造，强化对罪犯的心理矫治；另一方面以罪犯回归社会和适应社会为中心的职业技能教育成为对罪犯矫正和教育的主要内容，被各个监狱广泛重视。这样，适应社会需要的健康的“社会人”和与社会相融合的“职业人”的改造目标成为罪犯改造的新思路。

吴宗宪教授认为，从罪犯改造目标的表述来看，《监狱法》中的表述最为准确，也最为合理。这是因为“新人”是一个含义模糊、要求很高的概念，“新人”意味着在所有方面都要发生显著的甚至是彻底的变化；“有用之才”的目标更高，即使对于普通守法者来讲，经过多年的教育和培养，也难以个个都成为社会中的有用之才。对于整体素质相对较差的罪犯而言，在有限的时间和有限的条件下，把他们改造成为“有用之才”，显然不切实际。为此，“守法公民”的目标包含了双重含义：一是“守法者”是一个客观的衡量标准，也是对罪犯释放之后的基本要求。在现实生活中，守法公民是一个由各种不同人群组成的复杂群体。这个人群与罪犯人群的最大区别是守法公民没有实施犯罪行为。二是“公民”是作为一个社会成员的通用条件，就是具有一国国籍，并根据该国宪法和法律规定享有权利和承担义务的人。为此，吴宗宪教授一改监狱界公认的改造目标常规，为罪犯改造目标设置了一个具有自身特质同时又具有异质性的层次改造目标，即改造罪犯的合理目标，为改造罪犯工作提供了更加准确的参照标准。

吴宗宪教授的改造目标层次论将罪犯改造成为“守法公民”分为三个层次：社会精英、普通大众和低劣人群。第一层次的“社会精英”是罪犯改造的最高目标。在传统罪犯改造观念中，好像罪犯改造的目标定得越高，越能昭示“无产阶级改造全人类”的豪情壮志，从政治宣传的角度看，它极具理想主义的浪漫色彩。但是，从罪犯改造的现实看，这一目标是极不合理的，甚至可以说是很荒唐的，其无形中误导了监狱的罪犯改造工作，使投入到罪犯改造工作的资源由于追求“高大上”而大量浪费。第二层次的“普通大众”是改造罪犯的合理目标，是基于罪犯“社会人”的价值取向而确立的。根据这个目标定位，在罪犯改造工作中，要努力把罪犯改造成为普通的守法公民，只要将罪犯改造成为有一定道德水平，过守法生活的人，就可以说是完全达到了改造罪犯的目标。第三层次的“低劣人群”是罪犯改造降格以后的最低目标，如果监狱能够将罪犯改造成为“低劣人群”，在他们从监狱释放之后，哪怕道德品质很差、思想仍然很卑劣，但只要遵守法律，不再重新犯罪，也应该认为监狱系统基本实现了改造罪犯的目标。这样的人群有很多道德、法律、行为、嗜好等方面的问题或者差异，但是只要这些问题或者差异的存在不会引起新的犯罪行为，监狱也不必花很大的代价去消除这些问题或者差异。从总体上来看，罪犯群体在整个社会结构中具有“低质性”特征，对罪犯群体的改造只要实现了“不再重新犯罪”的目标，就是监狱对社会预防和控制犯罪的重大贡献。

吴宗宪教授认为，在确立罪犯改造的合理目标的问题上，必须清楚地区分法律和道德的界限。法律和道德的相似之处和差别都有很多，但有一个基本差别，就是法律仅仅调整人们的行为，而道德不仅调整人们的行为，还调整人们的思想。法律是社会生活中最低限度的行为规范，它所关注的对象是人们的外部行为，而不太关注人们内心的思想。一个人只要不出现违反法律的外部行为，那么不管这种状态是由什么思想引起的，究竟是由高尚的道德动机引起的，还是由卑劣的自私心理引起的，对于衡量个人是否违法来说，都没有什么关系，人们都会认为这个人是守法的。因此，在罪犯改造中，要更多地教育、规范、塑造罪犯的守法行为，以“法”为社会人的合理界限，而不能过分地强调改变或者升华罪犯内心的道德动机。

吴宗宪教授认为，罪犯改造的根本目标指明了罪犯改造工作最终要达到的结果；罪犯改造的合理目标为改造罪犯工作提供了更加准确的参照标准。在确立了罪犯改造的目标之后，就能够有效设计罪犯改造的具体对象，即罪犯改造工作指向的具体问题或内容。在犯因性差异理论视域中，罪犯改造的具体对象就是体现犯因性差异的犯因性缺陷或者犯因性素质。这意味着在改造罪犯的过程中，要围绕如何缩小和消除罪犯与守法者之间的犯因性差异，如何缩小和消除罪犯的犯因性缺陷，如何削弱和消除罪犯的犯因性素质，开展相关的改造工作。这些犯因性缺陷既是他们进行犯罪行为的重要原因，也是需要在监狱中进行改造的具体对象。

笔者认为，任何目标的顶层设计都必须受制于与其密切关联的条件和因素，必须具有科学的态度，使之具有合理性。监狱是造就人的地方，在这里的“人”，应是社会大众人、社会公民，包括道德“低劣人群”，而非特定人，抑或是“社会精英”。因此，在改造目标的顶层设定上，首先是基于“人”的前提，以人为本，关注人的需要，尊重人的人格，注重人的发展。正如我国监狱学家沈家本所言：“监狱者，感化人而非苦人、辱人者也。”[①] 在现代法治理念下，罪犯改造目标的“社会人”和“职业人”的塑造才是监狱的价值追求。吴宗宪教授对罪犯改造目标的层次性设计，正是将罪犯基于“社会人”的角度，合理衡量

---

① 沈家本：《监狱访问录序》，载《历代刑法考（附寄簃文存）》（四），邓经元等点校，中华书局 1985 年版，第 2237 页。

监狱工作自身的能力而设置的。现实也充分证明，社会需要的是遵纪守法的“社会人”和安居乐业的“职业人”，“社会精英”只是少数，要求监狱将罪犯改造成“社会精英”显然超出了监狱自身的权力边界和能力范畴，既不现实，也难以实现。且不说监狱没有这样的资源和条件，即使是拥有丰富资源的国家的一流大学也难以实现这一目标。当然，我们也不否认极个别罪犯经过监狱的矫正教育成为了“社会精英”，但这只是个案，不能作为罪犯改造的“合理目标”，更不能设计为所有罪犯的改造目标。在更多情况下，经过监狱改造后的所谓“社会精英”，其在入狱之前就已经具有“社会精英”的身份或潜质，回归社会后只是其“社会精英”身份的延续或潜质在特定条件下的充分发挥，而监狱的改造只是起到了部分助推作用，而非关键作用。

附录1：

吴宗宪教授简介

吴宗宪，男，1963年2月生，甘肃省永登县人。1979年起先后在西北政法学院法律系、中国政法大学研究生院刑法专业和中国政法大学刑事司法学院学习，获法学学士、硕士和博士学位。1986~1992年1月在中国政法大学法律系任教，担任犯罪心理学教研室讲师；1992年2月~2006年3月在司法部预防犯罪研究所工作，先后担任科研处副处长、监狱学研究室主任和研究员。2006年4月起任北京师范大学刑事法律科学研究院教授、博士生导师、犯罪与矫正研究所所长、社区矫正研究中心主任。曾在英国、德国学习和访问研究，到美国、加拿大、澳大利亚等国参加国际会议和考察。

吴宗宪教授曾获国家司法部"杰出青年"及"中央国家机关优秀青年"称号；享受国务院政府特殊津贴；2004年5月成为国家人事部、科技部、教育部、财政部、国家发展和改革委员会、国家自然科学基金委员会、中国科学技术协会评定的"首批新世纪百千万人才工程国家级人选"。

吴宗宪教授主要从事犯罪学、刑法学、监狱学、社区矫正、法律心理学等方面的研究，独著、主编、参与编写专著30余部；主编、参编专业辞书16部；主译、合译专业书籍10部。在《心理学报》、《中国法学》、《政法论坛》、*European Journal of Crime*, *Criminal Law and Criminal Justice* 等刊物发表文章100余篇和译文10余篇。代表性著作包括：《西方犯罪学史》（独著，警官教育出版社1997年版，该书获司法部"九五"期间优秀科研成果三等奖）、《西方犯罪学》（独著，法律出版社1999年版，该书获司法部"九五"期间优秀科研成果一等奖）、《新犯罪学》（合著，高等教育出版社2005年版）、《非监禁刑研究》（合著，第一作者，中国人民公安大学出版社2003年版）、《中国现代化文明监狱研究》（主编，警官教育出版社1996年版）、《当代西方监狱学》（独著，法律出版社2005年版）、《社区矫正通论》（合著，法律出版社2004年版）、《国外罪犯心理矫治》（独著，中国轻工业出版社2004年版）、《中国服刑人员心理矫治》（主编，法律出版社2004年版，该书获司法部第五届"金剑文化工程"图书奖二等奖）、《罪犯改造论——罪犯改造的犯因性差异理论初探》（独著，中国人民公安大学出版社2007年版，该书获中国大学出版社图书奖首届优秀学术著作奖二等奖）、《刑事执行法学》（主编，"现代刑事法学系列教材"之一，中国人民大学出版社2007年版；第二版，中国人民大学出版社2013年版）、《西方犯罪学史》（独著，第二版，四卷本，中国人民公安大学出版社2010年版，该书获中国大学出版社图书奖第二届优秀学术著作奖一等奖、教育部第六届高等学校科学研究优秀成果奖（人文社会科学）三等奖）、《社区矫正比较研究》（独著，上、下卷，入选《国家哲学社会科学成果文库》，中国人民大学出版社2011年版）、《社区矫正导论》（主编，"21世纪中国高校法学系列教材"之一，中国人民大学出版社2011年版，该书获司法部司法行政干部业务培训优秀教材一等奖）、《监狱学导论》（独著，"21世纪法学规划教材"之一，法律出版社2012年版）等。

附录2：

《罪犯改造论——罪犯改造的犯因性差异理论初探》目录

（中国人民公安大学出版社 2007 年版）

契约刑理论

“契约刑”理论是郭明教授对现代刑罚制度及其模式进行批判研究后提出的行刑理论。其主要观点表述在由其所撰写的《刑事契约论》、《从“改造刑”到“契约刑”：中国刑罚制度的变革之路》、《契约刑论》等论文中，他首次提出了“刑事范式转换”的重要命题以及“刑事契约”、“契约刑”的新思想、新概念。

※“契约刑”理论是一种依照契约原理实现刑罚正义的法律制度与理论。它对现行刑事活动的基本权利义务关系进行契约构造、契约运作和契约解释，从而形成一种关于如何解决刑事正义问题的基本法律方法。这一方法的内在逻辑结构是：假设犯罪是引起刑事债务的行为，而罪犯的法律人格则是“刑事债务人”，因此刑罚不过是清偿刑事债务的方法。这一方法的基本精神来源于：人类社会悠久的契约传统、近代以来发微致弘的社会契约思想，以及古典刑事法治的未竟事业。它的信仰资源在于：“法治乃契约之治，刑事法治即刑事契约之治。”

※专业术语群：刑事债务、刑事债务人、刑事合同、刑事合同书、刑事执行书、刑事执行合同书、刑事判决合同书、刑事契约、刑事契约关系、刑事债权债务关系、刑事主体、刑事债权、刑事债权人、刑事中人、法锁、刑事第三方、刑事契约客体、刑事契约内容、刑事契约主体、刑事参与人、刑事原告、刑事契约标的、刑事社会契约、刑事债因、刑事债的、刑罚范式、刑事政治范式、刑事法治范式。

理想与现实的抗争

——郭明教授的"契约刑"理论述评

2004年郭明教授提出契约刑的理念，后通过多年的研究，站在更高的视角，对中国监狱发展的历史和现实进行了考察、分析、甄别和审视，对监狱发展中的重大事件进行分析和解剖，提出了中国监狱所存在的问题，并试图寻求解决问题的路径。他先后在《犯罪与改造研究》、《中国监狱学刊》等国内知名专业刊物上发表了《从"改造刑"到"契约刑"：中国刑罚制度的变革之路——基于"刑罚范式"革命的批判性思考》、《"契约刑"论——探求刑事正义问题的法治解决之道》、《中国监狱的现状及其变革》等论文，提出并阐述了"契约刑"理论。[①] 笔者认为，"契约刑"理论是对我国改造刑、矫正刑等传统刑罚思想的革命性变革，郭明教授所构建的"契约刑"是一种全新的刑罚范式。"契约刑"在基本理论构建中的最大特色或最大突破是引进了"社会契约论"的研究方法与路径，把刑罚的执行过程作为"刑事契约的履行过程"进行研究。在转型与重构问题上，郭明教授则围绕"监狱权力"这一核心问题，深度探讨了监狱作为"刑事中人"的构建路径和中国式的"契约刑"的本质与特征。

一、"契约刑"论的刑事法治语境：问题意识

问题意识就是一种责任意识，"就是善于发现问题，敢于面对问题，勇于承认问题，长于解决问题"。[②] 学术研究只有带着问题意识，才能发现现有监狱制度所存在的不能解决的问题。也就是说，我们必须保证学术研究能够提供"具有知识增量意义的观点和思想"。[③] 郭明教授提出"契约刑"论的前提，是其独特的问题意识和批判精神。他对中国监狱近两百年来的发展轨迹进行了审视和检讨，认为从1840年鸦片战争至2010年共计170年时间，中国监狱制度的变迁可

---

① 本专题试图对郭明教授的"契约刑"论进行梳理和评论，因此凡是在本专题中所出现的关于郭明教授的思想观点，均出自郭明教授的这些论文，非特定情况下，不再一一注明。

② 俞可平：《问题意识是一种责任感》，载《人民日报》2013年3月16日。

③ 邓正来著：《寂寞的欢愉》，法律出版社2004年版，第6页。

以概括为“一国两制”、“三次变道”。所谓“一国两制”的监狱制度，是指从1840年鸦片战争爆发到1945年抗日战争结束百余年的时间里，由于中国社会处在半殖民地半封建的状态，在中国沿海地区，帝国列强先后在租界内开设了监狱，如1856年法国在上海建造了厦门路监狱，1898年德国在青岛建造了欧人监狱，1899年俄国和1905年日本先后在旅顺开设了日俄旅顺监狱，1901年英国在上海建造了华德路西牢，1937年英国在香港建造了赤柱监狱，1841年英国在香港建造了域多利监狱。一系列外国监狱的出现，标志着在中国土地上出现了西方监狱和中国监狱这两种性质和类型完全不同的监狱制度。

所谓“三次变道”，是指从1901年至今，中国监狱制度在寻求自己的发展道路时，先后经历了“以日为师”、“以俄为师”和“以美为师”三次师从关系的转向发展。1901年“日落西山”的晚清政府，为了挽救死亡的命运，在各方压力之下开始了改革，其中就包括监狱制度改革。修律大臣沈家本在上奏皇帝的奏折中直言陈述，如不改革落后、野蛮的狱制，将无颜见诸各国。为了“以夷人之技以制夷”，清政府先后向日本派出了约5万名留学生，仅到日本东京警监学校学习现代监狱管理的就有五六百人，占到了留学生人数的百分之一，由此可以看出当时清政府对监狱体制改革的重视程度。1908年5月，清政府聘请了日本著名的监狱学专家小河滋次郎作为狱务改良者沈家本的狱务改良顾问，直接参与并主持起草了中国第一部预备监狱法——《大清监狱律草案》，同时，小河滋次郎还担任了京师法律学堂监狱专修科主讲教师，讲授日本的监狱理论、行刑理念和监狱制度，以日本模式培养新式监狱管理人才；帮助设计中国新式模范监狱“京师第一监狱”。这一时期基本和西方监狱体制改革相吻合，从行刑理念上，将罪犯看作是危害社会秩序的“恶人”，即“一个道德败坏或沦丧的人”，应用教诲刑模式，对罪犯进行道德教化和规训，试图达到使罪犯转变为“好人”的行刑目的。

第二次变道是“以俄为师”，从20世纪50年代至1994年。新中国成立之初，出于政治需要，中国在制度选择上全面倒向了苏联，以苏联为师，为了向苏联学习监狱管理制度，主管监狱工作的公安部举办了“高级管教干部培训班”，聘请苏联专家来中国授课，当面传授监狱管理经验；按照苏联“劳改”体制建立监狱制度；对罪犯采取阶级分析法；按照苏联的模式管理监狱、教育罪犯、从事生产。在行刑理念上，将罪犯看作敌人，即罪犯是敌对阶级阵营，应用改造刑模式，对罪犯实施政治高压政策和政治教化，试图使罪犯成为符合政治需要的“政治人”。

第三次变道是“以美为师”，主要是受美国和欧洲的影响，学习欧美的监狱管理制度、教育模式，提倡保障人权的思想，在监狱中贯彻人权、民主、科学、公平、正义、人道、人本、自由、平等、文明、理性、法治等现代思想。将罪犯视为一个有心理行为问题的人，要对他的“疾病”进行矫正，提倡模仿医学的疗程，依照科学的方法，借助“技术”的手段，试图使罪犯通过矫正而全面康复，回归社会。这就是典型的矫正刑模式。

郭明教授认为，除了三次师从关系的“变道”之外，改革开放之后的三十多年来，中国监狱的体制改革也在不断寻求自己的发展路径。首先是进行了监狱制度的“功能改革”，具有代表性的措施是：1985 年兴办“特殊学校”，强化对罪犯的“教育改造”功能，这可以说是我国监狱脱离政治教化后的初次尝试；1990 年以“分押、分管、分教”为内容的“三分”管理，强化监狱的“狱政管理”功能；1995 年司法部发起“全面创建现代化文明监狱工程”，强化监狱的整体功能；2000 年提出依法治监，强化监狱的“刑罚执行”功能；2003 年又提出了以“法制化、科学化、社会化”为主题的“三化”建设。其次是进行了监狱制度的“结构改革”，即 2003 年以来的监狱体制改革，提出了“全额保障、监企分开、收支分开、规范运行”的总体改革思路，使监狱的职能从多元化中分离出来，回归了本质属性；监狱的整体布局得到了调整，趋于合理状态；监狱的管理和矫正模式发生了转变，趋于理性状态。

郭明教授认为，中国监狱在近二百年来尽管进行了诸多探索，但仍未找到自己的基本出路。关键的问题在于“一个与‘主体性’有关的能动实践问题”：一是我们的文化意识、刑罚文化意识、监狱文化意识，尤其是这些左右文化的主体意识和人格意识是否能够真正觉醒？二是我们对人类行刑活动的历史经验和基本原理是否具备真实而可靠的认识？从“三次变道”的探索，“以日为师”的教诲刑模式、“以俄为师”的改造刑模式和“以美为师”的矫正刑模式，关于“罪犯人格假设”分别代表了道德、政治、医学等不同意识形态的立场和观点，无论是“恶人说”、“敌人说”，还是“病人说”，都试图以抽象定性或定量的方法，对罪犯人格作出实质性判断，并据此选择和配置行刑模式或方案。遗憾的是，三种“罪犯人格假设”与罪犯人格事实之间存在着严重的脱离，这样对三种模式的扬弃也就成为必然。

郭明教授认为，为执行刑罚构建合理而正当的行刑模式，必须寻求正确的观念、态度和方法，这就是催生“契约刑”的原始动力。“契约刑”作为一种刑事法治报应的观念和方法，能够为刑事执行正义价值的产生提供必要的工作思维和方法保障，是兼容报应、预防和恢复，兼具安全、公正和效率的复合行刑正义模式。在“契约刑”的刑事法治语境下，罪犯人格的基本假设乃是“罪犯是一个刑事债务人”，即秉持了“债人说”。既然刑事债务人身背“刑债”，自然应当通过刑事赔偿来加以解决。

由此可以看出，郭明教授“契约刑”论的提出绝非偶然，是带着问题意识长期研究和探索的必然收获。早在1999年，郭明教授就在《中国监狱学刊》第2期上发表了《今日中国监狱之基本问题及改进途径》一文，提出中国监狱存在着结构问题和功能问题，并对这些问题进行了“历史—逻辑”分析，提出了“中国监狱的基本问题既然是历史形成的，那么，它们也应该历史地解决才是合理的”观点，在对中国监狱问题寻求解决路径的过程中，2004年郭明教授在对刑事契约化现象研究的基础上，在陈兴良教授主编的《公法》上发表了《刑事契约论》一文，这成为对“契约刑”专门术语和系统理论进行提炼、命名和专题论述的开始，在问题意识的驱使下，他发现了“契约刑”这个“富矿”，逐步进入到了“契约刑”的“深水区”。

二、“契约刑”论的理论渊源：社会契约

关于社会契约问题的研究，在中世纪的欧洲最为盛行，名家巨匠格劳秀斯、洛克等都有论及，尤以1762年卢梭的《社会契约论》的出版发行影响最大，受到了诸如斯宾诺莎、康德等一大批哲学家和思想家的大力支持，使社会契约的思想广为传播。随后，越来越多的专家学者加入到了深层研究社会契约理论的行列，以至于后来形成了不同的理论流派，如道德契约论、公民契约论、宪政契约论、新社会契约论，甚至反社会契约论等，使西方社会的契约思想形成了较为完善的理论体系，有力地推动了西方社会的民主、自由、文明和进步。但是，真正把社会契约思想渗透并应用于刑事司法领域的当属贝卡利亚。1764年，贝卡利亚出版了对世界产生重大影响的《论犯罪与刑罚》一书，在开卷篇“致读者”中就阐明了他的刑事契约思想，其中最经典的论述有：“神明启迪，自然法则和社会的人拟协议，这三者是产生调整人类行为的道德原则和政治原则的源泉。”“看来需要单独地研究根据共同需要及功利加以表述或设想的纯人类协约的产物。”“把产生于人类契约即人们确认或默认的公约的东西分离出来，倒是极为重要的，因为，它的力量是以在不肩负上天特别使命的情况下，正当地调整人与人之间的关系。”[①] 由此可以看出，贝卡利亚有关刑事立法的观点包含了“协议”的契约论思想。黄风教授也认为，“贝卡利亚接受了卢梭的‘社会契约论’学说，认为人生来是完全自由的，只是由于生存斗争日益尖锐，才为了平安地享受自己的自由而将部分自由交给社会统一掌握，这些自由便形成立法权和惩罚权。因此，只有根据社会契约代表整个社会掌管由公民自愿交出的自由的人，才拥有

① ［意］贝卡利亚著：《论犯罪与刑罚》，黄风译，中国法制出版社2005年版，第2~3页。

为犯罪规定刑罚的立法权；而法官的唯一使命就是审查和裁定公民的行为是否符合成文的法律，不得以任何借口增加对犯罪公民的既定刑罚。”① 这样，契约思想使法律表现出对个人意思自由的尊重和保护，契约自由成为公法和私法有机联系的“中介”，使司法领域的诸如当事人主义、个人意志、协商、交易等元素，开始渗透到刑事法律关系中，导致了刑事权力（利）处理民事化成为可能。中世纪以来，契约思想的普及为刑事契约思想的产生奠定了基础。事实上，贝卡利亚的“刑事法典”便是一部反映全体人民刑事意愿的一般刑事社会契约。

郭明教授认为，贝卡利亚为使刑事契约具备正义的品质，论述了一系列体现刑事正义思想的原则。严格等价的古典报应刑，可以说是在刑事改革推动之下，为实现刑事一般正义的制度建构。但是，这一制度建构只体现了全体罪犯和由国家全权代表的全体公民之间的抽象刑事契约关系，未曾在此基础上发展成根据一般刑事契约法订立具体刑事（判决尤其是执行）契约的方式，未曾解决由犯罪所引起的“刑事债务”问题，以及在审判和执行过程中如何个别化地加以解决的具体制度建构。而现代刑罚的发展，在历史传承过程中，只选择性地继承了实现刑事一般正义的制度建构，完全忽略了贝卡利亚在其论述中所深蕴的刑事契约与刑事正义思想。因此，在“古典刑事改革”一次革命之后，迅即偏离了从“一般刑事正义”到“个别刑事正义”的制度建构路径。而实际刑罚制度的发展则沿着强化国家政治刑法而非市民契约刑法的方向推进，以致把“改造”或“矫正”等的知识政治正义而非知识法治正义介入到刑罚的制度构造之中，形成了各种所谓的“目的刑”，其结果则是损害或滥用了为实现偿还刑事债务的一般报应正义，以及平衡刑事秩序与个人利益的个别保护正义。因此，“契约刑”论强烈呼吁从变革现行“刑罚范式”来变革现行“刑罚制度”，才是解决个别刑事正义的根本途径，从而更好地实现刑事一般与个别正义。

《“契约刑”论——探求刑事正义问题的法治解决之道》一文开宗明义地宣告了“契约刑”论的前提是“法治乃契约之治”，那么“刑事法治即刑事契约之治”。之所以提出“契约刑”替代已有的教诲刑、改造刑抑或矫正刑，是基于刑罚范式的革命，不仅是对原有刑罚范式的反思和批判，而且更是对几百年来人类契约精神所蕴含的正义品质的继承、吸纳和拓展。为此，“契约刑”公开宣称它的基本精神来源是：“人类社会悠久的契约传统、近代以来发微致弘的社会契约思想，以及古典刑事法治的未竟事业。”“契约刑”来源于社会契约论的谱系脉络暴露无遗。

---

① 黄风：《贝卡利亚传略》，载《论犯罪与刑罚》，中国法制出版社2005年版，第139~140页。

"契约刑"论依照社会契约论的基本理论，提出了介入刑事司法领域的基本观点："犯罪时引起刑事债务的行为，罪犯的法律人格是刑事债务人，因此，刑罚不过是清偿刑事债务的方法。"其中，刑事契约是将"刑事法律关系"视为"刑事契约关系"之后所称谓的刑事法律文书，也是指其所约定的刑事债权债务关系。该理论强调两方面的内容：一是契约具有一种权利义务关系的抽象规范架构，可以为刑事正义问题提供必要的立法基础。二是契约具有的债务合同特征，可以为刑事法律关系中的"犯罪"性质提供有效的分析工具。至此，"契约刑"论的刑事契约思想在继承社会契约思想精髓的基础上已基本形成自己的框架结构。

三、"契约刑"论的价值追求：复合正义

郭明教授强调，建构以"契约刑"为刑事法治语境，兼容报应、预防和恢复思想，同时兼具安全、公正和效率，因此"契约刑"在本质上是复合行刑正义模式。英国法律史学家亨利·梅因曾说过："迄今为止，所有社会进步的运动都是一个'从身份到契约'的运动。"这样界定"契约刑"的价值属性，一方面满足了监狱与国家意识形态和社会多元诉求的复杂的现实关系；二是吸纳了预防、恢复等超司法行刑目的的合法介入和发展，使之成为"契约刑"的有机组成部分。笔者认为，"契约刑"论在体现复合正义的价值判断上至少蕴涵了以下三种思想：

其一，刑事个别正义思想。"契约刑"论认为，由于刑事契约的订立、执行、变更和解除是先后相继的一体化行为，所以使传统的刑事诉讼正义问题转化为刑事契约正义问题。刑事契约不仅要实现刑事一般正义，完成对罪犯的定罪量刑，而且还要实现刑事个别正义，使刑事契约的参与者在法律的框架内最大限度地满足正义的诉求。因此，"刑事判决书只是完成了刑事一般正义的契约建构，只是从立法上建构了刑事契约与刑事正义的抽象而一般的制度关系"。这只是刑事契约的一部分，刑事个别正义的契约建构只有刑事执行书才能完成，即从司法上建构起刑事契约与刑事正义的具体而个别的制度关系。"法官的刑事判决书只是有了刑事赔偿的'标的'的规定，它只是一份'刑事判决合同书'。其中并不包含对于具体而个别的有效执行所必须具备的如何执行刑罚的明确规定，以至于实际上无法付诸具体而个别的执行。""契约刑"论强调通过刑事执行书中的契约关系及对其履行状态的分析、诊断，可为排除非刑事个别正义操作提供更为明确、有效的价值提示和路径引导，最终实现刑事个别正义的诉求。

其二，刑事债务思想。"契约刑"论认为，刑事债务是刑事当事人（原告和被告）由"犯罪"引起的偿付权利义务关系。这是社会契约论思想在"契约刑

论”中的拓展和深化。依托亨利·梅因的“债务是契约之法锁”的观点，阐述刑事债务思想：“梅因曾认为，侵权法和犯罪法，其实是同源的；或者说，侵权是犯罪的早期形态之一。相同的是，它们都构成了损害；不同的是，损害的程度和对象不同，并且偿付物不同。前者以财产、货币、劳务、名誉偿付，后者不唯如此，更以生命、身体、自由等为偿付物。”“刑事债务”的概念使冰冷残酷的刑事惩罚脱去了赤裸裸的暴力的外衣，具有了中性、温和与谦抑的特性。这是和目前世界行刑的趋势相吻合的。同时，“契约刑”论阐述了刑事债务所具有的突出特点：（1）刑事债务由“犯罪”所引发，损害的是公权关系。（2）刑事债务的损害性质更为恶劣，偿付物与民事债务明显不同，是以自由、生命、财产、身份、名誉等来体现。（3）刑事债务的清偿需要依托一定的机构与程序。（4）刑事债务是刑事契约赖以存废的“法锁”。

其三，刑事契约公正执行的思想。“契约刑”论认为，“在订立刑事契约的过程中，要求偿付刑债的刑事债权人始终处在诉讼的现场，而在执行刑事契约的过程中，刑事债权人已从执行的诉讼现场退身而去，其在与之关联的刑事契约中应予保护的刑事权利，已从一般刑事社会契约的构架中被设定为完全委托给国家的行刑机关代理行使，至于国家的行刑机关对于刑事契约的执行情况，主要是通过检察机关加以监督。”这样，国家司法力量这个刑事“中人”在执行刑事契约的过程中就被赋予了多重角色，一方面受刑事债权人的完全委托，要保证刑事债务人如实地履行刑事契约所确定的“债的”，实现刑事诉讼的一般公平正义；另一方面又要依照国家的法律规定，保障刑事债务人在履行刑事债务过程中权利的实现；同时，对于刑事债务人的日常行政管理、教育、劳动等活动，还将产生行政或民事法律关系。因此，国家司法力量不仅是必备的、不可缺少的刑事契约的参与主体，而且是以国家强制力和公信力保障刑事契约公正执行的主导因素。

通过上述分析，我们可以看到，“契约刑论”的价值体现在：以刑事法治为母体，以科学理性为思想预设，以现代性为总体语境，以监狱法治为伦理边界，建构“刑事契约”话语，将罪刑关系的发生、变更或消灭等问题，通过法治的而非政治的、道德的、科学的、教育的、心理的方法进行建构，使刑事活动真正回归到一种法本体的规范法律语言、语义、语境中来，以此确保刑事法治正义价值目标的实现。

四、“契约刑”论的思想品性：科学理性

契约刑思想的整体架构是一种依照契约原理而实现刑罚正义的法律制度与理论。其内在的逻辑结构是：刑事契约的主体，包括刑事债权人、刑事债务人、刑事第三方及相关刑事参与人等各参与方基于共同的刑事目的，在法院审判及监狱

行刑的特定场所，按照平等协商、互惠互利的原则，依照刑事契约的规则，签订具有刑事债务偿付标的和双方权利与义务的规范性契约文本。其内涵包括刑事契约目标的设定、刑事契约的具体内容、刑事债务的履行期限和方式，刑事债权人、刑事债务人、刑事第三方等参与各方的权利义务、其他特别约定条款等主要条款。“契约刑”从本质上看是平等诉权思想的体现，但又不同于民事诉权的平等思想，各方经协商所订立之契约必须由国家强制力做保障和后盾。对于契约的履行，一方面依靠刑事主体的承诺；另一方面依靠第三方特别是国家司法力量的监督。其中，在行刑阶段，刑事契约的履行是最为复杂的，“是以行刑目标为起点，以尊重信赖为前提，以自主承诺为核心，以互惠互助为纽带，以强制执行为保障的逻辑结构体系，从而有效地确保此契约实施的运行方式。”① 这要求我们无论在程序上还是在实体内容上，都必须进行规范的制度设计。由此看来，“契约刑”是将现行刑事活动的基本权利与义务关系进行契约构造、契约运作和契约解释，从而形成一种关于如何解决刑事正义问题的基本法律方法。

郭明教授认为，中国的刑罚制度变革如果企图寻求走向刑事法治正义的道路，则应当在变换“刑罚范式”的层次上发现其法律革命的意义。对此，最切近的理由是，现行的“国家 vs 罪犯”的刑罚范式无法使刑罚真正步入刑事法治的境界，因为现行的刑罚范式，无论从工具合理性，还是价值合理性的角度考察，都欠缺基本而必要的法治思维，即刑事当事人的权利义务对等性和国家的刑事司法居间性。因而难以保证刑罚在古典刑事改革所获得的一般正义的基础上，进一步在个别化的层次上实现最低限度的刑事正义。西方国家的“矫正刑”由于在制度设计上过分依赖主观假设，过分强调主观意志对罪犯的能动力量，存在着天生的缺陷。行刑实践证明，它既无法满足人们对于矫正所带来的安全的期望，也无法实现行刑一般正义和个别正义的平衡。为此，中国的刑罚制度不必再“以美为师”走向“矫正刑”的老路，可以选择从“改造刑”到“契约刑”的变革路径。

“契约刑”将“刑罚范式”设想为“刑事债权人（甲）vs 刑事债务人（乙）”。在此契约刑关系中，国家（尤其是指其司法主体部分）需要从传统的相对于罪犯“乙”的位置调整到第三方，即“刑事中人（可设为‘丙’）”的位置（除非“国家”本身适值为刑事债权人或刑事债务人，尤其是在国际刑法关系之中）。无论是审判（订约），还是执行（履约）的法律关系存续期间，“甲”均为“乙”的被害当事人及其委托人，即相对的“刑事债权人”。实施刑

① 博影长空的心灵小屋：《契约论视野下行刑个别化模式新探》，新浪博客，浏览时间：2013 年 7 月 3 日，博客网址：http：//blog. sina. com. cn/qdj4063。

罚须依据“刑事契约”。“刑事契约”由判决契约（或曰“刑事一般义务契约”）和执行（含变更执行）契约（或曰“刑事个别权利契约”）构成。从刑事契约订立的形式和内容以及履行刑事契约中的权利义务关系可以看出，其中蕴含了两种思想。

其一，平等诉权思想。平等诉权的思想立足于刑事当事人的程序选择权和实体处分权，使得整个刑事司法过程更加注重程序理性和结果的人道化，最大限度地实现公共利益、刑事债权人、刑事债务人等刑事参与人之间的有机协调，促进刑事司法公正和民主化。平等诉权思想在契约刑的不同阶段有不同的表现形式。首先在刑事诉讼阶段，“契约刑”强烈排斥纠问式诉讼而选择控辩式诉讼。这是因为纠问式诉讼反映的是国家和公民之间的不平等的诉讼关系，不能真正体现现代诉讼的民主精神。而控辩式诉讼主要体现了刑事当事人之间刑事权利义务关系的平等性，隐含了刑事债务清偿的契约化特征。在控辩式诉讼中，国家以其强制力为后盾，保证诉讼目的的达成及其刑事信用安全。其中，居间主持审判的法官和其他刑事当事人和参与人一道，致力于作出具有诉讼民主特点的刑事判决。无论是审判机关、检察机关、行刑机关以及诉讼代理人或辩护人，它们之间尽管职能有别但法律地位基本符合平等与制衡的原理。这样，通过控辩式的诉讼协商形态，确保了最大限度地实现契约正义的程序条件。其次，在订立刑事契约时，克服了传统判决书在具体执行中的缺陷，如我国刑事判决书除了规定等同于刑事“债因”及“债的”的内容外，没有立约的意识，对于特定的刑事当事人，尤其是刑事债务人的服刑权利与义务没有具体的规定，致使刑事债务人作为一个特定刑事主体，在服刑过程中哪些应为、哪些可为、哪些愿为、哪些勿为等均不明确。在“契约刑”的刑事契约中，对于刑事债务人履行刑事债务的标的、履行的方式、期限，服刑中享有的权利，应尽的义务和职责等，均作出了详细的约定，能够充分体现刑事个别正义。平等诉权的思想渗透到了“契约刑”的自始至终。

其二，罪刑赎抵思想。“契约刑”在刑事契约执行中有一个刑事契约变更的假设：刑事契约的变更是建立在刑事债权人和刑事债务人双方约定的基础上，在这里，契约约定是刑事契约变更的合理性和正当性的根据。因此，刑事当事人的刑事契约所确立的罪刑关系在约定的条件下是被允许改变的，这一改变所持的刑事逻辑是：“如果罪不可变，则刑不可变。如果刑可变，则罪必可变。因此，要使刑可变，必使罪可变。在这里，解开罪刑关系之法锁的唯一方法是假定罪是可变的。于是，一种应用于未来的虚拟的赎抵观念被用来解决罪的可变问题。由于认为罪是可赎抵的，那么刑也可以根据赎抵的程度加以改变。”从“契约刑”的观念与方法寻求解决，则认为刑罚变更的正当根据是刑事债务人在履行法定的服刑义务后，在服刑过程中恪尽了在“刑事执行书”中协商约定的超法定义务，因此才有请求变更刑罚（减刑或假释等）的权利。至于如何约定条件、如何规定赎罪的程序、如何设定变更的限度、由谁来提请变更、由谁来决定变更等诸多问题，则还需要在罪刑赎抵的观念下进一步做合理化的技术规范设计。

目前能够明了的是，在“契约刑”架构下，将刑事判决书或者裁定书视为刑事合同书，身背“刑债”的刑事债务人所履行的刑事赔偿标的是以刑期所体现出来的，而刑期内含的是人身自由的生命价值。国家司法力量在整个“契约刑”中自始至终虽是“中人”的身份，却是“契约刑”得以实施的强力保证者。它以强制力这一“资格”参与到诉讼协商过程中，担负并确保刑事赔偿契约的订立、执行及其变更的有效性。

刑事债务人刑事赔偿标的和权利义务均应在刑事合同书中加以明确的约定，不承认在判决书或者裁定书所确认的刑事赔偿标的和权利义务之外还有任何将会影响行刑后果的附加刑事权利和义务。“契约刑”论不承认监狱对罪犯的教诲、改造、矫正、教育以及劳作等活动具有合理性和正当性。同时“契约刑”也排斥国家权力或者其他第三方权力对罪犯的刑事履约行为的强行介入，或者是在刑事合同书之外附加其他内容。否则，都将被视为违背刑事契约精神的侵权行为。

五、“契约刑”论的伦理边界：监狱法治

郭明教授在他的“契约刑”架构中公开宣示：“契约刑”论的前提是“法治乃契约之治”，那么“刑事法治即刑事契约之治”。由此可以推出“监狱法治乃监狱契约之治”。监狱契约之治的“契约”首先是一种法律关系，刑事契约是一种刑事法律关系。“契约刑”论有个基本的逻辑假设：犯罪只是一种违反刑事契约并引起刑事债务的行为，因而作为犯罪行为主体的罪犯只是一个刑事债务人；国家司法力量只是担当着中间人的角色负责刑罚及其适用，在刑事债权人和刑事债务人之间订立并履行刑事赔偿的方法和过程。

郭明教授强调，建构“契约刑”的语境，是为了在法治的意义上确保刑罚执行的边界，避免各种超越法治的外源性因素干扰或者异化监狱行刑活动，保障罪犯的人权底线，摒弃道德刑法、政治刑法和医学刑法等刑事模式，从而走向“刑事债务人——法治刑法”模式。为此，在“契约刑”的构建中，也以法治语言加以界定，如刑事契约构成主要由刑事契约主体（如刑事债权人、刑事债务人、刑事第三方）、刑事契约客体（如标的）和刑事契约内容（如刑事权利和义务）等一组概念加以表述；刑事契约的主体是参与刑事契约并在其中担负不同角色和任务的各方当事人，包括刑事债权人、刑事债务人和刑事中人及相关刑事参与人等；刑事债权人是依照刑事契约有权要求刑事债务人偿付刑事之债的刑事

关系主体之一，通常刑事债权人为刑事原告，即被害公民或组织以及被害公民或组织的权益共担人；刑事债务人是依照刑事契约应当偿付所规定刑事之债的刑事关系主体之一，是刑事债权人的相对一方，因刑事之债的产生而与之联结，亦因刑事之债的清偿而与之断绝，刑事债务人为刑事被告，即因刑事犯罪而引发刑事债务、需要偿付刑事债务的公民或组织等；刑事中人是居间于刑事债权人和刑事债务人、为之公正地订立和执行刑事契约的刑事第三方；相关刑事参与人是指参与刑事诉讼活动、协助订立和执行刑事契约的相关刑事主体；刑事契约的客体是刑事契约主要当事人通过订立和执行具体刑事契约所欲实现的目标；刑事契约的内容是刑事契约中所规定的具体债权、债务及其偿付方法。所有介入“契约刑”的元素，都必须以法律的形式加以定义，“契约刑”的订立、执行、变更和解除，也必须以刑事法治为权力边界，排斥任何超越其上的行为。

六、“契约刑”的实践预期：任重道远

“契约刑”论以开放性的理论视域，批判性的问题意识，启蒙性的正义诉求，平等性的文化特质与旺盛的学术生命力而成为当下监狱学领域引人注目的学术“现象”之一。“契约刑”论以社会契约论为理论渊源，以复合正义为价值追求，以科学理性为思想品性，以现代性刑事法治为总体语境，以监狱法治为伦理边界，构成了自身的理论谱系。其学术地位在问题意识、场域归属、思潮特性、启蒙价值、话语争鸣、文本建构中得以彰显。“契约刑”论及郭明教授的学术史研究已经越过本身的意义边界，形成中国监狱文化场域的结构性力量，深度介入监狱学术话语的重构和监狱知识共同体的生成与发展历程。其学术正当性和价值正当性的扩张也在理念自洽与范式转进中得以实现。但是，作为具有革命性变革的一种新的刑罚范式，要想在短时间内彻底颠覆传统的刑罚范式，还存在着诸多障碍，真可谓是“路漫漫其修远兮”，还需要郭明教授和他的同道志士“上下而求索”，作出很多的努力。笔者认为，至少还需在以下几个方面进一步探索、丰富和完善。

其一，在理论上还需要进一步地深入研究，寻求更多的支撑点。在我国，契约思想一直是民事领域最活跃的因素，将之应用于刑事领域较为少见。虽然世界上许多国家都探索实施了刑事和解、辩诉交易、恢复性司法等具有契约思想的刑事契约制度，但是这些制度本身并不成熟，尚处在探索阶段，断不能以此作为“契约刑”的理论支撑，更不能以此作为“契约刑”合理性和正当性的依据。所以说，“契约刑”论在本质上还处在初始阶段，缺乏成熟、完整的理论作为支撑，还需要从理论上进一步探讨、完善、深化和拓展，尤其是继承、借鉴和本土化应用西方的社会契约理论十分重要，可以为“契约刑”论付诸实践奠定坚实的理论基础。

其二，需要制定法律加以确认。法律是一切刑事活动的主宰和伦理边界，没有法律的规定、认可和授权，不管基于什么目的的刑事活动都是违法的。契约刑也必须遵守这样的铁律。刑罚执行是一个严肃的法律问题，在现代法治的语境下，任何一个法律行为都必须有法律的规定作为正当性的依据，“契约刑”也同样如此，它是对于刑罚执行范式的变革，如果缺失了法律作为后盾，无论理论多么成熟，制度设计多么完善，社会效益多么好，都是苍白无力的，都有违法之嫌。因此，对于“契约刑”由理论走向实践，必须从法律上得到确认，只有具有了相应的法律地位以后，才可能在制度上形成规范性的框架体系。

其三，需要构建“契约刑”的价值理念。就我国而言，具有现代意义上的刑罚理念从清末至今，业已经历了一百多年，不管是“以日为师”的教诲刑模式，还是“以俄为师”的改造刑模式，以至于近几年来被人们广为推崇的“以美为师”的矫正刑模式，都已在人们的价值理念中形成定式，尤其是在罪犯矫正的监狱领域，完整、规范的矫正体系已形成了格局，如果缺乏内在的价值理念作为内驱力加以推动，要想变革现有的刑罚模式，难度是可想而知的。恰恰相反，即使是在契约思想最为发达的民事领域，在我国也相对比较冷清，更不用说刑事司法领域了。在几千年来所形成的重刑主义思想的影响下，社会公众已习惯了报应和报复所带来的快感和心理上的满足，即使如辩诉交易的初步探索也受到了诸多质疑和非议，如今要推广“契约刑”，如果人们的刑罚理念不改变，其结果是可想而知的。因此，广泛地对“契约刑”论进行宣传，首先是社会公众，至少是监狱领域的实践者们树立新的刑罚理念，充分认知“契约刑”论，再行实施，效果可能会超出预期。

其四，需要对基本制度的合理设计。从宏观上看，刑事契约制度的实质是意思自治，体现的是刑事参与人的交换性和合作性，满足刑事参与各方的多元化价值诉求。所有这些要在行刑领域的实践中体现出来，都离不开一整套的制度保障。在制度框架内，刑事契约的当事人要有合理的定位和权力的边界。事实上，契约刑自身的特性也决定了刑事契约当事人的权利或权力的定位。例如，刑事债权人在刑事契约签订后就必须从刑事契约履行过程中退出，转而由国家司法力量代为履行权利或权力；刑事债务人无论是刑事契约的签订，还是刑事契约的履行，其中所享有的表达自己真实意思的自主权都是附条件和有限度的，必须受到“犯罪”这一法律事实的制约。同时，整个刑事契约从签订到履行完毕是一个漫长而复杂的过程，其中涉及的法律问题、政策问题、政治问题、社会问题众多，都需要有相应的制度加以保障。如在刑事契约的签订阶段，正常情况下是刑事契约双方的行为，而“契约刑”的基本理念要求相关刑事参与人的介入，这就要求应用什么样的制度保障刑事契约签订的完成。同样的道理，在刑事契约的履行过程中，也存在着国家司法力量对刑事债务人的监督制度、评估制度、罪刑变更制度、违约认定制度、契约解除制度等。

其五，需要制定基本的技术操作规范，寻求可资借鉴的应用模式。除了前述要建立与“契约刑”相配套的制度之外，还需要制定基本的技术操作规范，这是对“契约刑”执行行为的进一步细化。例如，在刑事契约签订中，对于刑事契约参与人的条件、刑事契约内容的分类、违约应承担的责任等都要进行明确的界定。同样在刑事契约履行中也要制定出详细的不同级别的指标体系来加以规范。摆在我们面前的现实是，尽管契约刑还只是一个理论假设，却已受到了来自各方的质疑、责难和冷遇，由此也提醒我们，对于契约刑的实践必须要有充分的资源储备，在实践中探寻相对完备的可资借鉴的应用模式。

综上所述，目前契约刑只是一个设定的理想刑罚范式，距离真正付诸实践要走的路还很长。但是，郭明教授以他个人的胆量和学术魅力，勇敢地跨出了第一步，向传统的刑罚范式提出了挑战，体现了中国知识分子所具有的问题意识、责任意识等优秀品质，为此笔者套用俞可平教授“民主是个好东西”的名言，坚信“‘契约刑’是个好东西”。

附录：

郭明教授简介

郭明，字沫瀛，号檀香居士。男，生于1960年10月，浙江杭州人，法学博士，浙江警官职业学院教授，曾任刑事司法系主任（1997~2007），现任图书馆馆长、刑事司法研究中心主任，兼任中国政法大学“监狱史学研究中心”、“恢复性司法研究中心”、南京大学“犯罪预防与控制研究所”等机构研究员，司法部燕城监狱、江苏省监狱管理局专家咨询委员，浙江工业大学兼职教授，中国监狱学会理事，浙江省监狱学会学术委员会副主任。被评为浙江省高职高专重点专业——刑事执行专业带头人；浙江警官职业学院监狱学科带头人。主讲《监狱学原理》、《当代罪犯分析》、《刑事政策学》等课程。先后在《中国监狱学刊》、《犯罪与改造研究》、《公法》、《环球法律评论》以及人大复印报刊《刑事法学》发表或转载《今日中国监狱基本问题及改进途径》、《刑事契约论》、《从“改造刑”到“契约刑”：中国刑罚制度的变革之路》等论文40余篇。撰写“人文监狱学随笔”等独家专栏文章数十篇。在监狱学理论研究方面，针对从劳改学到监狱学的时代转型，出版国内首部个人监狱学术论文集《学术转型与话语重构——走向监狱学研究的新视域》，提出“过渡监狱学”现象和学术转型与监狱学科重建命题。组织整理中外监狱立法资料，主持编撰并出版了国内第一部《监狱法律法规导读》，被国内多所同类警官院校采用为教材。主持浙江省高职高专重点专业——刑事执行专业建设，培养师资团队并组织创设“监狱行刑经济分析”、“监狱人力资源分析”、“监狱分监区工作实务”、“监狱安防实务”等系列新型课程。主编司法部高等法律职业教育监狱专业统编教材《监狱学基础理论》，主持浙江省精品课程“监狱学基础理论”建设项目和特色课程“当代罪犯分析”。

主要学术思想和学术贡献，除了刑事契约理论外，还有：

1. 对中国监狱学术史的系统研究

郭明教授对中国监狱学术史领域进行了开创性的系统研究，完成了国内第一部中国监狱学术史专题研究成果《中国监狱学史纲》（博士论文成果），就中国监狱学术史的历史分期、知识与理论演进、基本史料与代表作品、主要问题与发展趋势等一系列问题提供了整体与局部相结合的描述与分析，对于填补中国法学史编撰空白和深化监狱学科建设具有重要参考价值。

2. 提出罪犯代际构成论、罪犯人格组合论等理论

对当代中国罪犯问题进行了开创性的研究，合作完成了国内第一部有关当代中国罪犯问题的专题研究成果《当代中国罪犯》，首次在国内犯罪学界提出罪犯代际构成论、罪犯人格组合论等重要理论。

3. 中国监狱制度的现代化前沿研究

对中国监狱制度的现代化问题进行了前沿研究，所撰写的《今日中国监狱基本问题及改

进途径》在国内首次对中国监狱制度“监、企、社三重结构”的基本现象进行理论描述与概括，并提出“纯化监狱，并逐步推行法治化、适度专业化”的政策建言，对“监狱企体制改革”和“全面推进三化建设”等行刑政策的形成具有理论指导意义。

4. 人文监狱学研究

从人文监狱学的视角，对监狱中的人类问题进行调查分析，所著的《监狱的隐喻——来自铁窗内的人生故事》，以大量监狱调查资料为依据，通过“文学叙事为体，学科分析为用”的研究方法，显现监狱社会人生问题的另类真相，引起了业内同人的深入关注。

监狱亚文化理论

孙平教授的《监狱亚文化》一书，是国内第一部监狱人类学著作。该书运用人类学的方法去探究监狱文化的另一面，从一个更加广阔的视角来研究监狱及犯人的问题。监狱亚文化是监狱中的犯人所特有的价值观念和行为方式的总和，是犯人自己的文化，具有极强的生命力。

孙平教授以监狱亚文化为主线，通过田野调查、文献研究、深度访谈、参与观察及视频观察等方法的运用，描述了监狱亚文化比较突出的狱霸、自杀、暴力、造作伤与伪病、性和文身等文化现象，分析了监狱亚文化的表现形式及存在的状况，探讨了解决监狱亚文化问题的方法。

※监狱人类学是使用人类学的理论方法对监狱领域的研究，它是法学与人类学的结合。

※狱霸是监狱产生以后相伴而生的监狱现象，也是古今中外监狱的共生现象。新型狱霸或称“软暴力”狱霸，是以维护罪犯的权利、权益的名义，运用所学到的法律知识，采用一定的谋略手段，与监狱警察“斗智”、制造事端或语言挑衅，以达到震慑其他罪犯，受到其他罪犯的尊重，获取在监狱中的“霸主地位”。

※软暴力是一种无形的暴力，是一种侵略人的感觉、思想甚至选择的行为，它以“语言暴力”为主要表现形式。它对人的伤害主要是通过语言威胁、谩骂、侮辱、讽刺、挖苦等形式，达到语言刺激和精神折磨。

罪犯自杀是监狱的禁忌，涉及诸多问题。

※专业术语群：监狱、犯人、罪犯、服刑人员、狱警、民警、管教、队长、看守、监区、分监区、管区、事务犯、田野调查、监狱人类学、监狱化、新型狱霸、监狱亚文化、囚犯亚文化、监禁反应、监狱依赖、监狱人格、监狱经验、犯罪经验、罪犯规则、罪犯暗语、交叉感染、监狱适应、监狱烙印、造作伤、牢头狱霸、文身、狱霸、软暴力、妥协执法、抗拒改造、监狱暴力、罪犯群体、老弱病残监区、监狱医院、狱医等。

破解监狱的密码：囚犯亚文化

——孙平教授的监狱亚文化研究

关于监狱亚文化的研究，不仅在国内是薄弱环节，即使在国外相关研究文献也是屈指可数。其原因除了少有学者涉足这一领域外，更重要的是监狱的封闭性和监狱亚文化自身的隐蔽性，由此使得世人很少能揭开监狱亚文化的面纱，窥见其真容。孙平教授以其对专业和学术的敬业精神，深入监狱之中，通过多层次、多角度和全方位的调查研究，对监狱亚文化进行了较为全面的剖析，于 2013 年 12 月出版了专著《监狱亚文化》。可以说该书的出版不仅极大地丰富了监狱亚文化的研究内容，而且扩大了监狱亚文化研究的范畴，是目前难得的专业研究成果，具有极高的学术价值和实践意义。笔者读后，想就监狱亚文化的基本问题进一步加以研究。

一、监狱亚文化的概念、性质和范畴

（一）监狱亚文化的概念

监狱囚犯的亚文化到底是什么？这一问题不仅在中国的监狱学研究上争议颇大，而且在世界范围内也是众说纷纭。从不同的层面看，涉及的问题有：一是监狱亚文化中“监狱”的空间定位问题。从广义上讲，在我国具有“监狱性质”的监禁机构有监狱、未成年犯管教所、看守所、强制戒毒所、拘留所等，除了监狱之外，其他具有“监狱性质”的监禁机构创造的亚文化是否属于监狱亚文化的范畴？二是监狱亚文化创造主体的界定问题。因为监狱是一个空间概念，在这一空间活动的主体除了罪犯之外，还有监狱警察和其他参与者，监狱警察和其他参与者在监狱活动中所创造的亚文化是否属于监狱亚文化的范畴？如监狱警察创造的亚文化、监狱和社会相关人员在人际交往中所创造的亚文化等。三是监狱亚文化的外延界定问题。监狱亚文化除了起源、传播于监狱之内，罪犯入狱之前创造的亚文化带入监狱，回归社会之后将监狱亚文化带向社会，或者在监狱和社会相互交流中的亚文化是否属于监狱亚文化的范畴？四是关于监狱亚文化的内涵和界定标准问题。因为监狱亚文化是和主流文化相伴而生的，那么主流文化和监狱亚文化的鉴别标准是什么？监狱亚文化都应包括哪些内容？五是关于监狱亚文化

的价值认可问题。从目前监狱亚文化的现实结构看，监狱亚文化包括无价值的、中性的监狱亚文化和有价值的监狱亚文化。无价值的监狱亚文化属于典型的监狱亚文化，已为学界所认可，但是中性的和具有一定积极意义的监狱亚文化怎么认定？在对监狱亚文化的研究中，只有弄清楚了这些问题，才能为进一步研究监狱亚文化奠定基础。

在此，需要界定的基本问题是监狱亚文化，这也是目前需要厘清的基本概念。从现有的研究成果来看，有关监狱亚文化的观念主要有以下几点：

第一种观点是将监狱亚文化作为监狱文化的组成部分。监狱亚文化是与监狱主流文化相对的次文化、副文化，或者认为是一种消极文化。这一观点对监狱亚文化的界定相对比较模糊，大多只是提出了亚文化的概念，没有进一步地探讨。

第二种观点认为监狱亚文化是由服刑罪犯创造的与监狱主流文化相悖的文化。有学者认为，监狱亚文化是与监狱主流文化相伴而生的，它是由监狱中服刑罪犯这一亚文化群所形成的文化。“所谓监狱亚文化，是指罪犯亚群体在监禁生涯中逐渐形成自觉或不自觉地信奉和遵行，与社会文化偏离或对立的价值标准、行为方式和现象的综合体。”① 很显然，这里只是把罪犯亚群体作为监狱亚文化的创造者，其他主体被排除在外。

第三种观点认为监狱亚文化不仅是在监狱中存在的与监狱主流文化相悖的文化形态，而且是由监狱和监狱工作者共同创造的文化。例如，有研究者认为，“罪犯群体在监禁生涯中逐渐形成、自觉或不自觉地信奉和遵行，与监狱主文化偏离或对立的价值标准、行为方式的现象又称之为监狱罪犯亚文化。这种亚文化的受体包括服刑人员和监狱民警两个群体。”② 这一观点认为监狱亚文化是由“服刑人员和监狱民警两个群体”创造的，没有涵盖其他参与者。

第四种观点将监狱亚文化和监狱文化混同。如西方监狱学研究者的“犯罪人群体行为模式说”就认为“社会文化是人们行为模式的体现，作为一种亚文化，监狱文化是社会文化在监狱内的扭曲发展，通过犯罪人行为模式体现出来”。“监狱文化是一种亚文化，虽然受到了监狱管理方的谴责或压制，但在犯人中却作为一种潜规则而大行其道”。③ 西方学者是将犯罪和罪犯的行刑放在一体化研究的角度，将监狱亚文化和社会文化作为一对概念来考察，因此才出现了混同现象。

---

① 许章润著：《监狱学》，中国人民公安大学出版社 1991 年版，第 74 页。

② 于海涛：《论监狱亚文化对罪犯矫正之负面影响》，载监狱文化网，http://www.jywho.com/jylt/201102/18-290.html，最后访问日期：2015 年 3 月 13 日。

③ 高庸：《西方监狱文化管窥》，载《净月学刊》2014 年第 2 期。

综合起来看，笔者认为，监狱亚文化从外延大小来分析，应有广义、中义和狭义之分。广义的监狱亚文化应是与监狱主流文化相悖的所有文化现象，包括罪犯所创造的亚文化、监狱警察所创造的亚文化以及监狱其他工作者所创造的亚文化，甚至包括历史传承下来的社会关于监狱的亚文化。这样，监狱亚文化就涵盖了所有与其相关的亚文化现象。中义的监狱亚文化，是指由罪犯所创造的与监狱主流文化相悖的文化。在这里，监狱亚文化是由具有“监狱性质”的监禁机构所创造的亚文化现象。狭义的监狱亚文化仅指由监狱法所规范的监禁机构创造的亚文化现象，即监狱和未成年犯管教所。只有作出这样的区分，才能更加深入地研究和解析监狱亚文化。孙平教授密切注意到了监狱亚文化研究的复杂性，所以从研究之初就将监狱亚文化限定于监狱法所指称的监狱中服刑罪犯所创造的亚文化现象。

（二）监狱亚文化的性质

所谓“性质”，是一种事物区别于其他事物的根本属性。一种事物的特征或特性应是界定事物根本属性的重要依据。关于监狱亚文化的性质，从其特征或特性上来说，学界也有不同的认识。有研究者根据监狱亚文化在罪犯中的表现将其归结为“具有叛逆性、联结性、畸异性等特性，相应的拥有反社会功能、同化功能和自卫功能”。[①] 也有学者认为，监狱亚文化的性质主要体现在叛逆性、集合性、扭曲性、隐蔽性等特征上。[②] 许章润教授认为“监狱亚文化一般具有的特性和功能是：叛逆性与反社会功能，联结性与同化功能，畸异性与自卫功能”。[③] 李锡海教授从犯罪学的角度对监狱亚文化研究后认为，“反动、淫秽、金钱至上、封建迷信、江湖义气、及时行乐等颓废思想为监狱亚文化的主要特征，并以罪犯特有的‘道德’和‘规矩’来维系”。[④]

西方国家的研究者由于研究的视角不同，在对于监狱亚文化性质的认识上也有不同的观点，如克来梅尔借鉴了社会学理论中的社会化概念，提出了“被教养化”是监狱亚文化的重要特征；格雷先姆则认为监狱亚文化的主要特征是犯人的被剥夺感，而且这种被剥夺感源于犯人的内心感受；还有学者提出，监狱犯人在监狱中通常会接受、掌握一些不同于监狱外部社会的“诡计”，这种诡计是

---

① 黎赵雄主编：《文化监狱》，中国民主法制出版社 2007 年版，第 127 页。

② 李蜜：《浅析罪犯亚文化与罪犯再社会化》，载《大众科技》2013 年第 6 期。

③ 孙平：《监狱亚文化理论的产生与发展》，载《学术研究》2006 年第 8 期。

④ 于海涛：《论监狱亚文化对罪犯矫正之负面影响》，载监狱文化网，浏览时间：2015 年 3 月 13 日，浏览网址：http：//www. jywho. com/jylt/201102/18-290. html。

监狱文化的重要特征。①

孙平教授运用田野调查法，通过多年的研究，对监狱囚犯亚文化的性质进行了深层次的解读。

第一，监狱亚文化是与监狱主流文化相对应的文化形态。孙平教授认为，“监狱亚文化是犯人自己的具有较强生命力的文化，它是与监狱主流文化相对应的文化形态。”② 监狱亚文化是犯人自己的价值观念和行为方式的总和，它的价值观和行为方式与监狱主流文化存在一定的对抗性，往往不为主流文化所认可。监狱是各种亚文化的汇合之地，许多亚文化的积淀、适应、整合、传承都在这里顽强地进行着。

第二，监狱亚文化是和监狱、罪犯相伴而生的文化，是一种存在于罪犯之间的隐性文化现象。“犯人自己的文化形态总的来看处在一种低层次性、对抗性和隐秘性的状态，这种文化是监狱中犯人所独有或在监狱中的犯人身上比较集中体现的文化。监狱亚文化在狱内犯人中间是很有市场的，它扎根于犯人的内心深处，约束并影响着犯人的行为和价值观念。”（第 388 页）监狱亚文化的独特之处就在于产生的空间、时间和创造者是异于社会其他文化的，也就是说，只有在监狱空间，服刑罪犯的主体在服刑时间内才能创造这一文化样态。

第三，监狱亚文化是以低层次性为主体的庸俗文化。“监狱亚文化的低层次性的表现是犯人在思维方式、审美观念、人生态度、行为方式的局限、简单、粗陋、野蛮、怪异的形态，许多犯人往往不分真善美、假恶丑，总是以一种低级的、简单的思路指导自己的行为。监狱亚文化常常以反主流文化的面目出现，使得犯人反叛现有的道德、法律、规章制度，与人们的普遍认识保持相当的距离。监狱亚文化的对抗性使得官方对这种文化非常反感，总是想方设法对这种文化形态进行攻击和谴责。监狱亚文化从其生长到发展壮大，从具体的形式到内容的表达都以‘隐秘’方式为特征。”（第 389 页）笔者认为，对监狱亚文化的价值界定，不能一概认定其是无价值的文化现象。首先，从亚文化总体上看，相当一部分监狱亚文化虽然不被官方认可，但并不属于无价值的范畴，反之还有一定的积极意义。其次，从监狱亚文化的层次上看可以分为负性监狱亚文化、中性监狱亚文化和正性监狱亚文化。即使是某些具有消极意义的负性监狱亚文化也可以反观社会存在的弊端，抑或是我们监狱管理中存在的问题，是我们自我改进的“镜

---

① 高庸：《西方监狱文化管窥》，载《净月学刊》2014 年第 2 期。

② 孙平著：《文化监狱的构建》，中国政法大学出版社 2007 年版，第 101 页。在本文中，凡在文中标出的页码，均表明是本书内容的所在位置，不再一一在参考文献中标注，特此说明。

子”。但我们需要达成共识的是“监狱亚文化是以低层次性为主体的庸俗文化”，这是客观存在的事实。

第四，监狱亚文化是服刑罪犯适应监狱生活环境的生存文化。“在集体生活中，监狱亚文化成为了一种公认的集体文化，每个犯人都在接受着它的影响，每个犯人都成为了这种集体文化的塑造物。接受这种集体文化并适应这个文化体系的人就获得了在监狱中立足的权利。如果不接受这种文化，不适应这种文化，不掌握这种文化就要成为这种文化体系的对立面，必然就会被这种集体文化所孤立，就会失去这个文化体系的某种权利，成为集体文化的对立面。”监狱亚文化是罪犯生活的环境文化，也是潜在的罪犯生存的共同规则，不管罪犯喜欢不喜欢、承认不承认，罪犯都必须在服刑中适应它，否则将产生不利的后果。罪犯为了适应监狱生活，融入罪犯群体之中，接受监狱亚文化往往是主动的、积极的、自愿的，因此亚文化对罪犯的影响会比主流文化深刻而且生动。

第五，监狱亚文化是罪犯自我的“合理”文化。著名哲学家萨特说过：“存在就是合理。”监狱亚文化在监狱的客观存在和传播就必然有其合理成分。孙平教授认为，“人创造了文化，文化也塑造了人。处在监狱亚文化之中的犯人以亚文化的形态为生活的内容，没有了这种犯人自己的文化，他们的生活意义是不大的，所以对监狱亚文化的‘合理’成分要有清晰的认识，不能因为它的某些表现与主流文化不同就一概抹煞它的意义。”（第393页）监狱亚文化对罪犯来说是监狱生存环境下的自我文化，在这些文化中并非都是消极的、落后的、低级的，有一部分文化在一定程度上具有积极意义，是有价值的，存在着“合理性”，有自身“存在的意义”。站在罪犯的角度来看待这种文化的实质，有其自身的合理性，甚至对于罪犯而言是服刑生活所必需的。

综合起来看，孙平教授认为，监狱亚文化在特征上表现为低层次性、隐秘性、对抗性、传播的独特性和持续性。①

（三）监狱亚文化的范畴

关于监狱亚文化的范畴，笔者曾认为，监狱中罪犯的亚文化样态可以拓展到罪犯生活的更宽领域。“罪犯亚文化包括了罪犯的反社会意识、亚群体及其结构形态、非语言符号、监禁反应、监狱依赖、监狱人格、监狱经验，以及日记、思想汇报、自传、手抄本、家信、小制作等一系列罪犯活动产品。”② 很显然，这里对监狱亚文化范畴的界定采取了更为宽容或更为广泛的标准，认为监狱亚文化

---

① 孙平：《监狱亚文化研究》，载《法律科学》1991年第4期。

② 连春亮、李玉成、殷尧著：《罪犯矫正形态论》，群众出版社2013年版，第81~82页。

并非都是与监狱主流文化相对立的，而是由服刑罪犯所创造的、官方或非官方所倡导的文化。

在近些年的研究中，国内学者也有所突破，遗憾的是缺乏系统性和深度，或者只是在相关研究领域中涉及了监狱亚文化的内容而已。例如，有学者认为，“监狱中罪犯亚文化就是罪犯自己的文化，包括罪犯犯罪前社会不良文化在监狱内的迁移和变形，以及罪犯在长期的监禁生活中形成的与监狱主文化异质的服刑人员文化。罪犯的亚审美文化、亚道德文化、罪犯暗语、某些禁忌和仪式等不良文化……”① 并对其进行了归类表述，归纳为黑社会性质的帮派（团伙）文化、黑话（暗语）文化、罪犯犯罪经验“交流进修”文化、罪犯功利改造文化、罪犯的性文化、罪犯囚诗囚歌文化、罪犯绰号文化、吸食毒品药品文化、酗酒文化、赌博文化、“碰瓷儿”文化、“颠憨”文化、炫耀文化、文身文化、打架文化、迷信文化、禁忌文化等；同时，将监狱警察所创造的监狱亚文化归纳为妥协执法文化、无可奈何文化、望洋兴叹文化、看似强势的弱势群体文化、黑白称兄道弟文化五类。② 显然这一研究范畴也是局限于监狱内的，对监狱亚文化这样归类未免有些牵强，但是，从总体上反映了监狱亚文化的复杂性。也有学者认为，监狱亚文化范畴主要包括：罪犯规则、罪犯暗语、罪犯的反社会意识化、罪犯亚群体、腐朽观念、亚审美文化、亚道德文化、特定的服刑心态、隐语、脏话、文身、同性恋等。③ 还有学者从罪犯的角度考察，将监狱亚文化的范畴归纳为五大现象：一是“功利化服刑”——狱内人际关系的异化现象；二是“人情化改造”——“关系犯”与“事务犯”现象；三是帮派团伙——狱内非正式群体的困扰问题；四是性压抑和性变态现象；五是罪犯“交叉感染”现象。④ 且不说这种归类的合理性，仅是这种分类本身就是一种值得肯定的新尝试。许章润教授从监狱亚文化的具体表现形态上，将其归结为：反社会意识、罪犯亚群体、罪犯的非语言符号、文身、罪犯精神活动产品、监禁反应、罪犯特征、监狱适应、监狱经验、监狱人格、监狱烙印等。⑤ 应该说是相对比较全面的表述。

孙平教授认为，监狱亚文化是个整体概念，以对象来说它包括监狱犯人亚文

① 于海涛：《论监狱亚文化对罪犯矫正之负面影响》，载监狱文化网，浏览时间：2015年3月13日，浏览网址：http：//www. jywho. com/jylt/201102/18-290. html。

② 于海涛：《论监狱亚文化对罪犯矫正之负面影响》，载监狱文化网，浏览时间：2015年3月13日，浏览网址：http：//www. jywho. com/jylt/201102/18-290. html。

③ 李蜜：《浅析罪犯亚文化与罪犯再社会化》，载《大众科技》2013年第6期。

④ 邵磊：《略论监狱亚文化——从考察罪犯群体的角度》，载《河北法学》2009年第4期。

⑤ 孙平：《监狱亚文化理论的产生与发展》，载《学术研究》2006年第8期。

化和监狱管理人员亚文化两个部分。同时，监狱亚文化是监狱与社会以罪犯为媒介进行信息交流的文化，因此，在研究监狱亚文化的范畴时，将其限定为“监狱中的犯人与主文化相异的生活形态，即研究监狱中犯人独特的价值观念、行为准则和生活方式”。① 据此把监狱亚文化分为价值观念类、行为类和语言类。这三类监狱亚文化并不是孤立地存在于监狱的，也不是只有监狱罪犯才是创造者，而是监狱与社会通过信息交流和沟通共同创造的，只是主要流行、传承于监狱这个特定的环境。“每一个犯人都是亚文化的输入者，特别是一些暴力犯罪者形成的价值观与行为模式，对今后监狱生活的影响很大。不断有新人进入监狱，就不断将社会亚文化的形态输入到监狱之中。但与此同时，监狱已经存在的亚文化形态也在起着作用，两种亚文化的碰撞使得监狱亚文化的形态在不断地发生着变化。经过整合后的监狱亚文化的内容更加丰富了，价值观念更加清晰了。随着犯人的被释放，监狱亚文化又被带入到社会之中，与社会亚文化进行着整合。监狱亚文化总是处在文化的整合之中，但其基本的价值观和行为方式很少改变，特别是一些固有的文化现象已经成为了监狱习俗或传统，很难从实质上进行改变。”（第 399 页）监狱只是监狱亚文化的发源地、传播地和扩散地。由此，仅在监狱范围内而言，监狱亚文化广泛地存在于监狱之中，呈现出不同的样态。因此，研究范畴“主要有：自杀、伪病、造作伤（自伤与自残）、牢头狱霸、文身、同性恋、鸡奸、妄想、监禁反应、地下经济、赌博、隐语（黑话）、顺口溜、谎言、假名、打架斗殴、非正式群体（违法团伙）、逃跑、袭警、脏话、手抄本、情色小说、囚歌、囚诗创作等表现形式”。（第 397 页）

综上所述，监狱亚文化是社会文化中最为独特的文化现象，人们对它的认知还只是“冰山一角”，在今后的研究中还有广阔的空间。同时，我们也必须看到，监狱亚文化和其他文化一样是发展着的动态文化，不仅内容在进一步丰富，而且随着时代的发展也会不断变化。因此，我们要以动态的眼光，认真研究和区分监狱亚文化的属性，对于有价值的监狱亚文化要及时引导，对于负性的、危害监狱安全的监狱亚文化要予以防范，以期达到净化罪犯矫正教育的空间环境，营造积极向上的监狱文化氛围的目的。

二、新规则的监狱警察之殇

孙平教授的《监狱亚文化》特别关注和研究了罪犯权利保障之下所产生的监狱亚文化新形态：“妥协执法”、“消极执法”、“新型狱霸”和“软暴力”等现象，可以说这是在我国监狱改革转型过程中，由于相应的监狱管理的规则和规

① 孙平：《监狱亚文化理论的产生与发展》，载《学术研究》2006 年第 8 期。

范失衡所出现的新型亚文化现象。对这一现象的深入探讨和研究，无论对揭示监狱亚文化的发展新趋势，还是剖析监狱亚文化背后所内含的罪犯心理现象，都具有十分重要的价值。

（一）罪犯权利保障与监狱新型亚文化

《监狱法》颁布以前，我国对于罪犯的管理一直以国务院颁布的《劳动改造条例》作为主要法律依据，从整体上来看，监狱对罪犯的管理和矫正教育是以政治教化为主导，以劳动改造为主要形式，强调的是无产阶级专政，是执行刑罚的惩罚性。因此，在这样的制度框架下，监狱管理是以经验性、粗放经营为主导，罪犯的权利保障机制基本上是空缺的，所享有的权利被限定在极小的空间内。在政治的高压下，罪犯只能老老实实，不允许乱说乱动。监狱警察代表着政府，监狱警察的意志对罪犯来说只有服从，绝对不允许违背和质疑。罪犯管理的行为方式和生活内容等一切都要听从监狱和监狱警察。当然高压之下所带来的是监狱秩序的“有序和稳定”，罪犯成为“老实、听话”的专政对象，甚至是“阶级敌人”。但是，改革开放以来，我国的法制建设逐步完善，在法治的框架下，罪犯所享有的权利和应尽的义务被日益重视，越来越明晰化，尤其是《监狱法》颁布后，罪犯权益的保护成为法律制度，这就对原有的管理方式和管理经验产生了极大的冲击。监狱对罪犯管理的法治化、科学化、规范化和人性化成为监狱工作的关键词，为此各级监狱管理机关开展了各种各样的培训，使监狱人民警察转变原有管理理念，树立现代监狱的文明、法治、公正、科学、自由、民主、秩序、人道、效益等理念，要求监狱工作既要追求刑罚惩罚性产生的报应价值，也要追求对社会犯罪现象的预防效应，更要最终实现被犯罪行为所破坏的社会关系的恢复。由此，监狱管理走进现代化时代，对罪犯的认知发生了质的飞跃。

在这样的背景下，应该说对罪犯服刑而言是良好的“社会氛围”，是现代社会宽容性的重要体现，是法律对犯罪的宽容，是社会公众对罪犯的宽容，是良好社会品质在监狱的充分体现。但是，监狱管理的法治化、规范化和人性化，缺少了相应的法治规则的跟进，或者说法治规则出现了失衡。一方面，体现文明法治的规范监狱警察的规定越来越多，检察院驻监狱监察室的监察越来越严格，监狱的内部操作越来越规范、公开和透明，使监狱人民警察在文明执法和管理的同时，也于无形中被束缚了“手脚”，唯恐触犯规定而受到处分。另一方面，《监狱法》对罪犯的行为规范只有简单的原则性规定，在长达二十多年的时间里并没有制定出《监狱法》的实施细则，甚至连相对全面的对罪犯违纪抗改行为的反制规则也没有。这样就出现了罪犯权益保护“过度”和罪犯违纪抗改处罚“无据”的失衡；罪犯权益保护“过度”和监狱警察权益保护“不足”的失衡。在这样尴尬的执法生态下，就产生了“妥协执法”、“消极执法”、“新型狱霸”、

"软暴力"等新型监狱亚文化现象。

（二）监狱警察的无奈选择："妥协执法"与"消极执法"

"妥协执法"现象是目前监狱警察在面对罪犯的违纪抗改行为时的无奈选择。所谓"妥协执法"，是指"执法者为了获得执法活动得以正常运转的经费供应，而在执法方面对被执法者做出的种种退让从而影响公正执法的行为。这里，'妥协'既是取让步之意，又是取原则等的放弃之意。实践中，这两种情况都存在，前者诸如提高'有功'押犯的处遇等级，即严格管理方面的让步；后者是指用减刑、假释等给予'有功'押犯奖励等放弃执法原则的情形"。[①] 在孙平教授的《监狱亚文化》里，就对这个问题进行了探讨。在狱霸违纪问题上，监狱警察与狱霸"也有一个和平共处的问题。这样的犯人往往是有违纪但希望狱警给他面子，放他一马，否则他会记恨这个狱警，会与这个狱警长期过不去，不断地给这个狱警找麻烦，会与这个狱警矛盾重重。如果这个狱警放他一马，他会给这个狱警少找麻烦，不会惹事。所以有的狱警为了今后好开展工作，为了避免麻烦，往往对这样的犯人网开一面"。（第116页）在新型狱霸抗拒改造时，"新型的狱霸往往对狱警进行语言挑衅，使狱警奈何不了他，从而使狱警只能对其好言好语进行安抚"。（第117页）无奈的退让和妥协使监狱执行刑罚的惩罚性大打折扣，更使刑罚预防犯罪的目的难以实现。应该说，"妥协执法"现象在监狱中是一种较为普遍的现象，并且随着时代的变迁，其主导因素也发生了变化，由过去的经济背景为主导，转变为现在的以社会关系因素或者是监狱管理的制度设计因素为主导。有研究者将其称之为监狱亚文化的"猫怕老鼠——妥协执法文化"，将"妥协执法"的概念延伸到了更为广泛的领域，认为"妥协执法"现象除了监狱机关管理不力、执法不严、极少数民警素质不高的原因外，罪犯的社会背景和社会关系也是其主导因素。具有一定社会关系和背景的罪犯会动用自己的社会关系，运用各种手段，打通监狱管理的各个关节，使处于权力机构底层的监狱警察难以招架。因此，监狱管理部门或者监狱的个别领导在压力或利益面前妥协，基层监狱警察也不得不妥协。特别是面对具有强大社会关系的重量级的罪犯时，不得不遵守监狱管理的"潜规则"：对于有重大关系的罪犯违规违纪，监狱警察要么瞻前顾后、缩手缩脚，要么是姑息迁就，投鼠忌器，无可奈何。[②] 在监狱管理实践中，面对这种现象，监狱警察为了自我保护，大多选择的是回避或沉默。

---

① 张苏军：《监狱"妥协执法"的危害性剖析》，载《现代法学》2001年第1期。

② 于海涛：《论监狱亚文化对罪犯矫正之负面影响》，载监狱文化网，浏览时间：2015年3月13日，浏览网址：http：//www.jywho.com/jylt/201102/18-290.html。

"消极执法"现象从某种意义上来看是监狱警察又一无奈的自我保护措施。"新型的狱霸往往不服狱警的管理，常以维护犯人的权利向狱警讨价还价，在犯人中有很高的威信……而新型的狱霸平时注意学习，会使用一定的谋略知识和法律知识来与狱警较量，往往会使狱警对他们'敬而远之'，不愿去得罪他们。"（第 117 页）"有些狱警对犯人之中发生的打架事件也不以为意，本来应该处理的，有些狱警也没有处理，慢慢就会使暴力事件增多。"（第 185 页）在对罪犯违纪的处罚规则不到位的情况下，就不能有效地遏制罪犯的违规行为，尤其是"新型狱霸"的"软暴力"行为。因为它代表的绝不是单一的、孤立的违纪事件，而是一种新型的扰乱监狱管理秩序的具有团伙性质的抗拒改造行为。对这种行为由于存在认知的不足，才导致了监狱警察的束手无策，只好消极应对。其深层次原因，还是没有摆正文明执法、人性化管理与刑罚执行之间的关系问题，监狱警察由于把握不准执法的权力边界而从心理上产生了"胆怯"，宁肯"放任不管"，也不愿"得罪他们"。

"妥协执法"、"消极执法"等现象严重影响了监狱的管理秩序。因为监狱管理秩序的好坏取决于监狱警察对违纪抗改罪犯的容忍程度。"如果你能容忍他，对他的所作所为睁一只眼闭一只眼，或对其出格的行为进行不痛不痒的批评，那么，这个区域的秩序是稳定的。"（第 117 页）但是如果监狱警察不能容忍违纪抗改行为，对这些罪犯给予严厉批评或者处罚，那么，新型狱霸周围的"骨干成员""就会公开跳出来与狱方对抗或不断制造事端使狱警感受到这种人的威力。慢慢地，不知不觉中，管理的主动权就会变成被动权，早晚会出现矛盾冲突或危险的事故。"（第 117~118 页）由此，面对监狱中出现的新情况，应尽早制定对罪犯狱内行为的规范和违纪抗改行为的处罚规则，是解决这一问题的根本路径。

（三）"新型狱霸"、"软暴力"及其法则

狱霸是监狱产生以后相伴而生的监狱现象，也是古今中外监狱的共生现象，只是狱霸也在"与时俱进"，在不同的历史时期具有不同的外部形态。孙平教授通过对狱霸的研究，揭示了目前狱霸的新样态：新型狱霸或称"软暴力"狱霸。即以维护罪犯的权利、权益的名义，运用所学到的法律知识，采用一定的谋略手段和监狱警察"斗智"、制造事端或语言挑衅，以达到震慑其他罪犯，受到其他罪犯的尊重，获取在监狱中的"霸主地位"。由此可知，"软暴力是一种无形的暴力，是一种侵略人的感觉、思想甚至选择的行为，它以'语言暴力'为主要表现形式。"（第 115 页）它对人的伤害主要是通过语言威胁、谩骂、侮辱、讽刺、挖苦等形式，达到语言刺激和精神折磨。这种新型狱霸即是我们深入研究并予以打击、惩罚和教育矫正的新问题，同时也对我们监狱的教育改造工作提出了新的挑战。

新型狱霸形态反映了罪犯监狱生存的规则和监狱管理的规则："权力"法则和"平衡"法则。

"权力"法则是指狱霸都有强烈的权力欲望，在监狱环境条件下，要想满足或者实现自己的权力需求，就需要依靠暴力的手段制服不服从的罪犯，树立威信，以使自己成为"头目"，建立自己的非正式群体，并从中获取好处。有学者将狱霸现象归结为暴力红利法则和领袖情结法则。① 在孙平教授的研究中，狱霸是靠暴力产生的。"狱霸都是些身体较好、体力充沛或武功较强的人。"（第110页）这是在狱内成为狱霸的生理条件，缺失了这一基础很难成为"横行霸道"的狱霸。"在狱内体力代表了武力，武力又代表了权力。有强壮的体力就意味着有一定的权力，这是权力的基础。要在犯群中显露自己的权威，狱霸往往靠的是武力，这就需要他有较好的身体素质，否则就很难征服他人。"（第110页）罪犯的非正式群体有自己的行为规则和价值评判标准，这是和外在社会完全不同的。"在犯群中真理不是说教，而是拳头，谁的拳头硬往往谁就有话语权。"（第110页）由此，狱霸是靠武力"打天下"，以武力获得话语权，又靠武力维护和巩固自己的霸主地位。

狱霸可以获得"红利"。一是满足安全的需要。结成团伙，共同面对服刑风险，不受他犯欺负，反过来可以欺负他犯。二是享受特权。作为对抗改造、"争取权益"、和监狱警察"讨价还价"的资本，以此获得特定的地位，受到他犯的尊重，调停罪犯之间的矛盾，"仲裁"罪犯之间的冲突。三是作为获取利益的工具。狱霸带领罪犯团伙耀武扬威、恃强凌弱，侵占其他罪犯的利益，获得物质享受。四是贪图享受，逃避劳动。既然是狱霸，手下必有一帮追随者，形成一个非正式群体，群体内部有地位高低之分。地位低者除了在物质上要作出牺牲，更重要的是要替"霸主"完成监狱中安排的劳动定额，狱霸通过手下的代理行为就规避了监狱的劳动。

"平衡"法则。监狱狱霸现象的存在使监狱人际关系出现了特有的平衡结构与结构的平衡。对于狱霸，"狱警和这样的人也有一个和平共处的问题。"（第116页）在一定程度上，监狱警察对狱霸的行为要有一定的容忍，狱霸在确立自己"地位"的过程中，很多行为是对监狱警察的有意挑衅，如果不容忍或者是零容忍，就正好中了狱霸的"圈套"，达到了搅乱监狱监管秩序的目的，监狱警察可能由此无法收场，被其他罪犯所耻笑。但是，容忍是有限度的，是要区分不

① 张晶研究员将狱霸现象归结为暴力红利法则和领袖情结法则。见张晶《监狱亚文化的法则——孙平〈监狱亚文化〉品读》，载《司法警官学界》2014年第2期。

同的场合和事件的，否则狱霸就会变本加厉，更加嚣张，这也是监狱所不能容许的。因为狱霸“他的个人威望之所以如此之高，也在于他敢于顶撞狱警，狱警被其顶撞后没有相当严厉的措施惩罚他，他会在犯群中树立起更高的威信来”。（第132页）这样罪犯就会形成以狱霸为核心的反改造团伙，严重威胁监狱的管理秩序。所以，在监狱——监狱警察——狱霸之间就必须形成一个监狱特有的人际关系的平衡结构。监狱、监狱警察和狱霸就成为这一平衡结构的三大要素。

监狱要素。监狱要维持监管秩序的稳定，不容许破坏监狱秩序的行为出现，更不容许狱内团伙作威作福，特别不能容忍监狱发生诸如打架斗殴、破坏生产，甚至自伤自残、凶杀、暴狱、脱逃等违规违纪和犯罪现象。要达到这一目的，一是需要监狱警察的有效管理、严格管理，时刻控制狱情的动态变化；二是罪犯对维持监狱秩序的配合。罪犯的配合是通过监狱警察的管理实现的。因此，监狱严格要求监狱警察，监狱警察严格管理罪犯。这样才能营造监狱所期望出现的稳定秩序。在这里，监狱警察和罪犯就成为这种秩序的核心要素。而监狱对狱霸的控制要把握在合理的限度内，否则狱霸就会“鱼死网破”，出现控制的高成本、低效率，甚至是“僵持不下”、“两败俱伤”。监狱也不希望由于管理措施的失当而发生管理秩序的混乱，甚至出现重大事故或犯罪案件。一旦发生这种事件，就会对监狱产生负面的影响。

监狱警察要素。监狱警察必须维护好监狱秩序，这是监狱领导的刚性要求，也是社会公众对监狱的容忍底线，只有这样才能满足社会对安全的需要，这也是监狱的基本功能之一。要达到这一目的，一方面监狱警察要按照监狱管理的要求维护监狱秩序。在维护秩序的过程中会面对各种各样的问题和事件，特别是破坏监狱秩序的事件，如若处理不当，就会给监狱管理带来麻烦，致使罪犯中的狱霸找到抗拒改造的借口。因此，对监狱的日常管理和各种事件的处理就需要讲究艺术性，甚至是斗智斗勇的过程。另一方面监狱警察除了依法、规范管理之外，还必须面对狱霸的挑衅、冲击、对抗，致使监狱警察有时在面对来自狱霸的挑衅时，不得不采取容忍的态度，不然会面对更不利的结果。例如，在监狱警察值班时故意找茬，制造事端；抓住监狱警察工作上的失误无休止地纠缠；甚至公开和监狱警察叫板，使狱霸所处的监区秩序处于混乱状态；故意损害监狱警察的名誉，使监狱警察受到领导的批评等。有些监狱警察为了自身的利益，有时不得不采取放任态度，甚至是“消极执法”和“妥协执法”，以求得改造秩序的“稳定”。这使得监狱警察和监狱之间、监狱警察和狱霸之间构成“平衡”。

狱霸因素。狱霸具有多面性，为了达到目的，获取自身所期盼的利益，往往要在监狱、监狱警察和罪犯之间“走钢丝”。一是狱霸要使自己的反改造行为不超越“红线”，超越了“红线”轻者要被关禁闭，重者面临被加刑的风险，这是违背狱霸初衷的，也是狱霸不愿看到的结果。因此，狱霸就寻找监狱管理的漏洞和缺陷，以“文明改造”、“维护罪犯合法权益”的名义和监狱较量，以便在其他罪犯面前树立自己的威信，为成为狱霸做铺垫。二是狱霸和监狱警察较量，使监狱警察对狱霸的行为在一定限度内“放任不管”，或者是“有意放纵”，达到狱霸和监狱警察之间的“平衡”。三是狱霸要利用一切手段和资源，对其他罪犯进行拉拢、打压等，使其他罪犯对自己“臣服”，将服刑中的安全、尊重和归属等需求托付到狱霸身上，形成自己的小团体或者是团伙。如果狱霸将这三个方面的人际关系处理到了“平衡”状态，就达到了目的，就能从中获取自己所期望得到的利益。

毋庸讳言，“监区内部的秩序结构是一种三角关系。犯人的需求一般先向‘精英人物’反映，再由‘精英人物’将犯群的需求及其本人的需求向狱方反映，由狱方做出决断来满足犯群的需求，也就是给‘精英人物’面子。另一方面狱方的要求首先要通过‘精英人物’的认可，再由‘精英人物’向犯群下达执行狱方的指令，犯群迫于‘精英人物’的压力执行狱方的规范要求，在这种三角形的结构关系中，没有‘精英人物’起作用是不可能的，狱方指令如果得不到‘精英人物’的认可，那么犯群往往也不会认可。”（第 140 页）在这里，“精英人物”久而久之就有可能“成为狱霸，狱霸的作用之一就是与狱方进行较量”。（第 141 页）“狱霸与狱方的合作格局的建立是双方容忍、退让的结果。”（第 143 页）监狱的人际关系或多或少地无形之中都存在着这样的平衡结构，这一平衡结构的运转和稳定就形成了监狱内人际关系的结构平衡。

三、罪犯自杀的归责困境及路径选择

长期以来，关于罪犯自杀的研究一直是监狱理论研究的重点，也是监狱实务工作者所面对的现实困境。笔者曾经进行过深入的调研，先后发表过自己的看法，[①] 总体来看，罪犯自杀的原因是错综复杂的，在不同的历史时期其成因也有较大区别，但是在一定历史时期内，主导罪犯自杀的因素是相对稳定的，所以罪犯自杀是有规律可循的。“罪犯是一个特殊的人群，他们所处的环境是一种与正常社会相隔离的环境。由于与正常社会产生了隔离，罪犯失去了以前曾经拥有的社会支持系统，在这种隔离状态中，生活的枯燥乏味，导致罪犯的敌对攻击情绪和攻击行为增强，但罪犯的法定地位使之对外的攻击受到了遏制，为了发泄消极

① 笔者在 1990 年《兵团劳改工作通讯》第 1 期发表了《关于罪犯的自杀及预防》；2003 年又在《铁道警官高等专科学校学报》第 3 期发表了《琐谈罪犯自杀心理的特征及预防措施》，对罪犯自杀和预防问题进行了研究。

情感，随之就增强了对自己的攻击性，服刑罪犯在监内所产生的抑郁、绝望等不良情绪和心理危机不能得到及时恰当的干预，就会使罪犯从内心深处体验到很强烈的无助和绝望。因此，在服刑罪犯中，自杀是比较常见的一种现象，并且是监狱罪犯死亡的一个非常重要的原因。根据大量的调查发现，在监狱罪犯中的自杀风险是其他普通人口的3~4倍。所以，专家们一致认为，在监狱中关押的罪犯，是属于具有高度自杀风险的群体。”① 但是，一直困扰监狱管理者的问题是：如何看待罪犯自杀？监狱和监狱警察对罪犯自杀负有什么样的责任？如何规范对罪犯自杀的处理？对于这些问题，从目前的《监狱法》和相关规定来看，是十分笼统和粗糙的，在实践中不具有可操作性，直接影响了对这一问题的解决。在这里，尤其需要强调的是，对罪犯自杀的理念不同直接影响着对于罪犯自杀的处理以及责任的划分。孙平教授的《监狱亚文化》一书，从文化的视角对罪犯自杀作为监狱亚文化现象进行了研究，探讨了罪犯自杀的原因和预防措施，但是笔者认为还有必要从深层次的理念层面加以研究，以寻求解决实务工作者所面临的社会困境。

（一）关于罪犯自杀的主要观点

如何认识和看待罪犯自杀，这是解决罪犯自杀问题的基本理念依据。理念直接影响着罪犯自杀问题的解决方式和方法。目前，对于这一问题学界争议颇大。从世界范围内看，一些大家学者也曾对罪犯自杀问题进行过诸多研究，如19世纪末，法国著名社会学家迪尔凯姆根据社会和个人的关系强弱，把自杀行为划分为四种类型：一是利他性自杀。这类自杀是指在社会习俗或群体压力下的自杀，通过自杀行为去实现某种人生的价值。二是自我性自杀，是指有些人与所处的社会完全失去关联和感情，生无可恋，最终厌世自杀。三是失调性自杀。这类自杀多发生于个人与社会的原有对个人具有重大意义关系被破坏的时候，个人就可能因为受到巨大的刺激而失控自杀。四是宿命论自杀。这类自杀是个人因为某些原因丧失了自由或对自身的控制能力完全受外界指挥，因而感到命运根本不是自己可以掌握的，自觉人生无望而自杀。② 这是国外最著名的关于自杀的分类和基本观点，对于我们充分认识罪犯的自杀具有一定的借鉴意义。但是，由于罪犯自身的身份属性、法律地位和所处的刑罚惩罚环境等因素，决定了其自杀原因的特殊性和复杂性。因此，针对罪犯的自杀，也出现了诸多不同的观点。

---

① 连春亮、李玉成、殷尧著：《罪犯矫正形态论》，群众出版社2013年版，第192~193页。

② 连春亮、李玉成、殷尧著：《罪犯矫正形态论》，群众出版社2013年版，第196~197页。

1. 自杀疾病说

"罪犯自杀是一种疾病"，这是何兆雄先生提出的一种观点。孙平教授认为，何兆雄先生的"自杀是一种病"的观点是可以接受的。"如果将自杀当作一种疾病来看待，那就要从生理疾病和心理疾病两个角度来看待自杀的问题。过去人们只是认为自杀是心理疾病，自杀的人存在严重的心理障碍，许多人有精神方面的疾患，现在看来，这种观点过于片面了。"（第170页）在这里，孙平教授显然赞同自杀是生理疾病和心理疾病的结合，但是没有对这种观点进一步做深层次的探讨。笔者认为，这种看法虽然有一定的道理，但是存在致命的缺陷。笔者曾查阅了相关的医学和心理学资料，试图找到这一观点的科学依据，也曾就这一问题向医学专家求教，但没有得到这一观点的有力的支撑材料，大多研究认为疾病有可能是自杀的诱因之一。也就是说"自杀是一种生理和心理方面的疾病"的结论，现代医学并没有为自杀疾病寻找到足够的病理学依据，现代心理学也没有充分的、科学的结论，仅仅是一种临床的观察或者是经验的总结，都属于主观判断的范畴。显然，在缺乏科学依据支撑的情况下，这种观点是很难令人信服的。

2. 自杀传统说

孙平教授认为"监狱中实际上存在一种崇尚自杀的文化传统"。（第147页）这一观点是孙平教授对自杀亚文化研究的结果，是值得人们关注的，因为文化传统是长期形成的人们共同遵守的行为习惯和规则，是一代一代相互传承和潜移默化于人们内心的支配力量和精神依托，如果罪犯自杀作为一种文化传统，那么它是怎么形成的？又是如何传承的？罪犯自杀心理的产生是通过什么样的机制发生作用的？对于诸多问题，孙平教授没有进一步地挖掘，只是认为"从犯人的角度来说，自杀是其摆脱困境、发泄情绪、反抗欺凌寻求解脱的一种方式。对犯人群体来说，自杀事件对其生活并没有产生多少震动，相反仿效者还会出现。从监狱管理人员的角度来看，自杀是一种不可避免的现象"。（第147页）如果罪犯自杀真是一种传统，"前赴后继"仿效的结果，就直接引证出另一个问题：社会上出现的自杀是一种传统吗？是一种仿效行为吗？目前还没有人认为它是传统，更没有找到作为传统的文化基因。如果不是，那么社会上的生活群体相对固定，生活习惯、生活方式、地域文化等世代传承，自杀尚不能形成人们崇尚的文化传统，监狱里的罪犯来自不同地域，受不同文化的影响，甚至彼此间差异很大，在一起服刑的时间也受到刑期的制约，如果形成自杀传统，谈何容易？显然，笔者对自杀传统说是持怀疑态度的，确实有必要深入研究。

3. 自杀抗改说

这是从监狱刑罚执行层面对于罪犯自杀所作出的价值判断，也是我国监狱长期以来对待罪犯自杀的观点。罪犯自杀“行为仍是一种抗拒改造的表现”。（第148页）显然这种价值判断具有片面性，如孙平教授所言，自杀涉及的因素很多，不能够都以“抗拒改造”笼统而论。例如，罪犯对自己的犯罪行为极度悔恨而自杀，不堪忍受疾病折磨而自杀等，就不属于“抗拒改造”的范畴。应该说，自杀抗改说是特定历史条件下的产物，是政治主导监狱一切工作的表现形态。目前，我们所建立和追求的监狱是贯穿人文精神的现代化文明监狱，其中最为典型的特征就是法治，在法治监狱背景下进行考量，这种价值判断是不合时宜的。

4. 自杀逃避说

从社会学层面来看，这一学说具有一定的合理性，和迪尔凯姆的宿命论自杀具有高度一致性。在我国，曾将罪犯自杀定性为“畏罪自杀”，其实就有逃避罪责的含义在其中。“犯人自杀的根本原因是犯人对未来的生活失去了信心。”（第147页）从对罪犯自杀的统计情况和原因分析来看，为了逃避自身所处的困境而自杀的罪犯占有相当大的比例。从一定意义上说，这是罪犯摆脱困境的消极方式。据笔者研究，社会成员和罪犯的自杀在归因上是反向的。社会成员因挫折而自杀，内在归因占据主导地位，认为自己能力低下，不能适应社会竞争，为逃避“残酷的社会现实”而自杀。罪犯自杀的挫折归因则多是外在的，认为是外在的社会原因导致了自己的挫折，使自己“英雄无用武之地”，为了抗争社会“含恨而死”，外在归因占据主导地位的自杀，其挫折感更强烈。但是我们也必须看到，因逃避社会现实而自杀的罪犯也只是一部分，并不能作为所有罪犯自杀的归因依据。例如，有些罪犯出于对监狱警察或者其他罪犯的报复而自杀，试图以这种行为使监狱警察受到处分，或者是所报复的罪犯受到惩罚等。因此，这一观点只是罪犯自杀的类型之一。

5. “贱视生命”说

孙平教授从生命的价值追求层面提出了罪犯自杀是“贱视生命”的观点，认为罪犯对生命价值的理解相对单一，因此“‘贱视生命’是犯人的一种普遍的价值观”，“‘贱视生命’就很容易放弃生命，‘贱视生命’是犯人自杀的温床，所以说犯人是容易自杀的，也是容易仿效他人的自杀行为的。”（第152页）应该说，这一观点是对罪犯自身生命价值取向的真实写照，也是部分罪犯自杀的原因所在。笔者曾提出对罪犯进行生命教育，[①] 认为我们长期以来在对罪犯的矫正教育中存在着一个空白领域，或者说有一个严重的缺失，即对罪犯生命教育的异化与沉沦。所谓异化，就是在相当长的历史时期内，我国监狱将罪犯定性为“阶级敌人”，要进行残酷无情的阶级斗争，显然不把罪犯当人看，只是政治斗争的“靶子”，因此在罪犯管理中存在着打骂体罚等肆意虐待罪犯、侵犯罪犯人权的现象，虽然说近年来随着我国法治建设的不断完善，罪犯的权利保障水平得到了极大提升，这一现象也得到了极大改观，但是在监狱警察的意识形态深处，还缺乏对罪犯足够的人文关怀的思想理念。所以说这是对罪犯生命健康权和生命尊严权利的破坏。所谓沉沦，是指我们对于罪犯的教育过于强调政治教化或者是生产劳动的作用，忽视了或者根本没有意识到罪犯生命教育的人性化本真，使罪犯体验不到生命的乐趣，感受不到生命存在的意义和价值，罪犯在监狱的严厉控制下压抑了个性的发展，桎梏了精神依托，直接导致了罪犯自我贱视生命的沉沦现象。所以，对罪犯的生命教育应成为罪犯矫正教育的重要内容，通过生命教育，激发罪犯生命的潜能，提升罪犯生命的品质，捍卫罪犯生命的尊严，使罪犯从轻视生命的事实出发，强调生命的本体价值，珍爱生命、尊重生命，尊重他人的生命，以积极的态度面对生命中的挫折和痛苦，从抑郁、焦虑和消沉的困境中走出来。但是，从另一个层面我们也必须看到，绝大多数罪犯对自己的生命是珍视的，在中国传统生命价值观中，历来认为“好死不如赖活”，罪犯虽然身陷囹圄，“求生”的本能依然是主导力量。

6. 自杀权利说

从罪犯个人权利的法律规定层面来看，“法无禁止即自由”，因此有人认为，自杀是罪犯所拥有的一项权利，生死是罪犯自己主观意志选择的结果。“自杀是罪犯所享有的权利”，尽管这种观点还未被大多数人所接受，尤其不被官方所接受，但是有其自身的合理性。但也有人认为，“出于自杀者的心理和情感状态的原因，自杀不应被视为一种权利”，这是一种伦理的要求。在这里，我们不得不承认，在一定条件下，自杀也是罪犯为了趋利避害的积极追求。例如，罪犯患了严重疾病，深受疾病折磨，生不如死，在这种情况下选择死亡就是对生命和尊严的一种积极的追求。“既然自杀是一种个人行为，那么自杀完全取决于个人因素。”（第148页）更多人的看法是，如果一个人坚信自杀是一种“快乐”的生活方式的选择，决定要自杀，那么别人是无论如何也阻挡不了的。罪犯自杀亦然如此。但是，基于我国目前的法律规定和监狱对于罪犯管理的职责要求，这一观

① 连春亮：《罪犯教育新课题：生命教育》，载《河南司法警官职业学院学报》2009年第1期。

点是被否定的。

7. 自杀事故说

目前，官方更多的是从监狱管理层面来看待罪犯自杀问题，认为只要罪犯自杀了，就是一个监狱管理事故。“从监狱管理角度来说，但凡犯人自杀都是一种较严重的事故，一方面说明狱方工作的不到位，另一方面说明犯人不敢面对现实，这是一种官方坚决反对的行为。”（第148页）控制和杜绝罪犯自杀是监狱管理的硬性要求，但是否是监狱管理的严重事故，还有待商榷。

8. 自杀失职说

基于将罪犯自杀一概归为事故的原因，近几年来有一种观点：“凡是发生罪犯自杀，就是监狱警察管理失职。”这种观点不仅出现了逻辑推理上的错误，而且会对监狱的管理工作产生极大的危害。

（二）罪犯自杀的归责困境

对待罪犯自杀的不同观念，决定了归因的方式。前述自杀疾病说、自杀传统说、自杀抗改说、自杀逃避说、“贱视生命”说、自杀权利说等，对于监狱和监狱警察的管理而言，是无须承担责任的。但是自杀事故说和自杀失职说就出现责任归属问题。

自杀事故说和自杀失职说将罪犯自杀作为监狱管理事故和监狱警察管理的失职，既然是事故和失职就要追究相关责任人的责任，这样就使监狱和监狱警察背负了沉重的包袱。特别是在目前缺乏对罪犯自杀处理的规则和规范的情况下，不管罪犯自杀的情形如何，原因何在，只要发生罪犯自杀事件，就要追究责任。监狱主管部门要追究监狱的责任，而监狱要追究监区领导和当班监狱警察的责任。甚至面临着被检察机关追究刑事责任的风险。在这里需要明确一个基本问题：自杀是事故吗？罪犯自杀一定是监区领导和当班监狱警察的失职吗？笔者认为，这样的归责缺少基本的科学依据。

首先，从决意自杀的罪犯的心理层面分析。罪犯自杀是对自我生命选择结束的方式，不论是由于生理疾病带来的痛苦，还是心理疾患所形成的困扰，抑或是由于对自我前途命运的绝望，都是罪犯经过深思熟虑，主观意志自由选择的结果。那么，对于决意要自杀的罪犯，要想予以控制使之不实施自杀行为，是相当困难的，甚至超出了监狱警察的能力范围。监狱或者监狱警察依据现有的监管条件要想对决意自杀的罪犯进行有效的控制是不现实的。认为罪犯自杀就是监狱警察失职的观点，缺乏正当性或者合理性的依据。

其次，从责任承担的法律层面分析。自杀事故说和自杀失职说同时又引出一个更加严肃的问题：监狱或者监狱警察对于罪犯负有法律上使之不自杀的法定义务或者责任吗？一是法律没有规定监狱或者监狱警察对于罪犯负有法律上使之不自杀的义务和责任。虽然法律没有规定罪犯自杀是罪犯的权利，但是依据“法无禁止即自由”的原则，可以推定为是罪犯的权利。因此，对于罪犯行使权利的行为，监狱或者监狱警察也就没有必要对由此产生的死亡后果承担责任。二是关于监狱的内部规定问题。监狱或者监狱上级部门的内部规章制度大多是为了强化监狱警察的责任心，作出了一些关于罪犯自杀的追责的规定，但这只是内部的规章制度，不具有法律效力。由此可以看出，由监狱或者监狱警察对罪犯自杀承担法律责任是缺乏法定依据的。监狱部门内部规定的出发点是为了有效控制罪犯自杀，但是无形中无限扩大了监狱或者监狱警察所担负的责任界限，把监狱或者监狱警察置于“保姆”或者“上帝”的地位，这是对罪犯自杀产生认识论错误的根本原因。客观地说，监狱警察是人，不是上帝，不能保证所管理的每个罪犯都不发生自杀行为。更何况即使是“上帝”也保证不了。因此，监狱警察对罪犯自杀的发生是否应承担失职责任，不宜笼统归责。

最后，对于罪犯自杀应具体问题具体分析，不应一概而论。毋庸讳言，自杀事故说和自杀失职说对于强化监狱警察的责任心，防止罪犯自杀，避免在社会上产生负面影响，无疑都是无可厚非的。但是，关键的问题是强化管理并不能杜绝罪犯自杀，更不能以损害监狱或者监狱警察的法定权利为前提。更多情况下，罪犯的自杀不是监狱警察工作不到位，也不是罪犯不敢面对失去自由在监狱服刑的现实，而是其他因素困扰的结果，如罪犯患了抑郁症、艾滋病、尿毒症、白血病等严重的疾病，都可能导致罪犯决意放弃生命。即使在一般人群中自杀率也是非常高的，也难以进行有效的控制。以抑郁症为例，据报道，“2007 年，北京心理危机研究与干预中心发布《我国自杀状况及其对策报告》，主要数据显示，中国是世界上自杀人数最多的国家，全世界每年大约有 100 万人死于自杀，其中超过 1/4 的为中国人。中国每年有 28.7 万人死于自杀，200 万人自杀未遂。自杀是中国总人口的第 5 位死因，是 15~34 岁人群的首位死因。在自杀者中，80%的人患有抑郁症。这后一个数字印证了中国每年有 20 多万人因抑郁自杀。”① 在这种情况下，把罪犯自杀一概纳入监狱管理事故或失职显然过于苛刻，无限地扩大了监狱担责的范畴，无形中给监狱警察“套上了沉重的枷锁”。因此，罪犯自杀并不都是事故，不能一概认定监狱或者监狱警察失职。笔者认为，罪犯自杀是否属于监狱管理事故或监狱警察失职，应具体个案具体分析。失职与否需要界定监狱或者监狱警察是否尽到了合理注意和合理干预的义务，如果尽到了这一义务，监狱或者监狱警察就构不成失职；如果没有尽到这一义务，则构成失职，当然也就成

① 《中国每年有 28.7 万人死于自杀 200 万人自杀未遂》，载《南方都市报》2014 年 5 月 10 日。

为监狱管理的事故了。

（三）罪犯自杀问题的处理路径

对罪犯自杀的畏惧和责任追究本不是法律的设定，而是罪犯自杀发生后带来的后续处理的困难。目前，在全国各个监狱中，虽然有简单的法定处理程序，但是往往不为罪犯家属所认可，出于利益的需要，只要罪犯自杀，罪犯家属就会以各种理由和监狱进行纠缠，甚至采取非法的极端手段给监狱施加压力。在这种情势下，监狱普遍存在着“息事宁人、花钱买平安”的心态，屈服于家属的压力，“破财免灾”了事。这样就形成了恶性循环，罪犯家属要价越来越高，满足不了其要求，就会把事情越闹越大。所以，监狱也越来越害怕罪犯自杀，而一些罪犯又常常以自杀相威胁违反监规纪律或者抗拒改造，导致监狱的监管秩序被破坏。为此，笔者提出罪犯自杀问题处理的以下路径：

首先，需要在法律层面上制定罪犯自杀的处理办法。目前，关于罪犯自杀问题还没有专门的规定，《监狱法》也只是对罪犯死亡问题作出了笼统规定。《监狱法》第55条规定：“罪犯在服刑期间死亡的，监狱应当立即通知罪犯家属和人民检察院、人民法院。罪犯因病死亡的，由监狱作出医疗鉴定。人民检察院对监狱的医疗鉴定有疑义的，可以重新对死亡原因作出鉴定。罪犯家属有疑义的，可以向人民检察院提出。罪犯非正常死亡的，人民检察院应当立即检验，对死亡原因作出鉴定。”《监狱法》第73条规定：“罪犯在劳动中致伤、致残或者死亡的，由监狱参照国家劳动保险的有关规定处理。”罪犯自杀属于非正常死亡，《监狱法》只规定“人民检察院应当立即检验，对死亡原因作出鉴定”。至于后续工作怎么处理，没有进一步加以细化，也没有规范性文件。因此，应加紧制定罪犯自杀的处理办法，具体可通过四种措施：一是单独制定具有法律效力的单行条例，对罪犯在服刑中的伤亡问题统一作出规定；二是在《监狱法》修订时加以细化，作出比较容易操作的规定；三是在制定《监狱法》实施细则时予以具体规范；四是由最高人民法院、最高人民检察院作出具有法律效力的司法解释。这样，就可以使对罪犯自杀问题的处理做到依法、规范和有效，使监狱摆脱目前的困境。

其次，在监狱行政管理层面上规范罪犯自杀的处理规则。也就是说，目前以法律的形式加以规范比较困难的话，至少是司法部以部门规章的形式作出具体规定。可行的措施是将司法部制定的《司法行政机关行政赔偿、刑事赔偿办法》、《罪犯工伤补偿办法（试行）》等合并在一起，统一制定罪犯伤亡处理办法，对罪犯的因工伤亡、正常死亡、非正常死亡、医疗事故死亡、见义勇为死亡、加害行为伤亡等进行统一规范，以便于对罪犯自杀问题的处理。

最后，无论是制定具有法律效力的罪犯自杀处理办法，还是部门规章，都应对处理的程序和相关的部门、权利和义务等加以细化，力求清晰、明了，责权利相协调、相统一，便于操作。笔者认为，罪犯自杀的处理办法或者部门规章的主要内容应包括：一是参与处理的机构和人员应包括监狱、检察机关、司法鉴定机构、罪犯亲属等；二是监狱在处理罪犯自杀时的职责和义务；三是检察机关在处理罪犯自杀时的职责和义务；四是罪犯亲属的权利和义务；五是对自杀罪犯遗体、遗物、证据的保存和处理；六是关于鉴定机构的相关规定；七是丧葬费用的支付；八是有关自杀罪犯的鉴定的相关程序，包括鉴定时间、通知罪犯家属的时效、参加人员的安排等；九是纠纷的处理，包括对死因提出异议和重新鉴定、重新鉴定费用和遗体保存费用的承担、纠纷的处理机关和方式等；十是罪犯自杀的人道救济。只有这样，才能走出罪犯自杀的困局，维护监狱正常的改造秩序。

四、囚犯监狱生存的永恒法则：暴力

监狱暴力是监狱中普遍存在的现象，有些国家还采取以暴制暴的方法解决监狱服刑罪犯之间的矛盾和纠纷。据百度百科介绍，墨西哥的切图马尔监狱允许囚犯用拳击来解决问题。奇怪的是切图马尔监狱是世界上唯一一座在十年内没有发生过一次暴力事件的监狱。典狱长维克多说："当监狱里出现争端时，我们会给争端的双方带上拳击手套，并把他们带到狱中比赛场地，两个回合就解决了所有问题。"[①] 这一现象可以称之为"监狱暴力法则的官方化"。在孙平教授的视野里，监狱暴力有自己的发展趋势和规则。监狱暴力的发展趋势在整体上呈现出硬性暴力在减少，软性暴力在增加；显性暴力在减少，隐性暴力在增加的趋势。以打架斗殴、身体伤害为特征的硬性暴力，由于监狱管理和控制力度的加大，处罚程度的加重，暴力的成本增加，致使有暴力倾向的罪犯望而却步，因而呈现减少的趋势。以语言威胁、侮辱、责备、恐吓、辱骂、挑衅等为特征的软性暴力，由于自身具有隐蔽性，暴力成本小，"收益"丰厚，效果明显，同时又被一些罪犯披上了"维护合法权益"的外衣，因而有增多的趋势。显性暴力减少的原因，是由于监狱普遍运用了现代监控技术，罪犯的言行举止都被暴露在监控之下，以前运用瞒天过海的花招在暴力中获取利益的方法失灵了，因而罪犯也就不用了；反之，罪犯为了达到"解决问题"的目的，就会寻找监控设施的死角，使暴力活动更加隐蔽，这就是隐性暴力增加的原因。

（一）监狱暴力的文化特性及其关联因素

监狱暴力是监狱亚文化的有机组成部分，是监狱环境下亚文化传承的结果。

---

① 浏览网址：http：//baike. baidu. com/view/11756275. htm？fr = aladdin。浏览网站：百度百科，浏览时间：2014 年 11 月 26 日。

因此，在文化形态上具有自身的特性。

1. 监狱暴力的文化特性

（1）监狱暴力的普遍性。

监狱暴力具有普遍性，是罪犯之间解决矛盾、纠纷和冲突的主要手段。“监狱是一个有自身生存准则和危险的世界。”（第185页）罪犯在监狱服刑主要是依赖暴力而生存的，“新来的犯人要在这里生存下去，就要学会生存的本领，要能够忍受暴力的袭击，也能以暴制暴寻求生存。”“在服刑过程中，没有被别人打过或没有打过别人的犯人是极为少见的。”（第185页）在罪犯的生活理念里，暴力是解决问题的最有效、最快捷的方法。笔者在20世纪80年代曾在监狱做最基层的罪犯管理工作，当时的监狱已经强调文明管理和规范管理了。尤其是提出了对罪犯的改造要体现“教育、感化、挽救”的“六字”方针，目的是要纠正过去以打骂体罚为主要手段的粗暴的管理方式，但是在解决罪犯的问题时，尤其是罪犯中出现的难以解决的重大疑难问题时，就出现了让笔者困惑的现象，和罪犯讲道理、讲政策、讲法律，讲来讲去，罪犯总是拗死理，讲不通，甚至是胡搅蛮缠。结果换一个“粗野”的管教干部来解决，拉到中队专门设置的小屋，用警棍进行“强化思想教育”，结果思想通了，道理明了。更有甚者，让罪犯中的“改造积极分子”去处理，很快问题就解决了。虽然这些是违规的，现在的监狱管理很少有这种情况发生，笔者也明白是暴力起了决定性的作用，可不明白的是：明明可以不用暴力解决的，为什么要使用暴力才能解决？今天，用监狱囚犯的亚文化来理解，一切就都真相大白了：这是罪犯在监狱中解决问题的一种文化传统，似乎只有这样才更合乎监狱中的道理和规则。“犯人认定暴力行为可以解决问题，而且这种解决问题的方式十分有效，它的成本又不高，只是后果可能是影响减刑，但其对减刑的影响也不是必然的，这就容易形成一种暗示：‘邪恶比正义更有力量，暴力比智力更有价值’。暴力事件层出不穷，就会造成以暴制暴、以暴抗暴事件频发，受害人越多，加害人也就越多，受害人往往又会转化为加害人。”（第186页）长此以往，监狱暴力就以恶性循环的形态成为普遍现象。

（2）监狱暴力的传承性。

监狱暴力的渊源可分为两个方面：一是罪犯在入狱之前，在社会生活中就崇尚暴力，形成了暴力观念，认为一切都可以用暴力来解决。监狱暴力是罪犯的暴力观念在监狱的延续或者升华。二是源自看守所关押期间的暴力经历。按照我国的法律规定，罪犯在被判刑之前都是被关在看守所，看守所是监狱暴力或者是罪犯暴力理念形成的源头。看守所暴力的普遍性是众所周知的事实。看守所的关押经历使不少罪犯形成了思维定式，暴力在监管场所是生存的依赖因素，也是解决问题的规则。“所以狱内暴力的起源是有历史的，是有传统的，也确实是有市场的，实际上也是有用的、有效的、有价值的。运用暴力可以解决问题如果代价不是很高，那就会成为再次行动的一种诱因。”（第186页）罪犯在看守所的关押经历，不仅使其形成了暴力观念，而且大多具有实施暴力或者深受暴力之害的现实体验，随着判决生效后被送入监狱改造，也就自然地被带进了监狱，在监狱中延续着暴力生存的法则：一是服刑时间长的老犯人欺负新入监的犯人，使新入监的犯人屈服于暴力的淫威。新入监的犯人在老犯人的淫威之下，要么屈服忍受，要么反抗。反抗可能招致更严重的暴力镇压，在严厉的暴力下屈服；或者反抗成功，成为暴力实施者，反过来以暴力欺负别的罪犯或新入监的罪犯。暴力的生存文化就这样一代一代地传承下去。

（3）监狱暴力的随机性。

由监狱暴力文化所养成的罪犯暴力行为，在其表现形态上无须繁杂的准备过程，其发生机制具有随机性，任何一件小事或者任何一个微不足道的刺激都有可能引发一场暴力事件。笔者在监狱做管教干部时，曾经处理过很多暴力事件，其导火索有些是因为一句话，有些是因为一件小事，有些是因为一个眼神，更有甚者是因为罪犯在宿舍里放了一个屁。所有这些在常人看来是不足挂齿的小事，都会引发暴力事件，让人感到不可理喻。从心理学的角度看，这种现象的出现其实有着潜在的内部动因。监狱的生活环境是压抑的、沉闷的、消极的、无聊的，罪犯在监狱的管理之下，其长期压抑的消极情感无处发泄，一旦得到机会，这种消极情感就会爆发，成为暴力事件就不可避免了。“犯人的暴力行为往往是一时情绪激动后产生的行为。狱内的暴力冲突一般说来预谋性不强，因为这不同于报复性的攻击……狱内的暴力冲突往往是临时起意，一点小的摩擦就会引起暴力冲突，一般没有犯人特意去预谋。暴力冲突往往是公开进行的，没有特别需要隐蔽的地方，犯人激动起来往往拿起什么就用什么，宣泄的力度很大。”（第195~196页）这种随机性表面看起来毫无规律可言，其实这只是冰山一角，在其背后往往隐藏着更深的内部矛盾和纠纷，有其内在的心理机制。据笔者调查，在容易发生暴力冲突的罪犯之间，平时往往有过冲突或者产生过隔阂，消极情感长期积累于心中，只是没有发泄的“借口”而已，在这时，看起来微不足道的小事就成为随机发生暴力事件的导火索。

（4）监狱暴力是习得的，是罪犯相互学习和感染的结果。

暴力能够获得利益，暴力使自己免受暴力的伤害，同时暴力还可以伤害别人。罪犯为了自己的利益和免受伤害，就会追逐暴力，学习暴力的经验，强化暴力观念，久而久之，监狱暴力就成为力量的象征，就成为一种传统、一种文化，一个团体所崇拜的、普遍认可的解决问题的方式。“监狱的历史造就了犯人对弱肉强食价值观的认同，谁都害怕失去群体的尊敬和钦佩，谁都不愿被归入弱者的行列。”“所以一种充斥暴力的环境，造就了一批又一批信奉暴力的人，这种在特殊环境中习得的行为观念是可怕的，也是非常顽固的，要想改变也是相当困难的。”（第 187 页）有些罪犯，特别是具有监狱服刑经历并通过监狱暴力获得利益的罪犯，就会形成心理定式，形成相对稳定的“攻击症状”的行为模型。“监狱确实存在具有‘攻击症状’的犯人，这种人由于从暴力行为中尝到了甜头，因而暴力倾向得以强化，以至如果不实施暴力行为心里就不舒服，一旦遇到一定的机会和条件，就会对他人实施暴力行为。有时他实施暴力行为的目的并不明确，这其实也就成了一种习惯。”（第 185~186 页）也就是说，这类罪犯实施暴力行为，已不是单纯的物质利益之争，而是为了满足精神需求，是一种消极情感的发泄方式。在这里，监狱暴力对罪犯的作用得以“升华”。

2. 监狱暴力的关联因素

监狱暴力有自己内在的形成机制，不同的监狱暴力事件由不同的相关因素起着主导作用。所以对监狱暴力的控制关键在于对暴力事件主导因素的把握，其中抑制监狱暴力最主要的是监狱的管理因素和罪犯构成因素。

首先，监狱的管理因素。监狱管理的层次决定了监狱暴力的状态。监狱暴力难以杜绝，但是可以进行有效控制。从某种意义上说，监狱暴力发生的频率和对监狱秩序影响的程度是监狱整体管理水平的体现，一般说来，监狱管理水平越高，监狱暴力越少；监狱管理层次越低，管理越混乱，监狱暴力就越多。“越是管理混乱的监狱，具有‘攻击症状’的犯人就越多；越是管理水平较高的监狱，具有‘攻击症状’的犯人就越少。”（第 186 页）“暴力冲突虽是一种普遍的现象，但如果管理严格，处罚严厉，暴力冲突的事情还是会减少的。当然如果处理不好也会为一些犯人进行报复埋下伏笔。”（第 197 页）另外，监狱对暴力事件的处理状况也影响着监狱暴力事件的发展趋势。“一件影响很大的暴力冲突事件的当事人没有受到严厉的处罚，那么暴力冲突事件就会越来越多。如果一件影响很小的暴力冲突事件的当事人受到了非常严厉的处罚，那么暴力冲突事件就会越来越少。暴力事件越少，事件当事人可能受到的惩罚越重。暴力事件越多，事件当事人可能受到的惩罚就越轻。如果能进入一种良性循环的轨道，狱内的暴力冲突事件就会减少。某一时段暴力事件的多与少，跟狱方对暴力冲突事件的处理程度有很大关系。”（第 217~218 页）监狱管理是控制监狱暴力的重要手段，除此之外还难以寻找到更有效的途径。

其次，罪犯构成因素。监狱暴力现象既然是监狱文化的组成部分，那么在其形成和发展过程中，尤其是监狱暴力的外显形态，必然与诸多因素密切相关。一般说来，从罪犯自身来说，有无暴力的经历、罪犯的胆量、罪犯的打架技术、罪犯的身体状况、罪犯的性格、罪犯接受教育的水平等都决定了罪犯的暴力倾向。

就罪犯所处的监狱环境而言，罪犯对监狱环境安全状况的判断、监狱关押罪犯的类型结构、监狱的控制管理水平、罪犯非正式群体的数量和规模、对暴力事件的处理状况等，都决定着监狱暴力的多少、规模和危害程度。

总之，“只要有犯人群体的存在，就会有暴力冲突的事件，只是这种冲突的事件多与少的问题，冲突造成的影响大与小的问题，造成的人身伤害程度严重与否的问题。想要让狱内不发生暴力事件是不可能的，监狱里崇尚暴力文化，这种暴力文化的影响是巨大的，不可能将这种暴力文化从监狱中去除掉。”（第189页）在这里，值得引起人们注意的是，随着监狱管理的文明化、规范化、科学化，监狱暴力也呈现出新的样态，如除了传统的监狱暴力和软暴力之外，现在监狱中还出现了以性暴力攻击、非自然性交、强奸等为特征的同性性暴力，在一些监狱甚至出现了以杀人获得性满足的性谋杀。

（二）监狱暴力的潜在动因

监狱暴力从外在形态上看是罪犯为了追逐自身利益的发泄形式，或者是为了解决矛盾和纠纷，而实质上则是罪犯为了满足监狱生活安全和对暴力文化崇拜的需要。因此，从深层次来看，获得利益、获得安全和暴力崇拜是监狱暴力的三大潜在动因。首先，一些罪犯为获得利益或者发泄内在的消极情感，不惧受到监规狱纪的惩罚，甚至不惜加重刑罚，对敢于冒犯的罪犯实施暴力。“施暴者认为暴力行为不仅是一种力量的象征、权威的体现，而且能够提高自身的地位，名誉的价值有时比刑期的价值还要大。为了争取在犯群中的名誉，宁可因打架被加刑也在所不惜。暴力行为带来的好处远远强于行为限制性的说教。”（第211页）其次，通过监狱暴力获得安全感。监狱是一个充满潜在危险的环境，服刑罪犯成分复杂，罪行各异，彼此为了自身的安全，时刻都在防范着他人，而暴力攻击行为是罪犯积极的自我防御机制。“狱内暴力冲突的根源还在于犯人之间没有安全感”，（第208页）“暴力是人类的一种自身力量的原始崇拜”。（第188页）通过暴力伤害压服其他罪犯，使其他罪犯产生惧怕心理，慑于威力而不敢侵犯自己，“臣服”于自己的暴力之下，并以此获得安全感。但是“人们在行使暴力的同时也会带来不安全感”。（第188页）因为暴力的压迫带来的后果是暴力的反抗。罪犯之间越是感到不安全，越是希望通过暴力寻求安全，这样就使得暴力与反暴力形成恶性循环，会导致暴力事件的增多。最后，监狱的暴力崇拜。监狱暴力文化作为监狱亚文化的一部分，在监狱中对罪犯的影响是根深蒂固的。以激化暴力行为冲突为特征的暴力文化的长期积淀，使罪犯深信暴力是监狱生存的法则，从而助长了监狱暴力行为的发生。“暴力的后果是暴力的反抗，这往往成为一种暴力行使的恶性怪圈。崇尚暴力的地方，暴力事件就越多；暴力事件越多，受到伤害的人就越多；受到伤害的人越多，暴力事件就层出不穷。监狱是崇尚暴力的地方，因此监狱的暴力事件会比社会区域的暴力事件多很多。”（第 188 页）崇尚暴力或暴力文化是监狱长期积淀的结果，或者是罪犯长期养成的行为模式，它对罪犯的影响是深刻的、长远的，在一定时期内具有顽强的稳定性。因此，监狱暴力是我们改造教育罪犯时力图克服的痼疾之一。

（三）监狱暴力处理的禁忌和规则

对监狱暴力事件的处理包括两个层面：罪犯或罪犯群体运用自己的方式处理和监狱按照监狱的规则和规范处理。

1. 罪犯对监狱暴力处理的禁忌

监狱的暴力文化塑造了罪犯的暴力性格，致使罪犯在处理暴力事件时有自己的标准和价值判断，也形成了为罪犯所公认的暴力事件处理禁忌：不能将暴力事件交给监狱警察处理。一般说来，对暴力事件的处理是罪犯内部自行解决，其自我解决的方式有：一是首选当事双方自行解决，“胜者为王，败者为寇”，暴力事件中的失败者从此臣服，不再招惹胜利者，这是监狱暴力事件最为普遍的处理规则。罪犯如果不服从这一规则，就会再次招致暴力伤害，直到屈服为止。二是由双方所属的非正式群体的“头面人物”协调解决。每个罪犯都在无形中归属于某一个罪犯团体，每一个团体都有自己的“头面人物”，“头面人物”协调着罪犯群体的平衡。为了避免罪犯的暴力事件出现更大的冲突，或者是被监狱警察发现后出现两败俱伤的结果，当事双方更愿意由自己认可的“头面人物”出面协调解决。一旦双方的“头面人物”达成共识，就会为冲突双方所认可。三是被监狱警察发现，由监狱警察按照监狱的管理规定解决。这一解决方式是罪犯所普遍认可的“禁忌”。“犯人认为将他们之间的问题交给狱警解决是一件丢脸的事情，会被别人看不起。犯人之间纠纷的解决，不是依靠公有的权力方式进行，其实也就是对公有权力持一种不屑的态度。倒不是狱警解决不了他们之间的问题，而是犯人习惯性的观念认为交给公家处理是一种‘不道德’的行为。他们更多地看重私权的运用，更多地崇尚武力，这样的解决方式为日后在犯群中立足和树立威信打下了坚实的基础。”（第 191 页）所以，在暴力事件发生后，罪犯群体就会达成默契，想方设法对监狱警察封闭信息，如果某一罪犯把暴力事件的信息透露给了监狱警察，就会被视为是泄密者，是“叛徒”。一旦被罪犯群体发现，“泄密”罪犯不仅要受到惩罚，而且会被罪犯群体孤立。“他们对上报狱警的犯人往往会采取集体性的惩罚措施，使这样的犯人在犯群中处于孤立的地位。集体孤立和惩罚是监狱存在的另一种‘教育’的手段。”（第 192 页）在监狱中，还存在着罪犯非正式群体联合起来报复“泄密”罪犯的情况，如故意制造某些事故或事件，嫁祸、诬陷“泄密”罪犯，使“泄密”罪犯受到处理。因此，监狱暴力事件直接告知监狱警察来处理，对罪犯群体而言是一大禁忌。但是，罪犯对监狱警察处理监狱暴力事件也不是完全视为禁忌，一旦被监狱警察发现，虽然对当事双方均会产生不利的后果，但双方可从不利的处理之中双向获取利益，即“如果结局是遭到狱警的严厉处罚，这反而会增加以后在犯群中立足的资本。如果狱警在知道后没有处理，又说明了犯人能量的巨大，反而更能证明其地位的牢固”。（第 192 页）所以说监狱暴力事件发生后罪犯的被处理也会成为罪犯反向获取利益的方式，不过这是监狱暴力事件处理的最劣选择。

2. 监狱对暴力事件的处理规则

监狱对暴力事件的处理有一条“铁的规则”：先动手的罪犯处罚重，对没有动手的罪犯不处罚；对事先有预谋、有准备的暴力事件的主要参与罪犯处罚重，对于随机出现的暴力事件处罚轻；对于事先准备打架斗殴工具的罪犯处罚重，对于突发暴力事件就地取材作为打架斗殴工具的罪犯处罚轻；伤害程度达到犯罪的，依照法律规定处罚，伤害程度构不成犯罪的，根据监狱规章制度和打架的具体情况进行处罚。“引发暴力冲突的原因虽说是多种多样，但谁先动手往往处理谁，这是监狱管理的一条规则。”（第 197 页）“对实施暴力攻击行为的犯人如何进行处理，不仅要考虑暴力攻击事件发生的后果，而且要考虑对方使用的武器，如果是犯人使用早已准备好的物品或自己制作的凶器的话，那就要考虑处罚的程度。”（第 216 页）因此，对监狱暴力事件的处理必须在坚持原则的前提下，保持公正、公开和公平。在这里，处理过程中“度”的把握很重要，把握得好，能够及时有效地抑制或控制监狱事件的发生。把握不好，就会成为更多暴力事件的催化剂。这是因为监狱暴力事件的处理状态不仅影响着监狱的管理秩序，而且有可能产生一系列的“连锁反应”：“如果一起暴力冲突事件没有及时处理或没有处理好，那么暴力冲突事件就会蔓延，接二连三的暴力事件就会出现，这样无疑会造成犯人心理恐慌，感到生存安全受到了威胁，这是十分可怕的。”（第 216 页）无论是一般的罪犯，还是有“攻击症状”的罪犯，对于监狱暴力的总体认识还是十分清楚的，监狱暴力事件是一把“双刃剑”，既能使自己获得利益，也会使自己受到损失。“犯人已经认识到暴力冲突事件的发生对个人刑期长短的影响程度是很大的，一次小的暴力冲突就会影响一次减刑的机会，‘小不忍则乱大谋’，暴力攻击行为的成本越来越高了。”（第 217 页）监狱在处理暴力事件时，必须充分认识到：绝大部分的暴力攻击事件是罪犯显示实力的表现，目的不在于使对方受到严重的伤害，而在于压制对方，使对方屈服。“狱内暴力攻击行为是以接触肉体为表现特征的，但狱内犯人发生暴力冲突时施暴方也是有顾虑的，他不会特别注重将对方的身体一定造成损害，往往达到压制对方、报复对方的目的就会主动终止施暴行为。”（第 215 页）因此，在监狱暴力事件中，真正想使对方受到严重伤害，或者置对方于死地的并不多，可以说实施暴力行为的罪犯在实施之前已经对可能产生的后果和利弊得失进行了权衡，行为的实施是主观意志自由选择的结果。

（四）监狱暴力的怪圈

在监狱管理中，罪犯发生打架斗殴等暴力行为是严重的事件，一旦发生，监狱就会根据事件产生的诱因、情节轻重、造成的危害结果等情况作出相应的处理。构成犯罪的，按照法律规定，进行刑事处罚，追究主要人员的刑事责任；没有构成犯罪的，按照监狱的管理规定进行行政处罚。对于暴力行为的后果罪犯是清楚的，但是罪犯还要明知故犯，其原因是罪犯暴力行为“度”的选择和由此带来的利弊权衡：一是罪犯暴力行为“度”的控制。罪犯将暴力行为控制在违纪范围内，只是被监狱扣除罪犯改造的积分，而改造积分和罪犯的减刑、假释等刑事奖励是直接挂钩的，带来的后果只是影响罪犯的减刑或假释，或者使罪犯的监管等级发生变化，享受的待遇相应地发生改变。这是实施暴力行为的罪犯已经预料到的可接受的结果。因此，实施暴力行为的罪犯就必须将后果控制在不构成犯罪的限度内，避免由于构成犯罪被加刑而使刑期延长，罪犯不希望这种结果的出现。二是罪犯以暴力行为追求“价值”的实现。罪犯打架斗殴等暴力行为，可以使罪犯在监狱内成为“名人”，在监狱的其他罪犯面前显示自己的实力和勇气，使别的罪犯由此产生害怕心理，不敢招惹自己，不受别的罪犯欺负，同时可以利用自己的恶名在监狱中获得一定的地位，控制一定数量的罪犯，形成自己的势力范围，实现自己的“价值”，这是显示暴力的罪犯都希望产生的和竭力追求的结果。在监狱中“往往谁越会打架谁就越受到大家的尊敬，因此打架成了一种地位、身份获取的手段，不掌握这种技术手段也就没有在犯群中的话语权”。（第 187 页）三是监狱暴力事件怪圈的“激励”。作为监狱管理者的监狱警察必须对罪犯的打架斗殴等暴力行为作出回应，这既是监狱管理的硬性要求，也是对罪犯违纪违法行为的“报应”性打击。一方面监狱警察要及时控制打架斗殴等事件的进一步恶化，按照事件的程度严厉处罚参与打架斗殴等暴力行为的罪犯；另一方面对参与打架斗殴等暴力行为罪犯的处理又要讲求一定的技术性。有时候为了自己的工作业绩，尽量不使事态扩大化，避免产生对自己不利的后果。正是出于这样的目的，在处理打架斗殴等暴力事件时，就会无形中作出妥协，特别是对于情节相对较轻的违纪行为持放任态度。监狱“犯人使用暴力是天经地义的事情，狱中的犯人打架的次数多了，监狱的管理者也就见怪不怪了，谁也不会为一次打架的事情上纲上线，只是当作一次违纪来处理”。（第 187~188 页）这样，参与打架斗殴的罪犯所追求的结果就得以实现。同时，在一定条件下，罪犯参与监狱暴力事件都有一定的“后台人物”作为支撑，表面看来是监狱暴力的个案，而实际上处理不好会对监狱秩序带来更大的影响。“在这种状态下，狱方的处理表面是对付犯人的个体，但其实是针对犯人的群体，因此如果处理不好或真正的原因没有掌握，那可能会导致狱方越处理，暴力冲突事件越发突出的局面。”“当然在这股对抗狱方的势力中必然会有一两个‘大佬’级人物的存在，他们的言行对狱方稳定狱内秩序的意图有很大的影响，有时狱方也会借助他们的力量来防止暴力冲突事件的再次发生。”（第 218 页）这就是监狱暴力所形成的“怪圈”。

综上所述，监狱暴力是一种监狱亚文化形态，是监狱管理秩序的破坏者，在监狱已经形成了一种文化崇拜和传承。世界各国为了减少和消除监狱暴力进行了一些探索，主要做法有：一是把监狱暴力文化转换成为监狱主流文化的一部分。如世界拳击理事会专门主办世界监狱女子拳击锦标赛，迄今已经举办三届，参赛者必须为在押女囚犯，其主要目的是让狱友之间通过比赛而接受团结互助等感化教育；泰国的监狱里训练出了不少拳击手，2006 年 5 月 10 日，还在泰国首都曼谷的一所女子监狱举办了一场女囚泰拳决赛。二是在监狱开展体育项目，消解罪犯过剩的精力。很多国家在监狱开展体育项目，如橄榄球、篮球、棒球、足球、举重、排球和手球等。通过这种形式，使罪犯过剩的精力得到发泄，以减少监狱暴力事件的发生。例如，丹麦的监狱里一般都设有健身房，供犯人们锻炼身体，“发泄过剩的精力”，结果是犯人的攻击行为大大减退。[①]

五、罪犯伪病的处理：道德与法律的博弈

伪病现象是监狱改造罪犯过程中常见的现象。伪病也被称为诈病、装病、假病，“是指身体健康的人为达到个人目的，故意假装患有某种疾病，这是一种伪装出来的病，即虚构病情。”（第 388 页）在这里，也包括将小病故意夸大为危重病的现象。在孙平教授的视域里，伪病对于罪犯、医生、监狱和监狱警察都有一个共同的难题：两难选择，即罪犯的两难选择、医生的两难选择、监狱与监狱警察的两难选择三大部分。由于伪病形成原因的复杂性，以及对待伪病的法律和道德困境，致使在对伪病的处理上出现了道德与法律的博弈。

（一）罪犯的两难选择

获得自由是服刑罪犯的主导性需要。依照马斯洛的需求层次理论来分析罪犯在服刑改造中的需要结构，除了满足基本的生理需要、安全需要之外，大多数罪犯最为渴望的无异于归属于爱的需要，期盼早日出狱，获得人身自由，回归社会，成为社会的一员。因此，表扬、记功、减刑、假释等对罪犯的行政和刑事奖

① 王志亮：《外国监狱的囚犯娱乐计划》，载《河南司法警官职业学院学报》2010 年第 4 期。

励就成为罪犯早日出狱的重要渠道。每个罪犯都希望按照监狱的要求多获得积分，只有获得的积分足够多，才能获得刑事奖励，才能够缩短刑期。反之，罪犯假装疾病，在享受病人所享有权利的同时，也就失去了获得奖励的基本条件和机会，就失去了缩短刑期或早日出狱的前提。这是伪病罪犯面对早日出狱、获得自由和伪病获得一定利益时的两难选择。在最终决定之前会产生矛盾斗争和冲突。

罪犯伪病的动机是希望以伪病而获取利益，包括躲避监狱的劳动、享受病人的特有待遇等。监狱依据多年积累的经验发现，“伪病的多少与劳动强度有很大的关系，劳动强度大时伪病较多已经成为了一条规律。”（第 223 页）所以，“犯人如果惧怕劳动，惧怕严格的监禁生活，监狱里的医院往往会成为他们的避风港。在监狱里的医院生活，没有监管区要求的那么严格，作息时间没有限制，每天没有劳动学习任务，主要的任务就是精心养‘病’。医院的饮食标准往往好过普通的监区，如果有严重疾病或躯体有障碍的往往还有专门的犯人护理人员照顾他的生活。所以这种生活是舒服的，一些犯人正是看中了这一点往往会绞尽脑汁往监狱的医院钻，有时候医院进不去的话，往往会想尽办法往‘老弱病残监区’钻。在许多方面，‘老弱病残监区’的管理形式与医院是一样的，也往往不需要劳动学习，饮食标准较高，生活比较自由。”（第 110 页）在利益的驱使下，一些罪犯就舍弃早日获得自由的机会，以伪病来求得暂时的服刑生活的“享受”。可以说，这是伪病罪犯艰难取舍的结果。有些伪病罪犯为了补偿不能减刑、假释的“损失”，在物质方面给监狱提出非分要求，“经常以自己身体不好为由给狱方提出这样那样的要求。”（第 227 页）

伪病是罪犯释放消极情感的方式，罪犯通过伪病缓解心理压力。“从心理学的角度来说……伪病都是犯人心理压力的一种应对行为。通过这种有意识的认知性行为，来达到减轻精神压力，维护个人自尊心，求得内心平衡以及逼迫狱方向其让步的目的。”（第 257 页）

选择伪病的罪犯必须面对诸多的现实问题。主要包括：一是伪病的罪犯在选择伪病的同时还要面对“伪病成真”的风险。“伪病则可能表面上显现疾病的状态而实质上并没有产生疾病，但伪病的早期状态并不能代表今后的状态，如果一直伪病下去，可能躯体自然功能就会发生病变。”（第 225 页）人的身体健康是心理与生理的有机统一，同时也是生理机制各个组成部分相互协作的结果，只有在生理器官充分发挥功能的基础上才能保持正常的激活状态。而伪病必须在罪犯的心理暗示和自我意志力的压抑下才能显示“真实”状态，导致部分生理器官处于休眠状态，久而久之，这部分生理器官的功能就会出现紊乱和退化，成为真正的疾病。二是害怕被揭穿，必须在掩饰中生活在“假面具”之下。“伪病的犯人总是担心别人揭穿他的伪装，在没有卸下心理包袱的情况下，他是不会主动投降的。”（第 259 页）装病就必须具有所装疾病的症状，时刻防备被监狱警察识破和揭穿，刻意掩饰无病的行为举止。三是承受伪病带来的各种痛苦。“因为伪装也是一件痛苦的事情，长时期保持病症是很难坚持的，如长期兴奋、长期卧床、长期不进食，这些行为一是难以坚持，同时又会遭到诸如禁闭之类的惩罚，所以意志不很坚定的犯人到一定时期后会自动停止伪病行为。”（第 259 页）

（二）医生的两难选择

医生治病是建立在患者症状为“真”，或者患者认为疾病为“真”的基础之上，依照诊病程序和规范对“病”所作出的诊治，指向对象只是患者的“病”，而伪病是监狱环境条件下产生的一种文化现象，这就为医生在给服刑罪犯治病时附加了与医生职责不符的“义务”：鉴别服刑罪犯疾病的真伪。“医生的主要职责在于治病，至于这个病人是真病还是假病，医生是比较难确定的。要确定真病不难，要确定伪病很不容易。同时伪病的确定又与医生的职责不太相符，而且风险很大，也会造成病人与医生个人关系的紧张。所以从明哲保身的角度来说，谁也不愿意去揭露、戳穿伪病。这似乎是一种有违医生道德的行为。对有伪病的人不去揭露就是在保护造假者，就是在亵渎医生的道德。”（第 228 页）由此，对伪病的鉴定与不鉴定、揭露与不揭露都使医生难以抉择。

服刑罪犯伪病的鉴别存在极大的风险。“伪病的鉴定客观上存在的问题非常容易导致误诊。”（第 269 页）风险的存在就意味着责任的承担，这些都不是医生所应介入的事情。但是，在现实中这些本应由专业鉴定机构承担的事情却摆在了为罪犯治病的医生面前。

1. 监狱医院的医生所面对的困境

监狱医院的医生身份具有双重性，首先是救死扶伤的医生，肩负着医生的责任和义务；其次是监狱警察，承担着改造罪犯的职责。在对待伪病罪犯的问题上，监狱医生和监狱警察的职责就出现了角色冲突。因此，“在监狱当医生要面临比社会医生复杂的社会道义和医学道德的折磨。”（第 265 页）

监狱医院的医生是鉴别罪犯伪病的主要承担者，“真正可以给犯人作出伪病结论的是监狱医院的医生。”（第 227 页）但在实际工作中，要想实现甄别疾病真伪的目的，存在着许多障碍。一是伪病鉴别是一个长期的过程，诊治中会遇到复杂多变的各种障碍。“由于监狱医院的医生不直接进行犯人的管理，因此仅靠一次或几次门诊治疗就判断的话，一般也很难得出准确的结论。”（第 227 页）“对伪病如果没有长期观察的思想和不断分析判断的做法，确实也很难进行鉴定”。（第 261 页）二是伪病罪犯为了达到伪病的目的，对监狱医院医生的诊治和鉴别存在阻抗心理。“犯人往往是‘真病求医，伪病探医’。伪病的犯人到医院看病往往抱有试探狱医水平的目的。作为一般性的医学检查，很难断定什么是伪病。”（第 261 页）三是监狱医院医疗技术设备的有限性。“监狱医院的医生经常接触伪病的病例，他们有丰富的伪病鉴别经验，但是由于监狱医院医疗设备的局限，他们往往能下出伪病的结论，但提供不出强有力的医学检验证据。”（第 267 页）“作为狱医来说，要想揭露伪病主要还是靠医学观察及医学检验作为支撑，但由于对伪病的认识程度和设备的技术条件的限制，对复杂的伪病要取得充分的证据也是有难度的。”（第 271 页）在这里，就出现了监狱医生的诊治经验与医学证据之间的矛盾，也就是对伪病的诊治艺术与科技技术的冲突，这一问题在短时间内是很难克服的。四是监狱医生存在着心理障碍。目前我国还没有对罪犯伪病鉴别的风险承担问题在法律和其他规定中加以规范，一旦鉴别出现问题，罪犯就会把责任归结到监狱和监狱医生身上，无形中给监狱医生施加了巨大压力。一些伪病的犯人正是抓住了监狱医生的这种心理，向医生施加压力。“一些犯人在社会医院看完病后，以社会医院医生的结论为借口来向监狱医院的医生施压，也会使监狱医院的医生很难用伪病的名义揭露犯人或惩罚伪病的犯人。”（第 267 页）

但是，面对各种压力，监狱医院的医生也不是无所作为的，他们在努力探索运用各种手段和方法揭露伪病行为，并取得了一定的效果。“有经验的监狱医生会使用更为有力的医疗证据来揭露伪病犯人的伪装。伪装一旦被揭穿了，一些伪病的犯人会自动地停止伪装。”（第 259 页）

2. 社会医院的医生所面临的困境

一般说来，对于罪犯的较为复杂的疾病，监狱医院的医生无法作出诊断结论，或者是依赖现代医疗器械的帮助才能作出诊断结论的，不管是真病还是伪病，都会在监狱的严格看护下到监狱指定的医院进行诊断治疗。但是，面对罪犯刻意装出来的“伪病”，“社会医院的医生如果要对犯人下伪病的结论是非常困难的。”（第 227 页）其原因在于：一是社会医院的医生平时所接触的绝大多数都是真病，急切需要医生提供医疗救治的，而对于罪犯的伪病，社会医院的医生缺乏临床实践和临床经验积累，不敢贸然作出诊断结论。“许多医生可以说没有接触过伪病的病例，特别是一些极端的伪病更没有见过。在医生的眼里，没有病的人是很少的，因此让医生下一个有病的结论容易，而要下一个没病的结论是很难的”，（第 269 页）“社会医院有完备的设备和仪器，但是社会医院的医生很难接触到伪病的病例，对监狱中犯人的伪病更不了解，所以他们下的医疗结论往往是模棱两可的。”（第 266~267 页）二是到社会医院诊治的罪犯或多或少都存在着一些疾病，只是轻重程度不同而已。面对罪犯所述病情，在没有充分依据的情况下，社会医院的医生也不敢盲目地加以否认。“在实际中有的犯人也被送到社会医院进行鉴定，但可以说社会医院都不会轻易下伪病的结论。因为在医生以及医疗仪器的面前，每个人都会有病状的，只是病的轻重程度不同罢了，完全让医生下个没有任何疾病的结论是困难的，也是对他们职业能力的挑战。”（第227页）“一般的医生没有绝对的把握根本不敢下一个伪病的结论，而且有些犯人确实也有病，不过不是大病罢了。”（第267页）三是人的疾病形成的机制非常复杂，现代医学对于疾病的诊断能力是有限的，对于很多疾病，现代医学还没有充分认识，还有很多盲区，因此社会医院的医生要作出伪病的结论必须有充分确凿的证据。但是“由于没有监狱管理的体验，认识不到犯人的异常行为的存在，因此也会对医学判断形成盲区。有些医生可能对伪病的犯人最后作出有病的结论，有些医生可能对伪病的犯人下一个模棱两可的结论，但要让他下一个伪病的结论是非常困难的”。（第227页）四是伪病鉴定行为存在极高的风险，一旦将真病鉴别为伪病，不仅要为此承担对疾病误诊误治的责任，更重要的是有可能要承担法律责任。在重大风险面前，社会医院的医生不得不谨慎从事，在心理上是有所顾忌的。“医生也要为自己留一条后路，万一下的无病结论有误，可能会对他的职业生涯造成危害。下一个有病的结论总不会给医生的职业生涯带来多少风险，而无病特别是伪病的结论是对职业生涯的一种挑战。有心计的医生都不会为这个问题给自己的职业造成不必要的麻烦的。”（第227页）

3. 中庸的处理方式：有病推定论

基于上述原因，无论是监狱医院的医生，还是社会医院的医生，在面对罪犯的伪病时，诊治中基本遵循了一个原则：有病推定论，即“从医学的角度来说，即使是伪病也要从‘有病推定论’的角度来进行排除。这从医学技术本身来说存在一定的困难，它受到医生的知识结构、从医经验、医疗检验设备的完整程度等因素的制约。从医生的个人利益角度和犯人的个人利益角度考虑，如果下个有病的结论，对犯人是有好处的，对医生自己也没有什么坏处，对伪病没有鉴定出来不会成为评判一个医生水平的标准。而如果将真病鉴定成伪病，就可能损害犯人的名誉，使犯人的人格尊严受到伤害，搞不好还会缠上官司，使医生身败名裂”。（第267~268页）按照常规的思维：病人有病才来看病。对于病人的病，在不能够充分排除的情况下，进一步地进行观察和探查是一种合理的诊疗行为，也是医院通用的对疑难杂症的治疗规则。

（三）监狱医院与监狱警察的无奈

罪犯的伪病对监狱所产生的负面影响是众所周知的，但要解决这一问题却并非易事。长期以来，“伪病的存在与鉴别的困难是一项困扰监狱管理工作正常开展的问题。”（第222页）

监狱医院具有自身的特殊性。监狱医院名为医院，而实质上和社会医院相比，具有不同的特征。除了对病人的治疗过程和社会医院基本一致外，监狱医院的不同之处在于：一是监狱医院是附属于监狱的，是为改造罪犯服务的监狱设施的一部分，在其定性上是刑罚执行机构用来改造罪犯的组成部分。二是监狱医院收治的对象是受到刑罚处罚、失去自由、正在服刑的患病罪犯。三是为罪犯的治疗是免费的，不存在医患之间的金钱关系。四是监狱医院的医生都是监狱警察，除了对罪犯所患疾病进行治疗之外，还负有教育改造罪犯的职责。五是监狱医院的护理人员大多是正在服刑的罪犯。因此，“从疾病的治疗角度来说，社会医院与监狱医院的区别在于接受治疗的对象不同。社会医院接受的是有病的人员，而监狱医院除了接受有病的人员外，还要接受造作伤与伪病的犯人，还要对造作伤与伪病的犯人进行必不可少的鉴定。监狱的医院除了具有社会医院的治疗功能以外，还有对造作伤与伪病的犯人鉴定的功能，这可以说是监狱医院的一个特点。”（第 225 页）对伪病的犯人进行鉴定，这一功能的赋予，成为监狱医院和监狱警察不能承受之重。

伪病罪犯的鉴定之殇。监狱管理部门出于管理的需要，为了有效地维护监狱的秩序，对伪病罪犯的识破、揭露、打击是必要的。罪犯以伪病来规避监狱的劳动，规避监狱的严格管理，占用监狱有限的医疗资源，被定性为抗拒改造，其实罪犯的伪病行为是典型的软性抗拒改造。既然是抗拒改造，就是监狱管理者严厉打击的行为。但是，打击的前提是要对伪病进行鉴别，否则就没有打击的理由和依据。“对监狱管理的实践过程来看，对伪病置之不理是不合适的，这会使伪病成为一种顽疾在狱内传承扩散，影响狱内秩序的稳定，危及犯人的身体健康。”（第 270 页）因此，“监狱管理部门对伪病也一直要求监狱的医生和狱警要注意识别、揭露，这是对监狱管理人员的特殊要求。”（第 259 页）正是一种对监狱管理人员的特殊要求，才使得监狱管理人员不敢轻易地下结论。“应该说监狱进行伪病的鉴定是一项比较困难的工作。首先作为鉴定人必须掌握现代医学的各种基本知识和技能，能够在全面分析各种试验报告的基础上得出结论，对个别难度较大的病例还要进行必要的专家会诊。这对监狱的医院来说是很难做到的，主要是没有检验的设备与仪器，往往要凭借监狱医生的经验。”（第 266 页）而鉴定的复杂性和专业性也为监狱管理人员规避鉴定错误的风险提供了理由和借口，使得一些罪犯的伪病有了存在的空间。

从外部动因来看，监狱警察只有经验的积累，而无专业知识和现代医学的临床证据，在伪病罪犯面前只得妥协。“狱警由于专业知识所限，一般很难对犯人作出伪病的结论，因为狱警本身就不具备医学鉴定的知识。”（第 266 页）“大多数情况下，狱警对这种犯人是睁一只眼闭一只眼，你是否装病狱警心里是清楚的，但一般不会揭穿，只要不违反其他监管纪律也就懒得管理这样的犯人了。”（第 226~227 页）外部动因成为伪病能够在监狱生存、发展和传承的环境条件，以至于成为一种文化现象。

从内部动因来看，监狱警察不仅缺少伪病鉴定的知识和技能，而且缺乏伪病鉴定的信心，不愿承担伪病鉴定所带来的风险。对罪犯的伪病鉴定是监狱管理工作的自由选择项，而不是必须作为的工作内容，同时存在极高的风险，一旦失败，轻者成为罪犯攻击的对象，领导同事埋怨的因由；重者由于罪犯疾病的误治而承担法律责任，使监狱工作处于被动局面。“现在不少狱警为了不给自己添麻烦，对伪病犯人不愿意去积极揭穿，他也知道真正揭露要有时间、有知识背景，还要有很大的恒心，这样的狱警是不多的。不少狱警对伪病的犯人其实是睁一只眼闭一只眼，往往在表面上还是将伪病的犯人当作有病的犯人来对待，通过表面上看似合理的妥协的办法来维持监狱管理秩序。与伪病的犯人打交道，特别是要真正鉴别伪病是有很大的职业风险的，搞准的可以对犯人进行有力的打击，搞不准的可能就成为虐待犯人的借口。因此，许多狱警都不愿意管伪病犯人的事情，更不要说主动去进行伪病的鉴定了。”（第227~228页）因此，狱警宁信其有病，也不愿意冒风险盲目揭露罪犯的伪病行为。

在现实中，虽然对伪病罪犯存在难以识破的潜在因素，但是“犯人伪病的现象其实也不难识破”（第241页），关键的问题是即使识破了，也缺乏严厉打击的措施。就目前的处理手段而言，最严厉的也就是影响罪犯的减刑，一般的处理方法触及不了罪犯的核心利益。对于决意伪装疾病的罪犯，早就做好了不求减刑的心理准备，更何况即使揭露了罪犯的伪病行为，他依然伪装下去，监狱也无可奈何。在这种情况下，揭露和识破的积极意义不大。因此就出现了“识破是一个问题，当着犯人的面戳穿他的伪装伎俩和让他停止伪装疾病又是另一个问题。一般的伪病，狱警、狱医以及其他犯人都心知肚明，有时也在一起谈论，但由于没有强有力的证据和揭露的义务，所以往往就不会当着伪病犯人的面去戳穿”。“有时一些狱警、狱医也会当面进行劝告，希望伪病的犯人放弃伪装，有些犯人是放弃伪装了，而有些犯人就是不放弃伪装，继续长期地伪装下去。伪病对监狱犯人管理造成的压力并不是很大，如果犯人执意要伪装疾病，狱方并不会因伪病而满足犯人的要求，会任其发展。”（第241~242页）总之，从整体上来看，“无论是狱警还是狱医，对伪病怀疑的多，但真正掌握充分证据的少”（第271页），伪病生存的空间也就愈加开阔。

伪病对监狱管理的危害在个别罪犯身上还是非常明显的。个别伪装疾病的死硬分子会借助伪病向监狱提出各种各样的要求，使监狱警察处于两难境地。“不少伪病的犯人看到狱方对他们无可奈何，也就开始嚣张起来”，“你如果不满足他的要求，他就会惹是生非，搞得监狱秩序混乱。你若想满足他的要求，又感到犯人是伪装有病的，不甘心为这种犯人的无理要求提供便利的条件，这种困境使狱警处于两难境地。”（第 227 页）在这里需要注意的是，在一定的时期内，“伪病的存在特别是增多，确实是对狱警、狱医能力的一种考验，有没有能力鉴定伪病与有没有决心鉴定伪病是摆在监狱面前的一个重要的课题。”（第 273 页）

（四）伪病是如何炼成的

伪病是监狱内的一种传统，但是伪病需要罪犯具有较强的心理素质和意志力，一定的医学知识和伪装技巧，因此一般的罪犯想要伪装成功也是比较困难的。

1. 伪病炼成的监狱环境要素

这些要素包括：一是监狱存在伪病的诱因。关于这个问题前面已经进行了论述，罪犯伪装疾病可以获得利益，躲避劳动、规避管理、享受病人待遇等。“因此，狱内出现的伪病就很容易成为犯人逃避劳动、逃避规范化管理的一种手段，而且现在看来这种手段被一些有服刑经验的犯人普遍使用。如果他的目的达到了，那么伪病的行为就会自动消失，而如果他的目的没有达到，伪病的‘症状’就会一直持续下去，除非是被狱方识破了伪装，否则‘病症’会一直存在。”（第 237 页）二是监狱的医疗条件、社会医院的医疗条件、现有的医疗技术等，对伪病鉴定存在很大的困难，难以取得有效证据，直接导致不能采取相应的打击措施。伪病的“鉴定比较困难，举证困难，打击的力度也跟不上去，也没有相应的防范措施，因此伪病的现象较难控制”。（第 222 页）三是伪病对监狱的管理秩序直接危害不大，监狱警察除了无可奈何之外，更多的是消极对待。四是医生对伪病结论的担忧、偏见和放任心态。“伪病是用一种虚假的疾病来达到某种目的的行为，一般的医生不愿下一个伪病的结论是害怕引起指控。”（第 237 页）“无论是社会医院的医生还是监狱医院的医生都会对伪病现象抱有一定的偏见，特别是对疑似伪病的犯人，主动愿意去揭露的人很少。”（第 228 页）所有这些因素都成为伪病滋生、蔓延和发展的土壤。“伪病正因为存在鉴定上的困难，这就给一些犯人特别是有过服刑经验的犯人创造了有利条件。”（第 230 页）

2. 伪装疾病的罪犯采取了“假病成真”的对应手段

这些手段包括：一是利用医疗鉴别的漏洞，在诊病的初始阶段采集标本时造假，使医生面对检验结论信以为真。“在实际中经常发现检验的标本采集不规范，使犯人可以利用标本采集的漏洞进行造假。”（第 222 页）二是多次就诊，找不同的医生就诊，对诊断结论按照有利的原则进行取舍。“社会医院的医生对同一种疾病现象作出不同的疾病结论，对犯人有利的结论会成为伪病的犯人向监狱施压的有利证据。”（第 222 页）“要想使狱医下‘有病’的结论，伪病的犯人也往往会多次就诊，就诊于不同的狱医之间，只要有一位狱医下有病或不排除××病的结论，就会成为伪病犯人的挡箭牌，也往往会影响下一位狱医的诊断。”

（第228页）“他们伪装疾病，一般喜欢让年轻的医生给自己看病，一旦这位没有丰富经验的医生下了一个有病的结论，他们就会将这个结论视为‘尚方宝剑’，如果有人表示怀疑，他们就会搬出年轻医生的结论进行辩护。另外，伪病的犯人一般不愿意只到一个医生面前看病，往往他们会到不同的医生那里看病，哪个医生下的结论对自己有利，他们就以哪个医生的结论作为疾病的证明。”（第230页）三是充分利用医疗盲区，选择性伪病。就现代医疗技术而言，对于很多疾病的认知是有限的，有些疾病的症状很难运用医疗仪器检测出来，对于疾病的类别也就难下结论。“伪病的犯人一般都比较有心计，他们往往会选择一些不容易检查出来的病进行伪装。如伪装头痛、腹痛、瞎、聋、昏迷、精神病、关节功能障碍等，这些表现与他们所获得的知识和服刑经历有很大的关系。”（第231页）“往往浑身都是病的人其病症是由犯人自己说的，很难用仪器检测出来，比如最常见的头痛、肚子痛、胃痛、脚痛等。还有一些犯人通过伪装表现出病症，也很难给其下一个准确的疾病结论，如失忆、瘫痪等。”（第256页）有些伪病的罪犯在假装某种疾病之前，通过各种渠道对这种疾病的基本症状做足了功课。“作为伪病的人他必须首先明确他所伪装的疾病的症状是什么样的，这种知识有些是个人的体验，有些是学来的，有些就是自己的想象了。对监狱的犯人来说，如果狱内的风气不好，犯人之间就会互相传播伪病的技能，主要是传播伪病的症状。这种知识的传播有很强的生命力，而且代代相传，在狱内一直存在，狱警很难知道这种事情的传播，也很难控制这种知识的传播。”（第232页）四是罪犯寻求一切可以利用的条件，伪装疾病症状，求得伪病成功，达到伪病的目的。在监狱内部的一些资料中，曾介绍过罪犯制造伪病的方法。“如犯人血压忽高忽低，极不稳定，后来发现是服用大剂量‘麻黄素’而导致的；如犯人出现肾炎，全身浮肿，发现是犯人大量喝浓盐水造成的；如犯人眼部失明，瞳孔放大，发现是犯人将针剂阿托品涂抹眼部造成的；如犯人腿部红肿，伴有高烧症状，表皮外感染，发现是犯人使用圆珠笔芯自制的针管，向腿部注射煤油造成的；还有的犯人是神经性呕吐，后来发现是饱食后用手指压咽部造成呕吐或将一棉团用线捆好吞下，待吃完饭后将棉团从胃中拉出造成呕吐……等等。”（第235页）五是拒绝配合医生的治疗方案，提出不合理的要求，达不到目的时甚至放弃治疗。“伪病的犯人一般都不会很好地配合医务人员的检查与治疗。”“在医院检查过程中，如遇到经验丰富的医生进行检查，他们往往怀有敌意，对医生说话不客气，不愿意配合进行临床检查。甚至在医生对他的表现不屑一顾时，往往用威胁的口气与狱医说话。”“如果医院将其视为病人来进行治疗时，又会发现他们并不配合治疗，这样的表现能够作为伪病的证据之一。因为没病的话要当作有病治疗，药物的副作用他们是不会不考虑的。”（第229~230页）罪犯的伪病只是为了达到某种目的，不希望由于药物的副作用而使身体受到伤害。有些伪病的罪犯为使自己的伪装不被识破，对于医生提供的最基本的治疗建议也一概不采纳，“对伪病的犯人来说，必要的锻炼是疾病的一种治疗方案，但你怎么劝说他都不采纳。”（第 230 页）

3. 伪病的内驱力

罪犯伪病的动机是为了获取利益，而罪犯为使伪病装得逼真，甚至“假病成真”的内在驱动力则是心理因素。以坚强的意志力克服伪病所带来的不适应，以自我意识强制将自己认知为病人，对自己的疾病症状经常进行自我暗示，最后连自己也相信自己是有某种疾病的人。“伪病不是一种轻易表现的行为，它一定是经过精心谋划后采取的行为。”（第 228 页）“凡是伪病的犯人可以说都存在心因性的疾病，心理问题是导致伪病的主要原因。”（第 263 页）总之，“浑身都是病的人并不一定是真正的病人，往往都是心理疾病所导致的。”（第 256 页）心理因素在罪犯伪病中占据了主导因素。解决罪犯的伪病问题，还需从治疗“心病”入手，才能抓住问题的根源。“要想解决伪病的问题必须从犯人的心理入手来寻求办法。如果心理问题解决了，那么伪病就会消失。相反，心理问题不解决，即使是狱警或医生公开指出他是伪病，社会医院下一个伪病的结果，也无济于事，这个犯人就坚持伪装下去，狱方也无可奈何。而且长此下去，假病还真会变成真病，特别是肢体方面的伪病更容易成为真病。”（第 263 页）“心理问题不解决，身体疾病‘症状’是很难自己消除的。”（第 256 页）因此，解决罪犯心理问题，是识破、揭露伪病的重要方法，也是劝说罪犯放弃伪病的重要途径。

（五）对待伪病的法律和道德困境

如何对待伪病，不论是法律上，还是伦理道德上，都存在诸多问题。长期以来，伪病不仅困扰着监狱管理工作，而且也在法律和道德层面引起了巨大争议。

1. 对罪犯伪病行为的定性问题

在监狱管理层面，伪病是扰乱监狱管理秩序的反改造行为或抗拒改造行为。“伪病的行为是严重违反监狱规定的……对伪病虽没有明确的规定，但一直以来也被视为是一种违反监规的行为，在地方监狱管理的具体规则中有不许犯人制造伪病的条文。所以说，造作伤与伪病一直以来是当作违反监狱纪律来处理的。”（第 226 页）在实践中，监狱也竭力在识破、揭露、打击罪犯中的伪病行为，有些监狱将伪病行为规定为违纪行为，对伪病的定性是非常明确的。在伦理道德层面，伪病是罪犯服刑中的悖德行为。“伪病虽然是针对自身的行为，没有对他人的身体造成伤害，但它是一种违背社会道德规范的行为，是一种不道德的行为，是社会民众无法接受的异常行为。”（第 226 页）从常规而言，趋利避害是人的本性，对于自身的身体健康也是如此。但是一些罪犯违背趋利避害的基本原则，为了伪装疾病，对自己实施不同程度的伤害，是应受到公众谴责的一种悖德行为。在行为主体的社会归责层面，伪病是罪犯的内向攻击行为，是对他人无害的个人行为，不属于管理者干预的范畴。"从道德上应该谴责造作伤与伪病犯人，这一点毫无疑问。但问题是这种谴责在狱内引起的共鸣程度并不高，犯人多数认为这是一种个人行为，他不去模仿就行了，自己没有必要去多管闲事，没有兴趣去谴责这样的人，个人的事情个人负责，其他犯人并不关心。"（第 226 页）

2. 伪病治疗的医学道德问题

伪病的治疗问题是对医学道德的严峻考验，在伪病面前，尤其是罪犯故意造作的伪病面前，医生无论怎么做，都会受到社会的诟病。主要体现在：一是对于罪犯故意造作的伪病，如果不救治，违背医生的职业道德，就是对罪犯生命权和身体健康权的漠视，必然会受到社会公众的谴责；如果积极地实施救治，又会浪费监狱的医疗资源，而监狱的医疗资源是有限的，相对固定的，用在不该用的罪犯身上，必然是对其他罪犯使用医疗资源权利的剥夺，明显是不合适的。"一些犯人通过造作伤、伪病等形式在故意制造疼痛和疾病，这是一种违反人的自然属性的反文化行为，对这样的犯人进行不进行救治？不救治是一种人性的漠视，是对人的生命权和身体健康权的践踏。如果进行救治有时又是对有限的监狱医疗资源的浪费。出于人道的原则必须对这些犯人进行有效的救治，但出于人性感情的考虑，又很难对这样的行为进行彻底有效的治疗，这确实是一种现实状况。"（第 265 页）由于是伪病，在本质上就不存在彻底治疗的问题，因此医生在救治和不救治之间作出了既救治又不彻底救治的无奈选择，以规避医治行为的道德危机。二是对伪病治疗的程度问题。社会医生对病人的治疗是以病人的彻底康复为目标，病人彻底康复是医生对疾病的治疗成就。而监狱医院的医生对于罪犯造作伤或伪病并给罪犯带来生命危险的行为，一般为了规避风险，会送到社会医院救治，对于大多数伪病的罪犯还是以监狱医院的治疗为主，治疗的效果以不死亡为限度，显然这样的限度是没有任何依据的。从法律意义上看，监狱医院医生的做法无可厚非，因为"从现行的法律规定精神来看，如果因犯人造作伤与伪病造成今后身体的残疾，也只能是'咎由自取'。每个人都要对自己的行为负责，既然犯人采取了这种行为，那么监狱出于人道的精神也是有限的，这似乎是一种可以说得通的解释"。（第 265 页）在道义上，"这里暴露出的医学道德问题是一个值得关注的问题，监狱医生的价值观与社会医生的价值观有一定的距离。"（第 265 页）

从国家层面而言，宪法和法律的内在精神都主张生命的神圣和平等，无论是一般社会成员还是监狱服刑的罪犯，都应当受到无差别的平等对待，即"平等地对待不平等的人"。但是，法律和道德是两个层面的问题，对于同一问题的处理存在着差异，法律的调控有自己的权力边界，面对由道德调整的问题也无能为力。“作为国家来说，绝不会做出放弃治疗或拒绝救治的规定，但法律层面控制不到的往往是医学道德问题，这些问题的起因是犯人的这种造作伤与伪病。因此说，造作伤与伪病带来了一个更深层次的医学道德的难题。”（第 265 页）

3. 伪病的法律困境

监狱对于伪病的处理面临许多法律困境。伪病是犯人对抗监狱管理的一种特殊的方式，虽然伪病的目的各不一样，但都是为了达到个人的非法目的，因此伪病是罪犯为了实现这些目的的铤而走险行为。监狱在处理过程中遇到了法律障碍。

第一，伪病该不该鉴定？鉴定的目的是什么？从监狱管理的角度来看，伪病是违纪行为，是监狱打击的行为，当然应该进行鉴定。问题在于受目前医疗技术所限，鉴定的难度很大，或者有些疾病根本无法鉴定。“负有伪病鉴定职责的人员首先要解决的问题是，有没有必要进行伪病的鉴定，是不是对每一个怀疑有伪病的犯人都要进行鉴定。”（第 270 页）同时，鉴定应有目的性，如果仅仅是因为伪病的违纪性而进行鉴定，似乎缺乏合理性和正当性。根据目前的法律规定，并没有将伪病纳入违法违纪的范围。如果罪犯只是伪装疾病，并没有其他违法违纪行为，又拒绝进行鉴定，监狱也是束手无策。所以，对伪病进行鉴定，不仅缺乏法律依据，而且会浪费有限的监狱医疗资源，更重要的是没有与之相适应的制度和机制保障。

第二，鉴定风险的承担问题。在我国的各种医疗鉴定项目中，并没有伪病鉴定，也就是说，伪病不属于司法鉴定的项目。这样就产生了一个问题，按照我国目前的鉴定机构风险承担机制，如果鉴定人所出具的鉴定结果出现错误，是由鉴定机构承担鉴定的责任，对鉴定人如何处罚，是鉴定机构内部的事情。伪病鉴定不属于法定鉴定项目之列，如果医生或者专业鉴定人员私自对伪病进行鉴定而后出了问题的话，鉴定机构是不承担责任的，是由鉴定人个人承担责任，这就加大了鉴定人承担责任的风险性。“因此说，鉴定伪病是一项有很大风险责任的工作，在没有解决好职业风险的保障时，伪病的鉴定是非常困难的。如果能够解决伪病鉴定的职业风险问题，那么伪病的现象就会大大减少，至少许多医生会积极主动地加入伪病的鉴定行列之中。”（第 268 页）从司法鉴定或者医疗鉴定的惯例来看，鉴定人是对鉴定机构负责，具有忠诚义务，对被鉴定事项具有诚实义务，和被鉴定人之间没有直接的风险承担责任。“对伪病鉴别的风险不能由医生个人来承担，他也承担不起，必须有一种保障机制，仅仅依靠道义的力量是无法推动医生的积极作为的。”（第 228 页）对伪病的鉴定还没有建立起这样的机制。因此，鉴定人员的消极对待也在情理之中。

第三，伪病的罪犯是否享有病人的权利？作为一般的病人，不仅享有医疗权、自主权、知情同意权、保密权等病人的基本权利，而且享有法律上的生命健康权、肖像权、名誉权、隐私权等法律权利。而罪犯是受到法律处罚的人，在服刑过程中，监狱对其生命健康负有特定的义务，如果患了疾病，同样享有病人的基本权利。但是，现在监狱面对的是伪病的罪犯，“伪病的犯人作为病人如何享有病人的权利，这是一个需要考虑的问题。”（第 228 页）伪病的犯人在很多情况下为了避免治疗的副作用对身体造成的伤害，不愿意治疗，在这种情况下，如何对待伪病罪犯放弃治疗的权利是一个难题。“病人有病人的权利，需要得到有效的治疗是一项权利，不希望治疗也是一项权利。”（第 228 页）伪病的罪犯放弃治疗权表面上看是在行使自己的合法权利，而实质上是在规避监狱的劳动和管理，是以患疾病之名侵占监狱医院的医疗资源，这是监狱所不能容忍的反改造行为。这样，对伪病的罪犯所享有的权利边界如何确定，就成为一个空白。

第四，对伪病的犯人能否强制治疗？当“伪病的犯人不需要监狱的治疗时，那么到底是救治还是不救治？救治可能违背犯人的意愿，也侵犯他的权利，同时必须采取强制的措施”。（第 229 页）面对这一问题，从不同的角度有不同的理解，针对不同的情况，采取的措施也各不相同。首先，从人道主义的基本精神出发，积极地进行救治是监狱的职责。“从人权的角度来深入理解，无论犯人因何种原因导致的疼痛和疾病，监狱的医生都应该无条件地进行彻底有效的治疗，哪怕是犯人不愿意接受这种治疗也应该进行强制治疗。在医学面前，生命健康权是至高无上的。”（第 265 页）其次，医生的职业道德也要求医生必须进行必要的救治措施。“对伪病行为的放任不管，其实也是一种‘杀人’，这是与医生的职业道德相背离的。”（第 228 页）其实，在实践中，监狱对于伪病的罪犯所采取的措施是依据不同情况而定的。第一种情况是有生命威胁的伪病，大多是罪犯造作出来的疾病，外显症状非常严重，或者是伪病本身确实已经严重威胁到了罪犯的生命，“不救治可能意味着身体的损伤，今后的残疾以及生命的威胁。在这种情况下，从保全犯人生命的角度，如果用强制的方法给予治疗，在道理上说得过去。”（第 229 页）监狱也有职责挽救伪病罪犯的生命，实施强制救治并不违背监狱的管理规定，也是国家提倡的行为。第二种情况是无生命威胁的伪病，即无病装病，或者是小病被夸大为大病和重病，这时监狱可以尊重罪犯的意愿，不去积极主动地采取治疗措施。“对没有生命威胁的病人，如果他不愿意治疗，那么很难进行强制的治疗，可能以后会留下残疾，这是需要他自己承担后果的。”（第 229 页）对于上述两种情况，是一个两难选择，不管是哪一种情况都由于没有法律支撑而显得苍白无力。因为“犯人不愿意接受治疗的话，强制治疗会不会又侵犯了犯人的权利？”（第 265 页）“其实，无论是否有生命危险，在监狱一直就有强制救治的传统做法。这种做法现在慢慢会引起争议。”（第 229 页）强制治疗虽然可以给监狱带来利益，一方面“强制治疗确实可以揭露犯人的伪病现象”；（第 273 页）另一方面监狱又尽到了道义职责，赢得了社会舆论的支持。“但也有一个问题，这就是狱方权力的行使有何依据？犯人伪装疾病是他对人身健康权的放弃，伪装本身不产生侵犯他人的危害。若强行治疗是对犯人身体健康权的维护，但权利人本身并没有主张，狱方采取强制的办法给予治疗自然不会征求犯人本人的同意，也没有任何法律上的授权，所产生的法律后果也没有特别的保障。”（第 273 页）由此看来，要解决这个问题，只有从法律层面加以规定，并构建相应的体制机制才是万全之策。“没有法律的保障，狱医不会冒侵犯犯人权利的风险对其进行具有一定风险的治疗。这种观念可以说越来越强了，所以强制治疗的事例越来越少。”（第 273 页）

综上所述，我们可以得出以下基本结论：一是伪病是伴随监狱出现的附属品，“只要有监狱的存在，伪病的现象就一定会出现，因为伪病是监狱的一种常见‘疾病’。”（第 268 页）“伪病的现象是很难在监狱中消失的，它是监狱中的一种长期存在的亚文化现象，也是一种人们很难预测和防控的行为。这种行为很难消失，在不同的时期会有不同的表现形式。”（第 278 页）伪病的本质不是一种真正意义上的生理疾病，而是一种心理疾病，毫不讳言，这种心理疾病长期发展，也会成为真正的生理疾病。生理疾病和心理疾病的并存与转换，决定了对其鉴定的难度，也由此为伪病提供了生存的空间。二是伪病与监狱管理存在着内在的联系，一般说来，监狱的管理水平、劳动的量等决定着监狱罪犯伪病的多少。“一般来说，管理规范时这些行为就会减少，管理不规范或不到位时，这些现象就会增多。特别是如果不对这些现象加以重视，放任这种现象的发展，就会出现大批量的犯人造作伤或伪病现象。”（第 278 页）三是伪病是罪犯刻意伪装的，是罪犯充分利用现代医学对疾病认知的有限性而装扮出来的疾病。“犯人要进行伪装，一定会有充分的思想准备，在一些病症方面也掌握了一定的经验，所以要想鉴定出伪病不但要花费一定的时间，还要有充分的证据才行。”（第 237 页）四是伪病是监狱中罪犯的价值观念、道德观念、人生观念等的集中反映，也是一种世代相传的监狱亚文化现象。“正因为这种证据的掌握比较困难，也就为狱内伪病的存在创造了条件，伪病是狱内的一种传统现象，一直以来就顽固地存在。”（第 237 页）“这种现象可以称为一种‘风尚’，是犯人普遍认可的价值观和道德观念。”（第 278 页）

附录 1:

孙平教授简介

孙平，男，1964 年 3 月生，陕西韩城人，现任广东开放大学副校长、法学博士、教授。曾就读于西北政法大学、中山大学，获得法学学士学位和法学博士学位。1985 年 9 月至 1991 年 7 月，在西北政法大学任教；1991 年 7 月至 2003 年 3 月，在广东司法警官学校任教，曾担任教研室副主任、主任、副校长；2000 年 7 月至 2001 年 7 月，在中山大学人类学系做国内高级访问学者；2003 年 3 月至 2008 年 10 月，任广东司法警官职业学院副院长；2004 年 6 月至 2008 年 6 月在中山大学攻读博士学位；2004 年 7 月至 12 月，被广东省委组织部、省委统战部委派到揭阳市挂职锻炼，任榕城区区长助理；2008 年 10 月至 2012 年 12 月，任广东广播电视大学副校长；2012 年 12 月至今任广东开放大学副校长。现为政协广东省第十一届委员会常务委员，广东省法学会常务理事，广东省法学会法理学研究会副会长，广东省知识界人士联谊会常务理事。曾任中国监狱学会理事，中国监狱学会学术委员会委员，中国监狱学会狱政管理专业委员会副秘书长。曾荣获广东省南粤优秀教师、全国监狱系统警察学校优秀教师、广东省司法厅优秀教师等称号，荣立个人三等功三次。主要从事刑罚执行、法律文化、教育人类学的研究。主编、参编学术著作 10 余部，发表论文 30 余篇。

主要著作有：社会科学文献出版社出版的《监狱亚文化》，陕西人民出版社出版的《中国监狱人》；中国政法大学出版社出版的《监狱管理理论与实务》、《狱政管理》、《文化监狱的构建》、《监狱现场管理实训教程》、《监狱突发事件应急管理》等。

附录2：

《监狱亚文化》目录

（社会科学文献出版社 2013 年版）

监狱人性化管理论和囚权主义主张

张晶研究员的监狱学思想最具有自身特质的是“中国现代监狱制度的理性构建论”、“监狱人性化管理论”、“囚权主义主张”等，这些思想在国内监狱学界乃至法学界可谓独树一帜，颠覆了传统的监狱学理念，成为现代监狱学思想的重要组成部分。由此，张晶成为全国关注的“江苏监狱现象”的一个亮点和品牌。

※现代监狱制度的理性构建论：现代监狱制度的基本元素应包括：法治化、科学化、社会化、职业化、现代化、全球化、人性化七个方面。现代监狱制度是具有中国特色，运用现代科学理论作指导，与社会主义现代化建设相适应、相协调、相一致的科学、文明、公正、法治的监狱政治体系。

※囚权主义主张：罪犯是人，是公民，因而具有法定的权利与义务。罪犯有权受到人权保护，“无论是道德的权利，法律的权利；还是应然的权利，实然的权利”都是神圣的，表达的是对罪犯的“关爱、尊重，所体现的是社会的文明、进步，所张扬的是人性的真、善、美”，是现代社会追求的至高目标。“囚权主义主张”以人权为逻辑起点，以正义为价值判断，以理性为思想预设，以现代性为总体语境，以法治为伦理边界，构成了自身的理论谱系。张晶的“囚权主义主张”强调：一是在国际社会的背景下对囚犯权利的尊重与保护；二是在依法治国的视野里，中国对于囚犯权利的成就与实践；三是当下以及可以预见的未来，人们对于囚犯权利的那种蔑视和漠视仍有一定的认识基础，尤其是寄生在传统文化里的那些非良性的因子与糟粕的潜伏，一旦条件成熟，它们还会发酵和扩散，牵制人们敏感而脆弱的神经；四是在当下，由于侵犯囚权，一些警察为此付出了沉重的代价，甚至包括性命。这同样反映出尊重囚权的意义和价值。

※**监狱人性化管理论**：一是“人性化”是人文精神、人文关怀的根本要义；二是“‘人性化’的特质是理性、良知，最高价值是正义、人权、自由、平等，其终极目的是实现人的全面发展，‘以人为本’是它的形象的表述；三是罪犯是人，对他们的矫正教育必须满足其基本需要，尊重他们的人格，关注他们的发展，将其置于人的中心地位，体现人文关怀；四是“人性化”的直接体现为科学、民主、人权；五是改造罪犯、矫正教育的基础就是“促使罪犯人性的恢复、良知的复苏”，使罪犯成为法律、社会、精神、职业等层面的合格的人。

《深读矫正》的深读

——张晶研究员监狱学思想的梳理与拓展研究

张晶研究员勤于笔耕，善于思考，多年以来对中国监狱的现代化转型、罪犯权利保障、罪犯矫正教育等深层次问题进行了深入的研究。2013 年 4 月，张晶研究员的新作《深读矫正——现代监狱制度的理论逻辑》由江苏人民出版社出版发行，笔者有幸得以深读，由此认为，《深读矫正——现代监狱制度的理论逻辑》所蕴含的监狱学思想是张晶研究员 20 多年来监狱理论研究的结晶。

一、张晶研究员的监狱学理论体系

张晶研究员的学术成果成熟期，集中表现在近十几年来，最具代表性的著作是于 2001 年由海潮出版社出版的《中国监狱制度从传统走向现代》；2005 年由法律出版社出版的《正义实验》；2008 年由法律出版社出版的《走向启蒙》；2009 年由江苏人民出版社出版的《总矫正师》。10 年之间，张晶研究员对中国监狱制度进行了战略性研究，由此这四本研究成果也被学界称为张晶研究员研究中国现代监狱制度的“四部曲”。与此同时，这 10 年也正是中国监狱体制改革的 10 年，“四部曲”在理论层面对中国监狱体制改革起到了指导作用，受到了实务部门和学界的一致肯定。尤其是《中国监狱制度从传统走向现代》一书被司法部副部长张苏军誉为“一部 21 世纪中国现代监狱制度的全息蓝图”。2002 年该专著被司法部指定为全国监狱长培训教材，2003 年获司法部第四届“金剑文化工程奖”专著类三等奖。在监狱学科理论建设层面，张晶研究员的中国现代监狱制度这一原创理论成为新中国成立以来监狱理论研究由劳改学转向现代监狱学研究的理论基石。

张晶研究员监狱理论体系的形成是一个逐步积累和深化的过程。早在 20 世纪 80 年代，张晶研究员就投身于监狱理论的研究工作，充分利用工作性质的优势，把研究的基点定位于世界视域，初步完成了理论研究所需要的“原始积累”。进入 21 世纪，除上述研究成果之外，张晶研究员先后与他人合作出版的科研成果还有：《中国监狱发展战略研究》（法律出版社 2000 年版）、《罪犯改造质量评估》（法律出版社 2004 年版）、《矫正技术原论》（法律出版社 2007 年版)、《矫正激励通论》(法律出版社 2008 年版)、《监狱文化论》(江苏人民出版社 2009 年版)、《监狱囚犯论》(江苏人民出版社 2011 年版)、《监狱制度论》(江苏人民出版社 2010 年版)、《监狱形态论》(江苏人民出版社 2010 年版)、《监狱警察论》(江苏人民出版社 2011 年版)等。先后在北京大学《刑事法评论》、中国社科院法学所《环球法律评论》、上海交通大学《人权法评论》、新华社《领导参阅》、江苏省党校《唯实》,以及《法学家茶座》、《金陵法学评论》、《河海大学学报》、《侨报》(美国)、《中国监狱学刊》、《犯罪与改造研究》、《法制日报》、《检察日报》、《人权》、《21 世界经济报道》、《文汇读书周报》等重要学术期刊上发表专业论文、书评文章 50 余篇。其中,4 篇论文被中国人民大学复印资料《刑事法学》全文转载。这样的学术成就,即使是专业从事监狱理论研究的人员能达到者也寥寥无几,而对于一个从事监狱工作的人民警察而言不能不说是一个奇迹,其中张晶研究员所付出的超乎常人的辛勤劳动是可想而知的。

张晶研究员的辛勤劳动不仅得到了社会的认可,而且也获得了应有的荣誉。其中,《矫正质量评估》获得全国法学教材与科研成果三等奖、江苏省社会科学联合会“应用精品”一等奖;2009 年长篇监狱学术小说《总矫正师》获新中国成立 60 周年中国十大法制文学小说荣誉,是监狱题材长篇小说唯一入选作品;2007 年被评为研究员;2008 年被授予江苏省监狱管理系统创新创业杰出人才;2010 年被江苏省人民政府授予“有突出贡献的中青年专家”;2013 年被江苏省政法委聘为法律专家。在这里,特别值得一提的是,2010 年 5 月,中国监狱学会教育改造学专业委员会、江苏省作家协会、江苏省监狱管理局联合在安徽合肥举办了“张晶作品研讨会”。这是全国 30 万监狱警察第一个以个人名字命名的作品研讨会。中华人民共和国司法部副部长张苏军在发给研讨会的祝词中,对张晶研究员在监狱理论研究领域的贡献给予了高度评价:“多年以来,张晶结合工作实际,深入思考监狱工作,著述 200 余万字,出版专著 4 本。他提出了现代监狱制度及其法治化、科学化、社会化、专业化、现代化的构想,并进行了初步系统的研究,我评价为是‘一部 21 世纪中国现代监狱制度的全息蓝图’。近年来,张晶又开始涉足文学创作,并取得了很好的成绩。非常难能可贵。”“召开‘张晶作品研讨会’,不仅是对张晶多年来潜心监狱理论研究和文学创作取得突出成绩的最大褒奖,也会对未来监狱学科建设和监狱文化建设起到一个很好的促进、导向作用。希望有更多的监狱民警,特别是战斗在矫正第一线的民警热心于理论研究,创作出更多理论联系实际的好作品。”

张晶研究员的新著《深读矫正——现代监狱制度的理论逻辑》是对监狱制度理论体系的深化与延伸,之所以“深读”,体现在中国监狱制度走向世界的视野宽阔，更体现在现代监狱制度的理论引领和深层架构。《深读矫正——现代监狱制度的理论逻辑》之“矫正”，把现代监狱制度的建构定位在教育、矫正和改造的宗旨上，体现了现代监狱的精神实质和文化嬗变，体现了监狱制度由报复、惩罚、教育到矫正的历史流变和逐步由野蛮、暴力到文明的变迁。

通过对张晶研究员的监狱学思想的梳理，笔者认为，在张晶研究员的监狱学理论体系中，最具有自身特质的监狱学思想集中体现在“中国现代监狱制度的理性构建论”、“监狱人性化管理论”、“囚权主义主张”等方面，这些思想在国内监狱学界乃至法学界可谓独树一帜，它颠覆了传统的监狱学理念，成为现代监狱学思想的重要组成部分。这也成为笔者由此进一步拓展和深化研究的正当性与合理性的依据。

由此，张晶成为全国关注的“江苏监狱现象”的一个亮点和品牌。

二、现代监狱制度的理性构建论

张晶研究员是一位关注监狱发展、致力于思考“现代监狱制度的理性构化”的监狱学家。他建议把现代监狱制度作为国家监狱的发展战略，主张选取“监狱、罪犯、警察、理论”四个维度去证成和发展中国监狱制度，以全新的视角，剖析现代监狱制度的元素，透过传统监狱的现象直达现代监狱的本质，理性构建中国现代监狱制度的框架体系。这一思路在中国监狱体制改革的大背景下，不仅具有战略眼光，而且对于中国监狱体制改革的“理论塑型”具有前瞻性和引领性。

（一）关于现代监狱的观点

关于监狱是什么的问题，在不同的历史阶段有不同的解读。近代刑罚思想使人们对监狱的看法发生了改变，认识到监狱在社会生活中的多重作用。为此，行刑不再是单纯的惩罚，而是转移到更加人性化的教育和矫正上，更加关注行刑中罪犯的成长和发展，真正体现了罪犯作为人的价值。应该说，这些刑罚思想极大地推进了刑罚的改革和监狱的改革，使刑罚和监狱行刑逐步走向文明、进步和人道。从世界范围来看，监狱改革历经二百多年，不断探索各种各样的行刑模式，20 世纪 30~60 年代，教育刑、矫正刑逐步成为行刑的主流。但是，刑罚是为社会公众和政治服务的，在社会公众功利主义的要求下，监狱的行刑也经历了曲折反复的过程。虽然美国等西方国家对建立现代监狱制度进行了大量的探索，但是实用主义、功利主义始终困扰着现代行刑方式。社会公众的诉求在一定意义上决定着刑罚的发展方向。

20 世纪 70 年代中期，西方国家的犯罪率、重新犯罪率、累犯率等居高不下，严重威胁着公众安全，引起了社会公众的不满。罪犯矫正的有效性受到了质疑。打击犯罪、严惩罪犯的呼声成为主流舆论。在这种情况下，统治者不得不制定更为严厉的惩治犯罪的法律。尤其是马丁逊报告和欣克利事件，使惩罚模式在改造之后重新占据了主导地位。[①] 重新强调刑罚体系的着眼点应是报应而不是矫正，它对监禁的态度简单明确：应将更多的犯人囚禁起来，囚禁的时间应更长。甚至建议有些犯人服刑期满后应被流放而不应让他们再回到社会上。

在我国，自新中国成立以来，传统意义上对监狱的认识有以下四种观点：

传统观点一："专政工具说"。[②] 这种观点认为监狱是人民民主专政的工具，是对一切反革命犯和其他刑事犯实施惩罚和改造的机关。将监狱定位为国家的暴力机器、国家的物质附属物、阶级专政的工具。这是1954年政务院颁布的《劳动改造条例》明文规定的监狱的性质，也是长期以来关于监狱性质的通说。这种观点的理由是：第一，监狱是人民民主专政的工具，是国家的强制机关。第二，监狱是对罪犯实施惩罚和改造的机关。我国刑法、刑事诉讼法的任务是用刑罚同一切犯罪行为作斗争，依法惩罚罪犯，要把惩罚罪犯的刑罚付诸实施，就要有一定的场所去执行，监狱就是具体执行刑罚的机关。[③] 这种观点产生于新中国成立后不久，以阶级斗争为主的政治背景下，当时敌我矛盾还十分尖锐，这种观点应是特定时期的政治需求，是巩固新生政权的必要手段。事实证明，在当时的历史条件下，监狱的这一定位是具有合理性的。但是，这种监狱工具主义认识论的观点无疑使监狱的公权力绝对化，罪犯成为监狱的附庸，既没有了独立的人格，也没有了实质意义上的权利。在矫正教育上，不是要将罪犯造就成为具有独立个人价值和权利主体价值的现代社会人，而是造就成为符合国家政治价值的"政治人"。其实，"原本意义上的监狱，就是专政的根据，监狱的全部工作就被

---

① 马丁逊报告：1974年，美国学者马丁逊发表了题为"是否有效？关于监狱改革的问题与答案"的研究报告，提出了矫正对减少重新犯罪没有明显效果，即"矫正无效"的结论，成为震撼矫正界的著名的"马丁逊炸弹"。马丁逊对231个矫正项目进行了研究评估，结论是除少数项目有一定的积极影响外，矫正的努力没有产生可以感觉到的降低重新犯罪率的影响。马丁逊在发表矫正无用论五年后，又发表了对矫正项目的最新调查结论，承认"与我过去的结论相反，一些矫正治疗的项目在再犯率上可以收到看得到的效果，一些项目确实是受益的，但是也有一些项目是有害的。从我们当前研究的新的证据使我不赞成我最初的结论。"欣克利事件：1981年美国发生了刺杀总统里根事件，凶手欣克利最终被判精神失常而无罪释放，被送往精神病院接受治疗。此事件在美国引起了强烈反响，最终导致了有关法案的修订，包括取消关于"有罪亦有病"的提法。

② 邵名正主编：《中国劳改法学理论研究综述》，中国政法大学出版社1992年版，第177~178页。

③ 李朝霞：《论中国现代监狱的定位》，载《广西政法管理干部学院学报》2009年第3期。

赋予了暴力和专政的属性”，“具有强烈的阶级斗争的属性”。“在这里，冲突、暴力、阶级、国家、敌人、镇压、强迫等，成为我们认识问题的基本出发点和落脚点”。[①]

传统观点二：“三位一体说”。这种观点认为监狱既是人民民主专政的工具，又是特殊企业、特殊学校。“三位一体说”来源于1960年10月22日毛泽东接见斯诺时的谈话，毛泽东当时指出：“我们的监狱不是过去的监狱，我们的监狱其实是学校，也是工厂，或者农场。”后来就有学者根据毛泽东同志的这个谈话提出了“三位一体说”[②]。其实，这是对毛泽东原意的误解，本意是要说明新旧监狱的本质区别，而并非谈监狱体制。其内容重点突出了新中国监狱的两大特色，蕴含了监狱的三大功能。两大特色，就是重点强调监狱的教育属性，用学校来体现教育改造的特色；用工厂或者农场来体现中国劳动改造罪犯的特色。三大功能即新中国监狱既有古往今来所有监狱的共性功能，人民民主专政机关的监狱刑罚的惩戒性功能；又具有像学校一样的教育矫治功能；还具有像工厂、农场一样，在劳动改造中创造物质财富的功能。在这里首先是在谈监狱，是在肯定监狱本质属性的前提下，再派生出具有新中国特色的学校式、工厂式监狱。因此，后来所谓“三位一体”的监狱性质演变之说，应是背离了毛泽东关于监狱性质之本意的。[③] 笔者赞同这样的观点，同样地，从毛泽东谈话的逻辑结构看，“三位一体说”也是缺乏逻辑理论基础的。

传统观点三：“性质层次说”。[④] 这种观点认为我们在考虑监狱性质的时候，必须遵循马克思主义对监狱问题的基本立场和观点，紧密结合中国社会主义初级阶段的实际情况。对性质问题的具体研究和表述，应当坚持整体性和层次性的统一。在“专政工具”的实体中，存在三个既有联系又有区别的实体。在这三个实体中，刑事司法实体是基本的方面，没有刑罚就没有监狱；特殊教育实体是针对罪犯改造的特点和改造目标而产生的，它来源于改造罪犯的手段——教育改造；特殊经济实体，是一个存在于人民民主专政工具中的实体。这种观点有失偏颇，因为监狱既有自身独特的职能，又有多元化的功能，在监狱的内在机理中，

① 张晶著：《深读矫正——现代监狱制度的理论逻辑》，江苏人民出版社2013年版，第327页。

② 李朝霞：《论中国现代监狱的定位》，载《广西政法管理干部学院学报》2009年第3期。

③ 李云峰：《毛泽东改造罪犯思想的重大现实意义》，载江苏监狱网，http://www.jsjy.gov.cn/zwgk/html/2006-07/3448.html，访问时间：2012年12月18日。

④ 邵名正主编：《中国劳改法学理论研究综述》，中国政法大学出版社1992年版，第185~187页。

职能是上位的，功能是下位的，二者处于不同的位阶。因此，监狱的职能是单一化的，即监狱是国家刑罚执行机关，监狱的任务就是惩罚改造罪犯；而监狱的功能是多元化的，具有客观性，我国监狱的功能不能单一化，而必须兼具学校式的教育功能、劳动改造功能和习艺功能等，这是中国式的社会主义监狱的特色。因此，“专政工具”是职能，教育改造、劳动改造等是监狱的功能；职能和功能不可平等而论。

传统观点四：“惩罚和改造说”。这种观点认为，监狱是人民民主专政的刑事惩罚和改造机关。一方面我国监狱具有惩罚性，它是我国监狱的阶级属性，体现了我国监狱的本质属性。另一方面，我国监狱具有改造性，这是我国监狱的政治属性，反映了社会主义国家对罪犯实施改造的政治目的和政治任务与要求。惩罚与改造之间是紧密联系、相互作用和相互影响的，惩罚和改造有机结合，构成了我国监狱的法律属性。[①] 从法律层面来看，惩罚是刑罚的本质属性，而改造则属于社会学或者是人学研究的领域，二者本属于不同的范畴和层面，不能以此来笼统地界定监狱的性质。

在我国监狱体制改革初期，张晶研究员运用现代的法治理念，从不同的视角对监狱进行了重新认知和定位。[②] 他认为，传统的监狱认识论是建立在传统的政治文化语境下对监狱的性质进行定位的，监狱归属于政治学的范畴，监狱是国家机器、是暴力机关、是专政工具、是“刀把子”、是“枪杆子”。与传统观点不同，科学的监狱论在对传统监狱认识论反思的基础上，认为从现代社会的意义上来说，监狱更多地倾向于人学的范畴：惩罚和改造罪犯。惩罚实施和惩罚效果之间的构成媒介是人服刑的刑罚体验和心理感受；更重要的是刑罚中矫正的实现，离不开人的互动、能动和配合。因此，归纳起来，追溯监狱的本义，对监狱的价值内涵就有不同的表述：监狱是什么？从国家的视角来说，监狱是专政的工具。这是监狱传统的价值观念。

从刑罚学的视角来看，监狱是刑罚执行机关，监狱担负着对罪犯惩罚和改造的任务，具有把罪犯改造为守法公民的职能，这一表述科学地体现了现代监狱的社会角色和职能，体现了刑罚执行机关的法律属性，而非政治属性。

从社会学的视角来看，犯罪是社会矛盾不断释放的结果，对犯罪的打击使紧

---

① 邵名正主编：《中国劳改法学理论研究综述》，中国政法大学出版社 1992 年版，第 188 页。

② 下述内容结合张晶著：《深读矫正——现代监狱制度的理论逻辑》（江苏人民出版社 2013 年版，第 109~115、327~330 页），以及张晶在其他著作和论文中对监狱论述的主要观点进行介绍。

张的社会关系得以缓解。监狱是社会的减压阀，是罪犯再社会化的场所。现代社会是“规则的社会”，是法治的社会。每个人都有遵守规则的义务，都有维护法律尊严的职责。对于违反“规则”而从中获取“利益”的罪犯，就必须动用刑罚的暴力对其进行制裁，以维护社会秩序，彰显社会正义，规避社会风险，减缓社会压力，教化社会公众。

从人学的视角来看，监狱是对罪犯主体性的确认。这就意味着罪犯必须对其犯罪行为负责，在处罚和矫正中具有主体性地位；意味着对罪犯的矫正教育成为可能；意味着罪犯对自己的矫正负有重大责任，是矫正的主导者。这是对罪犯人的理性和良知的恢复的基础，矫正罪犯必须关注罪犯的人性本质。张晶研究员特别强调：“这里的人学是马克思主义的人学，根本价值在于确认罪犯在改造活动中的主体性地位。”①

从心理学的视角来看，监狱是对罪犯健康人格的塑造过程，是对个性不良品质的改造和矫治。心理学提供了现代科学改造罪犯的理论、方法和技术。现实中，罪犯大多存在心理问题、心理障碍和心理疾病，要想使罪犯成为守法公民，健康人格是罪犯矫正的重要指标，心理矫治也就成为罪犯转化的必然途径。

从法治现代化的视角来看，监狱是社会公平正义的平衡器。公平正义是和谐社会的核心要求，一个没有正义的社会，是一个危险的社会。社会提倡和追求公平正义，就必须运用公平正义的标杆来加以衡量，必须动用国家强制力来加以平衡。因此，善的行为，是正义的行为；恶的行为，是非正义的行为。为了把罪犯当人来尊重，国家就必须动用刑罚对他加以惩处。黑格尔认为，犯罪人的犯罪是对自己权利的否定，刑罚便是对这种否定的否定，因而是对权利的肯定，是由犯罪人自己要求加之于自身的。“正义为了自由而存在，有了正义自由才成为可能。”监狱不能随便以安全的名义、以改造的名义、以管理的名义，甚至以正义的名义，损害正义、玷污正义、亵渎正义。监狱制度要想保持稳定，必须达到三个方面的要求：安全、控制和正义。正义就是监狱人道、公正地对待罪犯。监狱对罪犯执行刑罚的终极价值在于恢复社会正义，使所有受法律保护的公民都人人平等，监狱就是实现正义的社会载体之一，因而在监狱内保障罪犯“人人平等”的意义非同寻常。

从文化学的视角来看，监狱是文化的缔造者和传播者。一方面监狱为我们创造了丰富的文化资源，使我们得以继承和享用，如明代的苏三监狱、日俄时代的旅顺监狱等，都已成为文化旅游的符号和标志。另一方面监狱的文化建设、监狱

① 张晶著：《深读矫正——现代监狱制度的理论逻辑》，江苏人民出版社2013年版，第330页。

的亚文化等丰富了文化的内涵，拓展了文化的多元化，如监狱的物质文化、精神文化、制度文化、规范文化、行为文化等。

张晶研究员将恢复性司法引入现代监狱的价值体系中。“在恢复性司法的理论里，监狱对罪犯的管理教育以及采取的使罪犯回归社会的各种举措，一个重要的意图就是，使犯罪行为业已破坏和影响的社会关系尽可能最大限度地得到修复和缓解，尤其是犯罪分子和受害人之间，能够实现一定程度的化解、和解、谅解，减少直接的对抗、对立，进而恢复和稳定各类社会关系”。[①]

由此看来，监狱是国家的物质附属物，是社会的有机体，是社会的公共服务部门。在多元主体、多元文化、多元价值存在的前提下，监狱不仅不能消失，而且具有多种价值属性。正确把握监狱的价值内涵，对科学认识监狱、科学定位监狱和科学设定监狱目标、战略，尤其是推进对罪犯的矫正和教育，具有重要的指导作用。从一定意义上来说，认识监狱的多重价值，是科学改造罪犯的认识论和价值论的基础。监狱不再是具有单一性质和功能，而是具有多重性质、多重功能和多元价值。只有这样，才能真正认识监狱、领悟监狱、品味监狱、敬畏监狱、尊重监狱、关注监狱、维护监狱！多层次、多角度、多侧面地解读监狱，体味监狱的价值。

监狱是一个国家和社会的法治状况、文明程度等方面的“晴雨表”，监狱价值观决定了监狱行刑的理念和行刑目的，为此现代文明的社会必须创建现代文明的监狱，这样才能使文明社会相协调、相一致。否则，社会的文明和进步是有缺憾的。由此，张晶研究员的思考给我们描绘了这样一幅图景：现代监狱“源于报复，载于惩罚，系于改造，止于自由”，[②] 是一个庞大的正义的实验场，是与社会主义和谐社会、现代国家制度、现代司法制度等内在契合的，日趋走向法治化、科学化、社会化、职业化、现代化、全球化、人性化的国家刑罚执行机关。

（二）现代社会对监狱罪犯的认知

监狱和罪犯相伴而生，不可分割，世界上没有不关押罪犯而独立存在的监狱，也没有独立存在的被监禁的罪犯。“罪犯，是监狱的元概念：没有罪犯，就没有监狱，没有监狱，就没有矫正工作者。显然在这样的逻辑中，罪犯居于特殊

① 张晶著：《深读矫正——现代监狱制度的理论逻辑》，江苏人民出版社 2013 年版，第 329 页。

② 张晶著：《深读矫正——现代监狱制度的理论逻辑》，江苏人民出版社 2013 年版，第 25 页。

的核心地位。”①

张晶研究员认为，罪犯是刑罚执行的对象，更重要的是罪犯是公民。监狱罪犯也是人，有权受到人权的保护。树立什么样的人权观、犯罪观、罪犯观和矫正观，直接决定着对罪犯的认识态度。他提出了科学的犯罪原因观必须重视系统地认识和把握犯罪的原因；要多层次地认识和把握犯罪原因；要认识犯罪因素的不同作用。② 同时，我们要充分认识到，目前关于犯罪原因的观点包括了犯罪心理结构论、因素论、特征论、主次因素论、客观原因论、主观原因论、生物因素论、犯罪综合动因论等观点，应取其所长，寻求罪犯深层次的犯因性问题，为矫正奠定基础。

科学的犯罪功能观强调：犯罪本质上是一种恶，给社会造成了危害，主要功能是负面的、无价值的，因而需要惩罚犯罪。但犯罪不是一种绝对的恶，不能用道德情感和政治意识去衡量、去认识。冷静、辩证地分析，犯罪具有某些正面价值，主要表现在：对犯罪及时公正的惩罚，有助于确立法律的权威，促进社会秩序的稳定；犯罪具有排污功能，是社会有机体新陈代谢的生命表现，发现社会问题，促进社会改良，增强社会控制犯罪的能力；犯罪现象是检测国家刑事法律、社会政策、刑事政策等科学性的标准，是惩治和预防犯罪效果的客观标准；犯罪在一定条件下促进了生产力的发展。③

科学的犯罪控制观要求：既要承认犯罪控制的客观可能性，又要承认犯罪控制的有限性。在影响犯罪现象的众多因素中，有不少因素是社会无法控制或难以有效控制的。如不能剥夺由于生理、心理缺陷而易于攻击性行为的人的生存权利；不能因酗酒易于导致失控犯罪而禁止人们饮酒。④ 因此，人们对于犯罪的控制是主观能动地作用于客观社会的结果，必然受制于客观社会的发展状况。可能性和有限性应是科学的犯罪控制观的基本属性。

张晶研究员认为，“囚犯在监狱的改造、教育、矫正、矫治活动中具有了人作为主体的活动形式的为我性、对象性和能动性，而且，囚犯自身的认识、观念、素质等在活动中起到重要的作用。或者说，如果没有囚犯的作用，监狱工作

---

① 张晶著：《深读矫正——现代监狱制度的理论逻辑》，江苏人民出版社 2013 年版，第 169 页。

② 下述内容结合张晶著：《深读矫正——现代监狱制度的理论逻辑》（江苏人民出版社 2013 年版，第 109~115、327~330 页），以及张晶在其他著作和论文中对监狱论述的主要观点进行介绍。

③ 于爱荣等著：《矫正技术原论》，法律出版社 2007 年版，第 81~82 页。

④ 于爱荣等著：《矫正技术原论》，法律出版社 2007 年版，第 82 页。

的目的是无法实现的。”[①]

关于科学的罪犯权利观，张晶研究员提出了“囚权主义”理论，或者“囚权主义主张”，强调对罪犯权益的保护。[②]

现代监狱中的囚犯是人格个性和发展意愿被高度关注的改造主体，是严格按照法律规定履行服刑义务并且人格受到尊重、权利受到保护、权益受到保障的权利主体，是在科学的矫正手段的修复下重新社会化的特殊公民。

（三）关于现代监狱警察的职业身份

张晶研究员认为，现代监狱警察是把责、权、利纳入法治化轨道的行刑主体，是在能力素质上被分层分类培养的执法者、矫正师和灵魂塑造者，是被寄于全面发展目标导向的现代监狱制度的主导主体。监狱警察无论是作为执法者，还是作为引航者，都发挥着积极、主导的作用。

（四）关于现代监狱制度的理论建构

现代监狱理论应当是立足本土文化背景的、尊重中国国情的、顺应国际行刑理论发展趋势的，并且是具有光明未来前景的、引导监狱学走向成熟的科学理论体系。

张晶研究员认为，现代监狱制度“更多地表现为法治、科学、正义、文明，越来越借鉴、吸收和体现人类发展的普世价值”。[③] 必然是对“尊重和保障人的权利”和“实现人的全面发展”的反映和表达，其完整的框架结构就是：“社会主义和谐社会——现代国家制度——现代司法制度——现代监狱制度”。[④] 建设现代监狱制度“必须高瞻远瞩，立足现实，面向未来”。最重要的是要把握“理论思维、战略视野、世界眼光”。“要研究监狱在构建社会主义和谐社会中的定位、作用、职能、体制、机制及其运作，以科学的精神、科学的态度、科学的方法、科学的途径规划、设计和建设现代监狱制度”。[⑤] 因此，现代监狱制度的基

---

① 张晶著：《深读矫正——现代监狱制度的理论逻辑》，江苏人民出版社 2013 年版，第 253 页。

② 关于“囚权主义”见张晶著：《深读矫正——现代监狱制度的理论逻辑》，江苏人民出版社 2013 年版，以及张晶在其他著作和论文中都进行了论述，这一理论观点放在后面专题介绍。

③ 张晶著：《深读矫正——现代监狱制度的理论逻辑》，江苏人民出版社 2013 年版，第 3 页。

④ 张晶著：《深读矫正——现代监狱制度的理论逻辑》，江苏人民出版社 2013 年版，第 13 页。

⑤ 张晶著：《深读矫正——现代监狱制度的理论逻辑》，江苏人民出版社 2013 年版，第 14 页。

本元素应包括法治化、科学化、社会化、职业化、现代化、全球化、人性化七个方面。法治化突出体现社会主义的公平正义、法律至上、权利保障、依法治监、监督规范等实质属性。科学化要求尊重监狱的工作规律，承认监狱职能的有限性。“人是可以改造的”，但是“不是人人都能改造的”、“监狱不可能改造所有人”。社会化强调罪犯回归社会的客观需要，突出社会公众对罪犯矫正教育的共同参与和共同承担预防犯罪的社会责任。职业化是对监狱工作主体的监狱警察的基本要求。现代化是对现代监狱制度在体制、机制、制度、人员、管理等方面的回应。全球化要求监狱要适应世界行刑的发展趋势，广泛吸收人类文明的成果和价值。人性化就是要把罪犯的权利保障置于人权保护的高度，不仅要使罪犯依法享有法定的权利，更重要的是要关注罪犯的全面发展。所以，张晶研究员认为，现代监狱制度是具有中国特色，运用现代科学理论作指导，与社会主义现代化建设相适应、相协调、相一致的科学文明公正法治的监狱政治体系。当然，现代监狱制度是一个现实性很强的课题，同时又具有完全的理性；它不仅是一个过程，也是一个结果；不仅是一个目标；也是一个愿景。

正如在“张晶作品研讨会”上，时任江苏省司法厅副厅长、监狱管理局局长于爱荣指出的那样：监狱工作当下的改革、未来的发展更需要理性的思维。改造罪犯，是天下的第一难事。没有较高的知识结构和能力要完成这样一个改造人的工作，是难以想象的。而在能力结构里，理性思维非常重要。这个理性的思维，不仅需要领导同志具备，而且需要普通的民警具备。我们举办张晶作品研讨会具有强烈的导向作用。就是要向每一个民警传达这样的信息，监狱发展需要我们每一个人的努力和奉献，而很重要的就是对于监狱工作的深层次的理性思考。

三、人性化管理论

监狱对罪犯的人性化管理论是张晶研究员的代表性理论之一。这一理论的提出曾极大地冲击了我国传统的监狱管理罪犯的理念。

（一）人性化管理论的提出

2002年前后，张晶研究员基于罪犯权益的保护，站在人权保护的高度，提出了在对罪犯的管理中，应体现“人性化”，应给予罪犯更多的观护。没想到这一概念的提出，“一石激起千层浪”，引发了关于对罪犯人性化管理问题的大讨论。人们由人性化追溯到人文主义，再到“以人为本”的理念，最终使大家理智地认识到，从法律意义上讲，罪犯是公民，具有公民所依法享有的权利，同时，罪犯是人，有人的尊严，有人的需要，对他们的矫正教育必须体现人文关怀。“人性化”是人文精神、人文关怀的根本要义。科学、民主、人权，是“人性化”的直接体现。“人性化”的特质是理性、良知，最高价值是公正、人权、自由、平等，其终极目的是实现人的全面发展，“以人为本”是它的形象表述。改造罪犯，矫正教育的基础就是促使罪犯人性的恢复、良知的复苏。罪犯是人，不仅是肉体的人，还是法律的人，社会的人，精神的人。①

正是基于这一大讨论，相继出现了许多具有“人性化”特色的罪犯管理措施，极大地促进了罪犯管理水平的提高。从这个意义上来说，这是人文主义思想、理论的胜利，是法治、科学、人权的胜利。由此，以人文主义思想作为理论基础，尊重罪犯，关注罪犯，满足罪犯的基本需求，保障罪犯的人权，使罪犯在矫正教育中全面发展的观点，成为人们的共识，我们称为人文主义矫正观。②

人文主义矫正观是我国科学改造罪犯理论的表现形式之一。科学改造论的核心在于用人文主义的理论和思想观点来认识罪犯作为受刑人的刑罚属性，这是科学改造论思考的着重点。从对罪犯执行刑罚的全过程来看，科学改造在刑罚执行中主要保障和维护的是罪犯的合法权益和罪犯的刑事奖励，以及对罪犯违规违法行为的矫治。即在刑罚执行中既要保障和维护罪犯作为受刑人的刑罚属性，又要从人文视角来矫正罪犯的犯罪意识和犯罪心理结构，实现保障与矫正的统一和目标的一致性。

以人为本是科学发展观的核心和着眼点，体现在监狱对罪犯的矫正教育中，则更具体地表现为对罪犯合法权利的保障与保护。罪犯合法权利的保障成了中国监狱对罪犯科学改造的“晴雨表”。中国监狱更多地从惩罚报应刑中挣脱出来，对罪犯更多地体现关爱和教育，通过各种形式的社会化途径，加速罪犯走出高墙，回归社会，融入社会生活。实践证明，在新的历史条件下，文明、法治、公平、正义、宽容等社会的优秀品质已成为主导监狱管理的理念，以“阶级斗争为纲”政治改造模式的那种单纯的惩罚报应，正被以人为本的教育刑和综合刑所替代，趋向于注重以人为本的发展、罪犯合法权利的保障，中国监狱对罪犯改造的人文属性越发地突显，从而助推着科学改造的进程与发展。

（二）关于人性化管理的争论

关于人性化管理，是从管理心理学的层面来解读对人管理中的深层次问题。有学者认为，人性化管理“是指基于科学人性观基础的‘以人为中心’的管理。人性化管理的内涵包括：（1）人的因素是管理的首要因素、本质因素和核心因素。人性化管理的着眼点是人，它将资源中的人回归到了真正的‘人’，而不单

① 张晶著：《正义实验》，法律出版社 2005 年版，第 149~178 页。据笔者考证，张晶是在 2002 年第一个提出对罪犯进行“人性化”管理的人。这一概念的提出遭到了许多人的反对和责难，引发了关于对罪犯“人性化”管理的大讨论。

② 这是笔者依据张晶的人性化管理论，曾撰文深化和拓展研究，并力推的观点。

纯是劳作的机器、营利的工具；在人性化管理的视野中，人的需求、人的属性、人的心理、人的情绪、人的信念、人的素质、人的价值等一系列与人有关的问题均成为管理者悉心关注的重要问题。人性化管理见人又见物，以人为中心。(2) 人在管理中居于主导地位。社会是人的集合，不是物的堆积。人性化管理正是围绕着调动人的主动性、积极性和创造性去开展一切管理活动。(3) 人是管理主客体的统一。人既是被管理的客体，也是应当受尊敬的主体。人在追求组织目标的同时也充分发展了自己，组织目标达成之日就是个人目标实现之时”。[①]这一解读基本揭示了人性化管理的实质性问题。

有人认为，人性化（也有人称为人文化）是近几年来监狱学理论研究领域的热点和亮点，也是我国罪犯管理工作的进步，甚至是我国法治建设的进步。但是，也有人担心，罪犯触犯了国家刑律，理应受到法律的严厉惩罚，在行刑过程中，对罪犯讲人性化（抑或是人文化），那么不仅是对受害人的不公平，而且可能“化”掉法律的尊严，“化”掉法律的惩罚性。我们认为，上述观点从不同的角度，分析了对罪犯人性化管理的利弊得失，各有其合理性。但是，究竟应该如何看待罪犯的人性化管理问题，还应把它置于现代法治精神之中，从建设我国现代法治的架构出发，看它对我国法治建设的作用和价值。因此，我们从现代法治的内在精神出发来探究对罪犯人性化管理的价值。

（三）罪犯人性化管理的内涵

对于罪犯人性化管理，目前还没有一个完整的概念加以表述。有人认为，罪犯人性化管理的内涵包括五个方面：（1）把监狱体现现代理念的制度化的新规定视为人性化，如将罪犯改称为服刑人员。（2）把监狱的器物化的改革，如改善监管条件，在监房内增加马桶和洗浴的设施等视为人性化。（3）把监狱工作的创新举措称为人性化，如罪犯和家人的亲情就餐、离监探亲等。（4）把监狱的正常工作，但过去向社会宣传不够的一些内容，现在也认同为人性化的做法，如允许罪犯收听收音机、抽烟等。（5）把保障罪犯人权、监狱教育科学化上的总体内容，概括、抽象为人性化。[②]虽然这种表述只是采取了列举式，但是从认识论的角度来讲，它是一种现代监狱所具有的高尚品性的管理理念；从实践论的角度来讲，它是整个狱政管理的一个组成部分，是监狱改造工作的一种手段，即指监狱人民警察在依法行刑的过程中，对罪犯实行的以符合和满足人的合理需要

---

① 袁彬：《论人性化与罪犯的改造——从心理学的角度看监狱改革》，载京师刑事法治网，http：//www.criminallawbnu.cn/criminal/Info/showpage.asp？pkID = 9944，最后访问时间：2012年12月19日。

② 张晶著：《正义实验》，法律出版社2005年版，第164页。

为基本依据和出发点，以细密、规范的制度体系为基础和依托，以保障合法权益、培养健康人格为重要内容，以促进罪犯改造和再社会化为价值取向，与其他改造手段紧密融合、相辅相成的组织活动。[①] 笔者认为，监狱的人性化管理是现代法治进步与文明的表现，是现代法治理念在行刑过程中的具体体现。监狱人性化管理的根本出发点，是以人的根本属性为基础，即以人性为基础，而人的基本人性包括了生存、尊严、名誉、亲情、合群、自由、发展等需求倾向。基本人性是普遍存在的，是人性化的基本内容，它不以财产多少、地位高低、职业状况、宗教信仰、文化素养、地理条件等为根据，罪犯也是人，对罪犯的刑罚惩罚是形式和手段，必须以罪犯所具有的基本人性为基础，它是对罪犯管理的内容、目的和灵魂。从某种意义上来说，对罪犯的人性化管理，是塑造罪犯的人性、扶持罪犯的人性、修复罪犯的人性和发展罪犯的人性。因此，监狱的人性化管理，可表述为是以弘扬人性为前提，以罪犯的基本需求倾向为基础，以尊重罪犯的人格和关注罪犯的发展为表征，依托监狱的规范和制度，实现罪犯再社会化和修复发展罪犯人性为价值取向的行刑活动。在这里，对罪犯的人性化管理，主要体现在罪犯以下权利的实现：罪犯基于生存的需要产生生存权，即维护自己生存的权利和珍惜他人生存的义务；基于尊严和名誉的需要产生人格权；基于亲和的需要产生亲权，主要是指享受亲情的权利；基于合群的需要产生参与权；基于自由的需要产生自由权；基于发展的需要产生发展权等。

监狱人性化管理的意义在于：对罪犯单纯的惩罚或单纯的科学技术教育都不能促进罪犯的人性得到全面的修复和发展，因此要建立适应罪犯服刑需要的人文教育理论，实现对罪犯的再社会化和完整的符合现代社会需要的健康人格的塑造。

（四）罪犯人性化管理的价值

犯罪始于法律，刑罚源于犯罪，并催生出监狱。因此，到目前为止，不管社会如何发展，刑罚总是社会生活中关注度最高、最活跃的因素。只要社会还有犯罪，刑罚就无法停止，但是社会在发展，文明在推进，单纯地适用刑罚，“以恶制恶”，未有穷期。所以，在现代社会，和过去其他社会形态相比，刑罚尽管还是表现为惩罚，但此刑罚已不是“彼刑罚”了。在现代刑罚理论的推动下，监狱的名称尽管未变，但是，监狱的价值取向发生了变化，而且是质的变化。[②] 人性化管理是监狱价值质的变化的本质显现。

---

① 张发昌、姜良纲、牛汉珍：《监狱人性化管理与罪犯权利保障》，载《河南司法警官职业学院学报》2004 年第 1 期。

② 张晶：《现代监狱的价值解析》，载《河南司法警官职业学院学报》2004 年第 4 期。

首先，人性化管理是现代法治的结晶。监狱的管理方式和监狱模式的选择受刑罚思想变化的影响。从我国及世界各国几千年的历史发展来看，奴隶社会的刑罚思想，主要以“同态复仇”为行刑理念和行刑目的，刑罚手段注定要以生命刑或身体刑为主，监狱的行刑方式必然以“残酷”、“暴虐”、“不人道”为主要特征。在封建社会，主要以“威吓”为行刑理念和行刑目的，刑罚亦是非常残酷，其行刑的目的是使人畏惧。采用凌迟、车裂、腰斩、剥皮、烹煮、杖杀、大卸八块等酷刑，使人产生畏惧，不敢犯罪，从而达到预防犯罪的目的。资本主义前期，主要以“报应”为行刑理念和行刑目的。统治者认为，对犯罪人定罪量刑，不能是本能的报应和赎罪，而且还应有惩戒犯罪人，威吓他人的刑罚作用。把罪犯囚禁于监狱之中，组织罪犯参加劳动，既可收到惩罚和威吓之效，也可利用人力资源为社会创造财富。[①] 很明显，在这一时期，资产阶级的刑罚观念已注重人权和人道，发生了质的变化，但是监狱的职能仍然是监禁罪犯，剥夺其自由，没有脱离单纯的对罪犯的惩罚职能。

近代社会，监狱体制改革经过两百多年的发展，逐步认识到单纯的“报复”、“报应”等都不能达到保卫社会的目的，而只能通过矫正教育，重塑罪犯的人格，回归作为人的价值，因此矫正和教育就成为现代社会的行刑理念和行刑目的，从根本上解除了对罪犯单纯惩罚的束缚，对在监狱内服刑的罪犯，在坚持刑罚惩罚的基础上，坚持人道主义，坚持保障人权，以矫正和教育改造为主，并大力引进具有人性化的矫治手段和措施。

无论是矫治手段在罪犯改造中的广泛应用，还是行刑人道化思想的内在要求，都是现代行刑理念的具体体现。现代法治的目标和标准是强调对于服刑罪犯处遇条件的改善和保护。因此，监狱对罪犯的人性化管理是监狱工作合理化、法治化、人道化、个别化、社会化和专业化的集中体现，是我国经济、政治和法治走向文明的必然选择。

其次，监狱人性化管理体现了刑法的谦抑性。刑法的谦抑性要求我们在适用刑罚的方式时，应选择以最小的支出，获取最大的社会效益，即最优化的预防和控制犯罪。[②] 刑法的谦抑思想源于贝卡利亚、边沁和卢梭等思想家的论述，现在这一思想已被广泛应用。

刑法的谦抑思想要求我们在预防和控制犯罪时，必须对犯罪和刑罚的成本进行分析。犯罪成本分为直接成本和间接成本，直接成本是指因犯罪行为的实施给受害方所造成的物质上和精神上的损害、经济损失等。间接成本是为防止犯罪的

---

① 涂发中、郭明主编：《监狱学基础理论》，金城出版社2003年版，第35页。

② 高芸：《社区矫正的价值论》，载《犯罪与改造研究》2003年第4期。

私人成本。“刑罚是社会对罪行要付出代价的必然，是罪犯实施犯罪行为必须付出的代价。”① 那么，单纯地加大刑罚的惩罚性，提高刑罚的强度必然会提高应对犯罪的代价，这虽然能产生减少犯罪的效果，但是由于成本加大，并非最佳的选择。刑罚的谦抑思想要求既要强化对罪犯的改造，产生良好的社会效果，又必须减少国家对监狱刑罚资源的投入，以有限的资源达到罪犯改造效益的最大化。而罪犯人性化管理中的减刑、假释、社区矫正、劳动释放制、学习释放制、归假制等一系列措施，正是合理利用国家刑罚资源，减少国家预防犯罪成本，整合社会资源的有效方式，体现的是刑罚的谦抑思想。

再次，监狱人性化管理是监狱行刑理念现代化的标志。监狱行刑理念现代化最突出的表现为人道、法治和开放。而由于历史的原因，我国传统的行刑理念是保守、封闭的行刑观，具有突出的孤立、封闭和人治的色彩，监狱成为与世隔绝的“独立王国”，虽然监狱的存在满足了社会公众对于安全、正义和秩序的心理需求，但社会公众对监狱仍有一种本能的拒斥感。② 监狱行刑的法治现代化不仅要求法律体系的完善，而且要求法律面前的平等和公平，社会公众有权了解刑罚执行的过程，包括监狱人民警察的公正文明执法状况、罪犯权利的保障体系、法律至上的行刑观念、罪犯生活的人文环境、监狱的硬件建设等，监狱只是一个透明公开的刑罚载体。监狱行刑观念的开放性，则不仅要求监狱要面向社会，走出高墙的羁绊，让社会公众了解监狱，关注监狱，在社会公众面前树立一个良好的形象，而且要让社会公众积极地参与到罪犯的行刑中来，给监狱予以物质和精神上的支持，有效整合现有刑罚及相关资源，培育出良好的监狱行刑的外围环境。罪犯人性化管理，不仅使整个监狱管理工作走出了高墙，走向了社会，更重要的是诸如亲情就餐、社会帮教等活动，使社会公众参与到罪犯管理工作中来。为此，可以说监狱的人性化管理是监狱行刑理念现代化的标志。

最后，彰显以人为本的价值观。“人绝不是一个可以完全依据外在力量便必然地被塑造的某种东西，实际上是一个有内在能动性推动的趋向于无限多种可能发展的生命创造体，人的根本特征就是要实现和扩张人的可能性”。③ 所以，我们在罪犯的管理上，也要打破传统的管理偏见，树立以人为本的管理理念，这一理念的新的内涵包括：每个罪犯都享有法定的基本权利；罪犯的矫正教育活动并非简单的外部引导、塑造和修复，更重要的是一种源于精神内部的活动；罪犯改

---

① 高芸：《社区矫正的价值论》，载《犯罪与改造研究》2003 年第 4 期。

② 冯卫国：《论我国监狱行刑的社会化》，载《中国刑事法杂志》2003 年第 3 期。

③ 王堂兵：《生命创造体的精神乐园：人文主义教育》，载《宜宾学院学报》2004 年第 4 期。

造应是具有个性色彩的内化活动，而不应抹杀差别，贬抑个性，即体现行刑个别化。

综上所述，监狱对罪犯的人性化管理体现出了现代法治的内在精神、刑法谦抑性、监狱行刑观念现代化、以人为本等价值取向，是我国依法治国方略在罪犯管理上的集中体现。随着社会的发展、文明和进步，整个法治的人性化气息，包括构建人性化的法律体系，培养人性化的法律意识，以人性为指导、以人权为底线的执法方式，以及司法救济要以人文为最终目的等也会更加浓厚，彰显社会主义法治的人文特色。

笔者认为，张晶研究员提出监狱人性化管理论之后，之所以能得到中国研究监狱问题的专家学者、监狱实务工作者，以及社会有识之士的肯定、支持，并深化这一理论，一是我国改革开放之后，由最初的经济改革向司法体制改革的必然选择，是我国监狱管理工作走向文明和法治的标志；二是这一观点的提出或者这一理念的树立，是针对改革开放之前或者改革开放过程中，罪犯管理上所出现的“非人道”待遇的反思或者是批判。如果站在更高的层面来看，则是我国法治建设和司法体制改革走向“深水区”的体现。不管由此招致的任何非议，都阻挡不了这一理念在监狱管理工作中的“落地生根”、“开花结果”，因为它代表着整个社会的优秀品质，即对罪犯的文明、法治、公平、正义、宽容等。

四、“囚权主义主张”

张晶研究员的“囚权主义主张”把罪犯权利保护问题提升到了人权保护的高度，代表了我国现代监狱的人权观念。笔者认为，“囚权主义主张”经过十几年的研究，以张晶为代表的专家学者使这一主张不断丰富和完善，不断注入现代人权观念，基本形成了较为完善的理论体系。这一理论体系主要包括“囚权主义主张”和罪犯主体论。

（一）“囚权主义主张”

1. 基本观点

关于科学的罪犯权利观，张晶研究员提出了“囚权主义主张”，强调对罪犯权益的保护。[①]“囚权主义主张”以其开放性论域、批判性意识、启蒙性诉求、互文性特质与旺盛的学术生命力而成为当下监狱学领域引人注目的学术“现象”之一。“囚权主义主张”以人权为逻辑起点，以正义为价值判断，以理性为思想

① 下述内容结合张晶著：《深读矫正——现代监狱制度的理论逻辑》（江苏人民出版社2013年版，第248~265页），以及张晶在其他著作和论文中的论述，对“囚权主义主张”在罪犯权益保护方面的主要观点进行介绍。

预设，以现代性为总体语境，以法治为伦理边界，构成了自身的理论谱系。其学术地位在问题意识、场域归属、思潮特性、启蒙价值、话语争鸣、文本建构中得以彰显。“囚权主义主张”及张晶的学术史已经越过本身的意义边界，形成中国监狱文化场域的结构性力量，深度介入监狱学术话语的重构和监狱知识共同体的生成与发展历程。其学术正当性和价值正当性的扩张也在理念自洽与范式转进中得以实现。

“囚权主义主张”认为，“囚犯是监狱的主体，权利与义务构成了囚犯在监狱法律关系中的基本要素”。① 罪犯是人，是公民，因而具有法定的权利与义务。罪犯有权受到人权保护：无论是道德的权利，法律的权利；还是应然的权利，实然的权利，都是神圣的，表达的是对罪犯的关爱、尊重，体现的是社会的文明、进步，张扬的是人性的真、善、美，是现代社会追求的至高目标。

在罪犯权利保护方面强调对罪犯权利的保障适用特别原则。监狱的环境条件，罪犯法律地位的限定，社会公众对犯罪仇恨的迁移，注定了其权利必受侵犯。因此，按照法治的一般原则，对罪犯的权利应当扩大解释，对罪犯的权利实行“权利推定”，即凡是法律没有明确剥夺和限制的，在理论上都应按照有利于罪犯的原则来解释和把握。

对罪犯权利的实现应特别保护。“囚犯因为其身份而受到额外的保护”，对罪犯的控告信、写给上级的信件，监狱不得检查、扣押。按照联合国相关规则规定：“监狱长应当服务于囚犯和社会的利益，在涉及职员和外界的情况下代表囚犯的利益。”由此，我们在罪犯权益保护中，也必须遵循监狱长代表囚犯的利益的规则。“特别保护的另一个理解是，当监狱机关或者监狱矫正工作者侵犯囚犯权利的时候，国家法律要对侵犯人处以适当的刑罚、提供必要的赔偿，并且按照赔偿法的要求，提起国家赔偿的时效从囚犯刑满之后的两年内。”②

罪犯权利的制约严格限定，仅以法律规定或规范为依据，不可逾越。“监狱不能动辄以维护安全的名义、以强化管理的名义、以良好愿望的名义，随意对囚犯惩罚、体罚，侵犯他们的合法权利。”③ 同时，要充分认识和把握罪犯扩张权利，规避法律义务，甚至滥用法律权利的问题。

---

① 张晶著：《深读矫正——现代监狱制度的理论逻辑》，江苏人民出版社2013年版，第29页。

② 张晶著：《深读矫正——现代监狱制度的理论逻辑》，江苏人民出版社2013年版，第256页。

③ 张晶著：《深读矫正——现代监狱制度的理论逻辑》，江苏人民出版社2013年版，第256页。

"只有在法律上确立了囚犯法律地位时，囚犯的地位才是确认的和合法的地位。而只有保障囚犯权利的社会，才是一个真正意义上的文明社会和法治社会。"[①] 因此，罪犯的权利是发展着的权利，是和社会同步发展的。不同的社会背景和社会条件，罪犯享有的权利广度和实质内容是不一样的。"发展"的逻辑是：社会文明、法治进程的推进；公众人权意识的进一步强化；监狱职能的回归；矫正工作的现代化；法律的宽容；等等。

"囚权主义主张"，应将囚权保护上升到人权保护的高度来对待。"囚犯的权利，其实就是公民的权利，是一样神圣的"。"公民的权利，囚犯的权利，其存在的意义在于权利的价值蕴涵，在于权利背后隐含的、法律所表达的公正、平等与正义精神"。"权利，对所有人都是神圣的"，"保护罪犯的权利，最终是为了保护所有人的权利"。[②] 监狱是社会的缩影，囚权的保护状况代表了社会的文明程度，"囚权主义主张"所彰显的是我国的人权保护事业。

2. "囚权主义主张"的理论基础

笔者认为，"囚权主义主张"在我国监狱管理中的"生根发芽"是与我国的政治、经济和文化的发展紧密相联的，是改革开放以来西方先进思想、文化"洋为中用"的必然结果，也是中国传统文化"古为今用"的时代意蕴。

首先，人道与人权思想。人道与人权是人类共同的价值准则。随着人道与人权精神普遍意义的实现，在不同的方面也表现为不同的框架构建和实践运行，因此，人道、人权早已超出了观念、理论范畴而成为普遍的现实运动，在更广泛的范围内得到贯彻和实现。人道立足于人性，而人性的基本要求乃是指人类出于良知而在其行为中表现出善良和仁爱的态度与做法，即任何一个人都当作人来看待。[③] 因此，人道充满了伦理和道义色彩。罪犯权利保障同行刑人道化是密不可分的两个命题，美国学者 D. 霍吉斯曾经断定，人道主义传统的中心就是关于人格的全面发展的观念。[④] 罪犯的权利保障集中体现着行刑的人道价值。在现代社会生活中，对罪犯的监禁，无论期限的长短都会对罪犯重返社会造成影响，监禁时间超过一定的限度，还会使罪犯形成监狱人格，甚至是监狱化。而罪犯权利保障是运用法治的手段弱化监狱封闭的特性，在监禁条件下实现刑罚正义，

---

① 张晶著：《深读矫正——现代监狱制度的理论逻辑》，江苏人民出版社 2013 年版，第 250 页。

② 张晶著：《深读矫正——现代监狱制度的理论逻辑》，江苏人民出版社 2013 年版，第 265 页。

③ 赵秉志主编：《中国刑法的运用与完善》，法律出版社 1989 年版，第 344 页。转引自张苏军主编：《中国监狱发展战略研究》，法律出版社 2000 年版，第 135 页。

④ 高瑞泉著：《人格论》，上海文化出版社 1990 年版，第 23 页。

从而向社会展示其公正的价值。因此，罪犯权利保障是人道主义更深层面的反映。

人权思想认为，人生来具有自然权利和社会权利。罪犯首先是以人的价值而存在于社会之中，犯了罪的人并没有被剥夺作为人的基本权利，法律只是剥夺了罪犯的部分权利，尚存在诸多未被依法剥夺的自然权利和社会权利，因此任何人都无权超越法律的规定，随意践踏罪犯在服刑期间应享有的合法权利，这部分权利必须以国家公权力的行使来加以保障。

其次，公平正义观念。公平正义又称公正，是人们追求的一个崇高的价值、理想和目标。正如古罗马法学家查士丁尼在其《法学总论》中所言："正义是给予每个人他应得的部分这种坚定而恒久的愿望。"[①] 但是，公正"是一张普洛秀斯似的面孔，变幻无常、随时可呈不同形状，并具有极不相同的面貌"。[②] 公正是一个极富有生命力的社会性事物，是现代国家和社会必须遵循的价值准则。罪犯的权利保障是行刑公正价值的体现，也是行刑合理化的价值追求。罪犯权利保障强调罪犯的法律地位，罪犯也是具有权利义务和责任的人，而不是消极地接受改造的被动客体。因此，应保障罪犯的探视权、申诉权、信仰自由的权利等法律所赋予的基本权利；除非法律明文规定，否则不得因罪犯被剥夺自由而随意剥夺其某项权利，甚至对其施加额外的惩罚。

"囚权主义主张"正是立足于人的特性和现实需求，强调监狱环境和行刑过程应符合罪犯人格发展的需要，使罪犯能够在监狱的矫正教育中认识和领会到人性的真谛，获得最大限度的自由，同时由于监狱矫正教育罪犯的主要目标是为罪犯复归社会创造条件，因而从自由的角度来看，这无疑是对行刑自由价值前所未有的扩张。

3. "囚权主义主张"对监狱工作的要求

首先，在行刑理念上，"囚权主义主张"突出"权利本位主义"。"囚权主义主张"不再一味地强调监狱行刑的"国家本位"、"社会本位"、"惩罚本位"、

---

① [古罗马] 查士丁尼著：《法学总论》，张企泰译，商务印书馆 1989 年版，第 5 页。

② [美] 博登海默著：《法理学——法哲学及其方法》，邓正来译，华夏出版社 1987 年版，第 238 页。

“文化本位”、“个人本位”、“经济本位”和“教育本位”等①，而是从罪犯的“权利本位”出发，关注罪犯的权利实现，理解、尊重、保障罪犯的合法权利，不断改善监狱行刑关系。其次，罪犯是享有法定权利的自然人主体。“囚权主义主张”把罪犯看作享有权利主体的人，法定的自然人，应享有自然人的法定权利。罪犯作为人而存在，就应享有人的生活、人的尊严，尽管在他们身上存有犯罪时非人性的一面，社会依然要尊重他，依然要保障其权利的实现，这也是对罪犯惩罚和改造的前提。最后，保证罪犯正当行使其合法权利。“囚权主义主张”以宽容的心态对待罪犯，关注其合法权利的正当行使。宽容和包容是现代社会的优良品质。对罪犯的包容、爱心、苦心、耐心，就是对人类自己的宽容和爱护。立足于对罪犯的尊重、关怀，通过切实保障罪犯的权利来维护监狱行刑法律关系，让罪犯在感受痛苦，切身体验犯罪所须付出的成本和代价的同时，感受自由等权利的宝贵。允许罪犯在遵守服刑义务前提下需求的多样化，让罪犯在希望中服刑，在竞争中改造，这是“囚权主义主张”对罪犯现实和未来权利保障的开放性做法。②

（二）罪犯主体论

在传统的监狱行刑观念中，罪犯被置于“客体”的地位，是被动的被改造、被惩罚、被强制的对象。出现这种现象的原因，在于认识论的单一化或者是偏颇化。国家本位论者强调监狱的工具属性，罪犯是反抗统治的“敌对阶级”，必然是“专政”的对象；惩罚本位论者则强调刑罚的本质属性，罪犯是被法律惩罚的对象；社会本位论者则强调维护社会的公平正义和秩序，罪犯是规则的违反者和社会秩序的破坏者，被判刑入狱则是刑罚对犯罪行为的报应性打击；文化本位论者突出监狱和罪犯的“符号作用”，罪犯的身份是对社会公众的“警示”，如此等等。

---

① 现代监狱价值取向，无论是监狱的行刑理念、矫正技术，还是具体制度的建构都体现了现代性、科学性、法治性，是与社会的发展和时代精神相一致的价值观。从国家的角度出发确定的监狱价值取向往往是社会本位的；监狱源于文化，融于文化，其本身又属于一种文化形态，所以从监狱的文化样态出发确定的监狱价值取向往往是文化本位的；监狱的罪犯是我们的矫正本体，是以活生生的人的形象展现在我们面前，是我们要改造、培养、造就、塑造的对象，所以从这一角度出发确定的监狱价值取向往往是以个人为本位的。显然，以社会为本位的价值观追求社会安全的需要；以个人为本位的价值观追求对罪犯的教育与矫正；以文化为本位的价值观追求对罪犯的教化；以经济为本位的价值观追求对罪犯改造的经济效益；以刑罚为本位的价值观追求对罪犯的惩罚等。

② 毕洁印：《我国监狱行刑的观念模式研究》，山东大学2008年硕士学位论文。

1. 罪犯是矫正教育工作的主体

"囚权主义主张"认为，罪犯是矫正教育工作的主体。关于罪犯主体有学者也称为罪犯本体，自改革开放以来，随着监狱法治化建设的逐步完善，对罪犯在改造活动中的地位问题进行了反思。传统罪犯矫正教育模式政治因素的干扰和基础理论研究的缺陷，导致矫正教育活动中基本概念的混乱和罪犯在矫正教育关系中定位的模糊。其根本原因在于没有厘清什么是矫正教育？其范畴都包括哪些？因为只有在不同的范畴中，才能确立监狱工作中改造的主体、矫正的主体和惩罚的主体。

张晶认为，主体和责任具有同步性。[①] 确认罪犯的主体地位，意味着罪犯必须对其犯罪负责。罪犯之所以被追究刑事责任，是因为他们具有正常的理性和情感。由此，罪犯必须以理性的态度承认犯罪，认识到犯罪的危害，并树立改变自己的勇气，勇于面对监狱的矫正和教育，主动承担起犯罪的责任，培养认知和控制自己情感的能力。

确认罪犯的主体地位，意味着矫正罪犯成为可能，意味着罪犯对自己的矫正负有重大责任。罪犯的改造是一个内在的自我改变的过程，一般来说，都要经历"服从——同化——内化"三个阶段。而这三个阶段的逐步推进，是以罪犯的自我成长和进步为基础的，也就是说，罪犯的改变是"内因"在起决定性的作用，而监狱的外在因素只是影响因素，绝对不能超越内因而起决定性作用。只有使罪犯成为矫正教育的主体，居于主导地位，才能激发罪犯自我改变的欲望和内在需求，才能从本质上体现"人是可以改造的"的思想。否则，仅靠外力的作用，罪犯改造是无法实现的。

确认罪犯的主体地位，是对罪犯人的理性和良知的恢复的基础，罪犯的犯罪在一定程度上是非理性的结果。确认罪犯的主体地位，强调罪犯对犯罪行为的认知和其对法律责任的承担，有助于帮助罪犯自我醒悟，强化罪犯的自我悔罪感。在罪犯服刑中，通过矫正和教育，使罪犯恢复社会道德与良知，不仅在服刑过程中，而且在罪犯回归社会后，能够以忏悔、感恩的心态面对社会，面对受害人，使自己不再犯罪，承担起公众安全的责任，有效地预防和控制犯罪。

罪犯是矫正自己的主人，是监狱矫正教育工作的主体。一切体制、机制及其制度的设计都必须遵从"以人为本"的思想，一切以矫正罪犯为中心，以构建社会主义和谐社会为目标。让罪犯参与到自己的改造中来，让他们自己实现自我

---

① 张晶著：《深读矫正——现代监狱制度的理论逻辑》，江苏人民出版社 2013 年版，第 36~38 页。在张晶的其他文章或著作中，都对这个问题进行了深刻、明确和详细的论述。下文是作者对张晶主要观点的归纳和概括。

革命。

"惩罚服刑人员是正义，改造服刑人员也是正义，是更高要求上的正义；剥夺、限制服刑人员的自由是正义，尊重和保障服刑人员的人权也是正义，是更深意义上的正义。"①

"监狱理应是社会的正义之所，监狱人民警察要用正义的理念、眼光、思维、态度检讨在管理服刑人员中、在刑罚执行中，我们距正义的距离。服刑人员可恨，监狱要惩罚他，但不能超越正义的尺度；改造服刑人员，我们同样不能背离正义的要求。监狱的一切工作需要法律规范，需要按照法治的要求建构，尤其要体现正义的精髓。"② 由此看来，"正义是社会主义和谐社会的核心价值，监狱机关对服刑人员执行刑罚表征了社会正义"。③

罪犯虽然被科以刑罚，但是其作为人的自然属性没有变更，在这里变更的只是罪犯的身份，而不是其自然的属性，因此作为自然人的属性，监狱首要的是要将罪犯以自然人相待，这是监狱以人为本的基本点。要将罪犯与社会自然人的自然属性相适度，保证与改善罪犯自然人所需的自然条件和生活所需的物质条件，即保证罪犯能吃得卫生、干净、健康；保证罪犯的宿舍通风、清洁、整齐；保证罪犯有一定的活动空间；衣着文明、整洁、规范。

监狱刑罚执行的价值在于矫正罪犯的不良品行，重塑罪犯健全的人格。这是科学改造的立足点，也是罪犯自然属性与刑罚属性的必然结果。罪犯社会属性的发展与提升，重构罪犯健康的社会人格，与科学改造论的改造目标具有一致性。发展和提升罪犯社会人的社会属性主要包括：社会的价值行为、社会的公德行为、社会的交往行为、社会的技能行为、社会的生活行为和社会的发展行为。监狱要将罪犯改造成社会守法之人，就应当在罪犯的社会属性、健全人格和行为的重构上予以发展和提升。

社会的文明与进步，社会公众具有宽容、正义、法治、权利、民主等现代理念，而这一理念也成为社会主义的核心价值。所以，社会公众对待犯罪的态度以及对待罪犯的态度是趋于理性、人道和人性的。因此，在人学理论中，任何人都是社会的主体，并且在社会的发展和变迁中担当着重要的使命和职责。在法治社

---

① 张晶著：《深读矫正——现代监狱制度的理论逻辑》，江苏人民出版社 2013 年版，第 9 页。

② 张晶著：《深读矫正——现代监狱制度的理论逻辑》，江苏人民出版社 2013 年版，第 9 页。

③ 张晶著：《深读矫正——现代监狱制度的理论逻辑》，江苏人民出版社 2013 年版，第 9 页。

会、公民社会，监狱“应该在教育改造的原则下运行，并且应该将犯人看作公民而不是敌人。”从这个意义上看，罪犯在整个矫正教育活动中居于主体性地位。

2. 确认罪犯主体化对矫正教育工作的价值

以罪犯为主体的矫正模式，就是强调罪犯在矫正教育中的主体地位，确认罪犯矫正教育的主体性，发挥罪犯矫正教育的自觉性，尤其是在罪犯服刑的中后期，或在宽管处遇的监区（分监区），可适当放松管理教育活动的外在强制（当然不含必需的安全警戒），允许罪犯有一定的自由度和选择权，允许有一定程度的个性化表现，如在一定时间段内，对劳动、学习、休息等活动不做统一要求，甚至不安排警察现场监督，可由罪犯自主决定矫正教育的方式，自我选择矫正项目和矫正内容，自我决定学习内容，自觉完成矫正任务。这样做，其实就是一种特殊的、可控条件下的真实情景模拟测试，不仅有利于考察罪犯的真实心理、矫正教育的真实状态，而且为以后强化针对性管教措施提供依据，也是克服强制矫正必然带来的负面效应——“监狱化”倾向的需要，是提高罪犯未来社会适应性的需要。从本质上讲，也是促进罪犯作为“人”的自由发展的需要，是以人为本理念在矫正教育工作中的具体体现。① 张晶认为，“囚权主义主张”的价值体现在：一是在国际社会背景下对于囚犯权利的尊重与保护。二是在依法治国视域中，中国对于囚犯权利的成就与实践。尤其是在以人为本，构建社会主义和谐社会的滚滚洪流里，表现出来的那种对于权利的尊重和自觉。三是当下以及可以预见的未来，人们对于囚犯权利的那种蔑视和漠视仍有一定的认识基础，尤其是寄生在传统文化中的那些非良性的因子与糟粕的潜伏，一旦条件成熟，它们还会发酵和扩散，牵制人们敏感而脆弱的神经。四是由于侵犯囚权使一些警察为此付出了沉重的代价，包括生命。这同样反证了尊重囚权的意义和价值。当然，在这里，囚权主义不是总结报告，也不是调研报告，更不是一个单纯的理论推导和演绎，而是一个存在于现实，来源于现实，而又立足于现实、超越于现实的现实问题和理论问题。

（三）“囚权主义”理论的基本评价

笔者认为，张晶研究员的“囚权主义”理论体现了监狱行刑的“权利本位”思想，监狱把罪犯看作行刑法律关系中的权利义务主体，罪犯不是“专政对象”，也不是“特殊学员”，而是权利义务的承担主体，进一步强化了监狱行刑的法律特征和监狱行刑的专业性要求，淡化了监狱行刑的政治色彩，开辟了监狱

---

① 张发昌：《理念发展与实践转型》，载《河南司法警官职业学院学报》2009 年第 3 期。

行刑观念模式的新篇章。“囚权主义”理论具有主体性、法定性、规范性的特点，强调重新审视监狱行刑和罪犯服刑二者的关系，构建社会、国家和罪犯三位一体的权利——义务保障体系，确立罪犯的多种权利救济途径。[①]

但是在罪犯改造的实践中，监狱法、相关法规和行政规章等规定得过于原则，或者是缺失，操作起来困难重重。反之，罪犯利用这种制度的缺陷，常常利用权利保障的名义，无限扩张自己的权利，或者滥用自己的权利，以此规避履行自己服刑中的法定义务，严重影响了监狱的行刑活动。因此，把握对罪犯权利保护的“度”，寻求罪犯权利保障和履行法定义务之间的平衡是我们需要思考并解决的问题。

五、结语

我国著名法学家、北京大学法学院副院长、教授、博士生导师陈兴良在给“张晶作品研讨会”的贺词中充分肯定了张晶的研究成果：“以我从事法学研究的专业视角来看，张晶对于监狱法治与监狱人权问题的思考是极为深刻的，代表了我国在这一领域的较高水平，处于我国监狱法学的前沿地位，这是令人敬佩的。在我国，为一名普通的监狱民警召开作品研讨会，这本身也是一个创举，也是对张晶作品的学术价值和社会价值的一种肯定。”以此作为结语，足以表达“深读”的意蕴。

---

① 毕洁印：《我国监狱行刑的观念模式研究》，山东大学2008年硕士学位论文。

附录 1:

张晶研究员简介

张晶，1961 年生，江苏省司法警官高等职业学校党委书记、校长、研究员、二级作家。社会兼职有：中国监狱工作协会理事、学术委员，南京大学法律硕士生导师，南京理工大学兼职教授、MPA 硕士生导师，南京师范大学兼职教授、法律硕士生导师，中国监狱学会教育改造学专业委员会秘书长，江苏省监狱学会秘书长，江苏省法制心理学专业委员会委员，南京大学预防与控制犯罪研究所特约研究员，中国政法大学恢复性司法研究中心特约研究员，浙江省司法警官学院特聘专家，广东省佛山监狱特聘专家顾问，江苏省有突出贡献的中青年专家，江苏省政法委法律专家，江苏省镇江市作协理事，江苏省镇江市文联委员。

主要科研成果和获得的奖励有：2001 年出版专著《中国监狱制度从传统走向现代》、2005 年出版《正义实验》、2008 年出版《走向启蒙》、2009 年出版《总矫正师》。这 4 本书成为张晶研究中国现代监狱制度的四部曲。《中国监狱制度从传统走向现代》被司法部副部长张苏军誉为"一部 21 世纪中国现代监狱制度的全息蓝图"。2002 年该专著被司法部指定为全国监狱长培训教材，2003 年获司法部第四届"金剑文化工程奖"专著类三等奖。《矫正质量评估》获得全国法学教材与科研成果三等奖、江苏省社科联"应用精品"一等奖。长篇监狱学术小说《总矫正师》获新中国成立 60 周年中国十大法制文学小说荣誉，是监狱题材长篇小说唯一入选作品。2010 年被江苏省人民政府授予"有突出贡献的中青年专家"的荣誉。主持江苏省哲学社会科学课题 1 项、江苏省法学会重点课题 1 项；承担司法部法治科研课题 1 项、司法部司法行政课题 1 项。参与撰写专著 10 部。

在北京大学《刑事法评论》、中国社科院法学所《环球法律评论》、上海交大《人权法评论》、新华社《领导参阅》、江苏省党校《唯实》，以及《法学家茶座》、《金陵法学评论》、《河海大学学报》、《侨报》（美国）、《中国监狱学刊》、《犯罪与改造研究》、《法制日报》、《检察日报》、《21 世界经济报道》、《文汇读书周报》等重要期刊上发表学术、书评文章 50 余篇。其中 4 篇文章被中国人民大学书报资料中心复印报刊资料《刑事法学》全文转载。

1995 年开始进行文学创作。先后在《评论》、《21 世纪经济报道》、《文汇读书周报》、《江苏法制报》、《青春》等刊物上陆续发表散文、书评 40 余篇。长篇文学书评《爱的旅行》发表在美国重要的华文报纸《侨报》2005 年 6 月 3 日副刊上。

2007 年开始创作长篇小说。已出版长篇小说《总矫正师》、《爱上爱》；发表中篇小说《伊甸圣园》。其中，长篇小说《总矫正师》被中国法学会法制文学研究会评为新中国成立 60 周年中国法制文学十大长篇小说。

2010 年 5 月，中国监狱学会教育改造学专业委员会、江苏省作家协会、江苏省监狱管理局联合在安徽合肥举办"张晶作品研讨会"。这是全国 30 万监狱警察中第一个以个人名字命名的作品研讨会。

附录2：

《深读矫正——现代监狱制度的理论逻辑》目录

（凤凰出版传媒股份有限公司，江苏人民出版社2013年版）

现代罪犯矫正理论

翟中东教授在《矫正的变迁》一书中，从全球视域研究了现代罪犯矫正思想与制度产生、发展的演变历史。以中国为立足点，在国际视域下考察监狱、矫正发展的来龙去脉，客观分析了中国的罪犯矫正发展状况及发展阶段，为中国罪犯矫正制度的改革和中国罪犯矫正理论的发展与创新提供了理论支撑。

※行刑公正主义刑事政策：强调刑罚与犯罪行为的严重性相适应，追求社会的公平正义，强化严厉打击犯罪。包括“报应”政策、强制最低刑量刑政策、量刑准则政策、真正服刑政策

※重返社会政策：主张通过帮助服刑人员适应社会生活，融入社会，使之不再犯罪的政策。重点是解决犯罪控制问题。一是从刑罚适用中帮助罪犯重返社会；二是在监禁刑执行过程中帮助服刑人员重返社会；三是在社区矫正过程中帮助罪犯重返社会。

※新刑罚学：“关注的重点不是惩罚，也不是矫正，而是危险人群的评估与控制，即对犯罪分子的危险管理。”危险管理包括危险评估与危险控制。“所谓危险评估，是对犯罪分子重新违法犯罪危险大小进行定量化的评估，将犯罪分子区分出高度危险犯、中度危险犯与低度危险犯等类别。所谓危险控制，是根据犯罪分子的危险程度，予以针对性监控，对危险高的犯罪分子从人力、技术、制度、物力上入手强化监控，合理安排监控资源。”

※“罪犯一体化管理”政策：认为“罪犯无论是在监狱还是在社区都需要管理”。工作目标是“保卫社会；惩罚罪犯；补偿被害人；矫正罪犯；更好地管理罪犯使其不再犯罪”。在保卫社会的目标上，强调的是对危险性大的罪犯，采取强硬的剥夺政策，“监狱应当关押危险的罪犯、犯有严重罪行的罪犯、实施暴力犯罪与性犯罪的罪犯”。要求假释适用将社会安全保障放在第一位，要保证被假释者随时可送回监狱。

翟中东教授的《社区性刑罚的崛起与社区矫正的新模式——国际的视角》一书，介绍了国外社区矫正的理论与实践，总结归纳了国外社区矫正发展的经验与教训，以及国外社区矫正发展动态，在我国首次全面探讨了社区性刑罚的发展脉络和发展趋势。

※社区性刑罚：是帮助服刑人员重返社会政策的产物。社区性刑罚是一类判处或者裁定罪犯在社区中服刑的刑罚。它有广义和狭义之分，狭义的包括社区刑和半监禁刑；广义的还包括开放的监禁刑，与监禁刑形成交叉、重叠。关注刑罚的“社区安全需要”。由此可以看出，社区性刑罚不仅将刑罚执行活动推向了社会，而且还是连接社会与监狱的纽带，成为罪犯矫正一体化的有机组成部分。

※社区性刑罚的主要项目：社区矫正刑、社区惩罚刑、社区惩罚与矫正刑、宵禁刑、关护刑、监督刑、毒品治疗与检测刑、戒毒刑、赔偿刑、结合刑等。其他还有：间歇性监禁刑、住宿性毒品矫治刑、军训营刑、强化的监督刑、电子监控刑、家庭监禁、社区服务刑、日报告、中途之家、学习释放、劳动释放、推迟判决等。

※项目矫正：使用具有矫正内容、矫正量与矫正程序的矫正模块对服刑人员进行矫正。特点：模块化、程式性、可操作性、循证性、剂量化、个别化。

罪犯矫正谱系的文化特质

——翟中东《矫正的变迁》的深度解读

关于"改造"和"矫正"的联系与区别问题，学界一直有不同的观点，尤其是在二者的区别上，有人甚至认为，国外发达的资本主义国家只用"矫正"一词，代表的是现代监狱制度对罪犯的人文关怀，是文明与进步的象征，而只有中国才使用"改造"一词。笔者虽然也明白这种说法是错误和偏激的，但是始终不能拿出有力的理论依据来加以澄清。近读翟中东博士的新作《矫正的变迁》一书，使长期困扰笔者的这一问题豁然开朗。笔者沿着"矫正"的变迁路径进一步研读，越来越体味到罪犯矫正的内在意蕴，深刻地领悟到翟中东博士的大作对研究罪犯矫正历史的意义。

翟中东博士在其作品的前言中借用德国社会学家哈贝马斯在《认识与人类旨趣》中的名言："人类的知识有分析的知识、解放的知识与解释的知识。分析的知识源于经验，解放的知识源于批判，而解释的知识就源于历史。"① 对《矫正的变迁》一书进行了定位，就是通过对罪犯矫正的历史解释，获得和丰富人类关于预防犯罪、控制犯罪和保卫社会的"知识"，树立正确的犯罪观、监狱观、罪犯观、矫正观等价值理念，使现代社会的文明之花惠及受到法律惩罚的犯罪人和在监狱中服刑的罪犯。

翟中东博士认为，国外矫正制度的建立和发展既是社会政治经济发展的必然结果，也是与其矫正思想的发展密不可分的。归纳起来看，基本遵循着"改造—矫治—矫正"的发展路径。

一、罪犯改造时期的宗教文化特性

首先，罪犯改造源于基督教文化的宗教教诲。最初体现"矫正"内涵的是对罪犯的"改造"。因此，罪犯矫正领域最先出现的表达改变罪犯意义的词语就

---

① 翟中东著：《矫正的变迁》，中国人民公安大学出版社 2013 年版，前言第 1 页。在本专题中，凡在专题中标出的页码均表明引用内容在该书的所在位置，不再一一在参考文献中标注，特此说明。

是“罪犯改造”。从罪犯改造的文化特性上来看，是基于基督教团体的慈善之举，中世纪以前的欧洲不仅刑罚残酷，而且监狱只是罪犯的人身保管场所，罪犯的境况十分悲惨，毫无人道可言。基督教的一些信徒出于怜悯之心，对监狱的罪犯进行帮助和救助，旨在改变罪犯的悲惨待遇，同时应用宗教教诲使罪犯得以悔改。正如英国法社会学家哥兰德所解释的那样：“改造主要指道德上的忏悔，即通过道德上的劝导，或者宗教精神的导入，改变自己，而不是指行为上的改正。”（第4页）在改造阶段，主要的方法是劳动与宗教教诲，其中基督教贵格会的介入起到了至关重要的作用。这一阶段的工作目标就是要通过劳动和宗教教诲使罪犯得以改造。在矫正机构看来，罪犯走上犯罪道路的原因，在于罪犯是破坏社会秩序的“恶人”、“有严重本罪的人”，对其要使用特有的监狱管理制度使其转化、改变为“好人”、“善人”、“得到救赎的人”。这些监狱管理制度以基督教文化为基础，以基督教的劳动和教诲、隔离为特征，主要包括能使罪犯充分反省思过而不被其他罪犯交互感染的独居制度；迫使罪犯遵守监狱纪律和规则的沉默制度；以罪犯积分多少衡量其善行的点数制度；以罪犯的不同改造状况分别给予不同监狱内待遇的累进处遇制度；以及对罪犯表现良好可以提前出狱享受自由的假释制度等。

其次，罪犯改造所体现的是人文主义的文化特质。翟中东博士认为，罪犯改造的出现，既是刑罚改革的成果，更是基督教悔罪文化渗透的产物。14世纪出现于欧洲的文艺复兴运动，直接冲击了欧洲残酷的刑罚制度。尤其是人文主义的兴起，树起了刑罚改革的大旗。人文主义是文艺复兴时期的核心思想，提出了“提倡人学，反对神学；提倡人权，反对神权；提倡人性，反对神性；提倡科学，反对迷信；提倡理性，反对愚昧；提倡人道，反对神道。”[①] 强调人的中心地位，尊重人的价值尊严和权利，歌颂人的智慧和力量，赞美人的完美与崇高；主张个性解放和自由平等，提倡科学文化知识。显然，人文主义思想把罪犯提高到了“人”的地位，倡导“罪犯”在监狱改造活动中的中心地位，监狱不再仅仅是罪犯人身保管的场所，人们应该采取更为主动的方式，使罪犯得到“改造”，回归人的本性。这时，宗教的悔罪、劳动、隔离等价值理念，成为罪犯改造初期的指导思想。首当其冲的是基督教的悔罪主张被推向了前台，“信徒要悔罪，犯罪者更在题义内。”（第10页）“到16世纪，欧洲国家的很多世俗司法机构要求刑罚执行机构通过隔离罪犯让罪犯悔改、悔罪。悔罪与关押、隔离密切联系起来。”（第10~11页）这样，宗教文化成为罪犯改造不可分割的一部分。

再次，宗教文化伴随罪犯改造的始终。布莱德威尔劳动所是英国最早通过劳

① 宋行主编：《服刑人员个案矫正技术》，法律出版社2006年版，第2页。

动改造罪犯的实践场所。在改造理念上，以犹太教、基督教所共有的道德和劳动、节俭的思想观念为指导，认为劳动不仅是生活的需要，而且是修行的需要、培养道德的需要。试图通过体力劳动使罪犯的灵魂得到升华。德国汉堡在设立一所从事织造的劳动所时，官方将其目的表述为："为了上帝的荣耀，拯救罪人的灵魂而设立。"（第 12 页）1704 年，教皇克莱门特设立了"圣米柯"劳动所，强调劳动和研读《圣经》，在劳动所的门上题写着："仅仅惩罚是不够的，重要的是要通过改造让他们过道德的生活。"（第 12 页）很明显，改造罪犯初期是"帮助罪犯恢复做人的道德和尊严"。

随着欧洲中世纪以来监狱体制改革的深入和深化，罪犯改造有了实质性的突破，由最初的宗教"恩赐"走向制度化建设，由最初的欧洲部分国家的探索，蔓延到美洲和亚洲，监狱改革的空间路径拓展到世界各地。在这里，需要注意的是，宗教文化与罪犯改造如影随形，即使是在刑罚改革和现代监狱制度的建设过程中，宗教思想也贯穿始终。监狱改革的鼻祖，英国的慈善家、监狱学家约翰·霍华德先生也竭力主张对罪犯进行宗教教育，使罪犯过有条理的生活，让罪犯参加劳动。在他的座右铭"与其通过惩罚控制罪犯的恶行，不如通过纪律培养他们的善行"中，宗教教化意蕴不言而喻。英国哲学家汉韦指出："罪犯需要一种心理平和，面对上帝，他的主与他的国家法律的制定者，告解自己的罪行。"（第 30 页）"罪犯改造就是要求罪犯皈依宗教。改造罪犯就是运用福音观念改造罪犯。"（第 30 页）美国宾夕法尼亚州在监狱制度改革中首创独居制，这一制度就是基督教贵格会的杰作，其认为"独居加艰苦的劳动是改造、教化这些不幸的罪犯的好办法。"（第 19 页）要求独居监禁的罪犯忏悔、自责、"闭门思过"，研读《圣经》。强调监狱对罪犯监禁的目的是促进罪犯悔过。

在这里，需要特别指出的是，在监狱体制改革中，刚刚建国不久的美国，对欧洲改革者们提出的监狱改良思想产生了极大的兴趣，走在了监狱改革的前列，担当起了监狱改革的大任。18 世纪到 19 世纪初期，随着美国经济的发展，犯罪问题日益严重，引起了社会公众的广泛关注和担忧，新建监狱的数量在不断增加，监狱管理需要确立原则来加以规范。在当时美国确立的监狱管理原则中，仍然随处可见宗教文化的影子。当时这些原则有："纪律原则，即罪犯有无视纪律的经验，要使其改正无视纪律的问题，需要纪律管束；劳动原则，即考虑罪犯的游手好闲，为培养他们的好习惯，需要组织罪犯参加劳动；宗教教诲原则，即罪犯要对他们的本罪忏悔；隔离原则，即将罪犯与社会彻底隔离，使他们与污秽的社会隔离，使他们不再受污染，走向告别犯罪的道路。"（第 20 页）基督教伦理中的劳动、教诲和隔离成为监狱管理的原则。甚至为了突出宗教特色，将监狱不称为监狱，而叫作"悔罪营"。例如，1818 年宾夕法尼亚州在匹兹堡先后建立了新监狱，就命名为“西悔罪营”和“东悔罪营”。在美洲的新教徒中，劳动占有重要的地位，“艰苦劳动和自律是一种宗教义务。”德国社会学家韦伯认为，勤奋，包括积极参加劳动，是基督教的伦理。“由于劳动被认为是‘天职’的行为，成为‘上帝选民’的行为，因而要求罪犯参加劳动，不仅是逻辑的要求，也是情感的要求，更是拯救罪犯的要求。”（第22页）宗教的力量不仅成为罪犯改造的主导力量，而且成为当时社会的主流意识，得到了非新教徒、新教徒、其他教徒和非教徒的一致认可，成为社会的共识。

最后，辛辛那提会议的历史贡献。随着独居制、沉默制、分数制、累进处遇制等监狱制度的探索，逐步促成了现代监狱制度的诞生。在这一过程中具有里程碑意义的是“辛辛那提监狱会议”。1870年10月，美国在辛辛那提召开了世界著名的“国家监管工作会议”，史称“辛辛那提监狱会议”。这次会议是针对监狱改革中出现的问题，讨论并确定监狱的未来发展方向。虽然是美国的国家监管工作会议，但是具有很大的开放性，除美国各州的代表之外，还有加拿大、南美等国家的代表参加。在这次大会上，著名的监狱学大家们阐述了自己对监狱发展的观点和主张，发表了大会宣言。

曾任爱尔兰监狱局局长的克罗夫顿介绍了爱尔兰累进处遇制的四个阶段：“第一阶段是当罪犯刚进改造所时，要被关押在独居设施内8~10个月。这是为了让罪犯感受到无聊的痛苦与劳动的快乐，罪犯进监狱的前3个月不让其劳动。第二阶段是分数制，这个阶段是所谓的将罪犯的命运交给罪犯。罪犯勤劳工作可以获得分数，如果有破坏行为或者挑衅态度则被扣分。第三阶段是克罗夫顿命名的‘中间监狱’，在这个阶段，警卫不带武器，没有纪律强迫罪犯。如果罪犯有不当行为，则会被降级。第四阶段是有条件释放，罪犯要到警察局登记，如果罪犯不适应社会，如失业、与坏人交往、犯罪等，将会被送回到监狱。”（第24页）可以说，这是累进处遇制度由探索走向成熟的标志，也是这一制度被世界所了解、所认可，并逐步推向世界各国的开始。同时，累进处遇制度代表了世界监狱改革的发展方向，是现代监狱制度的典型代表之一。

底特律监狱的监狱长布罗克韦在会议上做了题为“真正的监狱的理想”的报告。在报告中，他对改造怀疑论、改造反对论进行了强有力的辩护。他指出：“惩罚、苦难、羞辱、威慑等就是让监狱矫正回到了鞭刑、绞刑的年代，回到了肉刑、极端刑罚的年代。”“如果基督的黎明到来，如果我们知道善良可以战胜罪恶，那么就让监狱也沐浴在爱的阳光下吧。”（第25页）解决犯罪问题“我们必须放弃使用惩罚方法满足所谓的正义，而转向新的目标，那就是使用预防方法与改造方法保卫社会”。（第25页）他认为，要实现矫正，不定期刑是不可缺少的。不定期刑“即以监狱为医院，以受刑人为患者，像疾病不能限期痊愈一样，不预先确定固定刑期。如果改造好，可以随时出狱为社会服务；对未改造好的不因刑期届满再入社会为患。所以，凡是监狱释放出来的人，都已改恶从善，已成社会良民，这符合国家刑法的本意”。① 在矫正过程中，着眼点在于注重罪犯的人格差异，注意刑罚特殊预防功能的发挥，以彻底改善罪犯为目的。矫正、改善犯罪人，使其重返社会生活应成为现代自由刑适用的最高目的。就罪犯的矫正角度而言，罪犯服刑时间的长短完全取决于罪犯自己。努力改造自我，具有优良表现，拘禁期间会相对缩短；改造状况不良，拘禁期间则相对延长，这不仅使罪犯的彻底改造成为可能，而且避免了罪犯自身的危险性对社会的危害。在教育刑理论的主导下，现代意义上的不定期刑矫正制度也因此而崛起。

在这次会议讨论的内容中，大家充分肯定了马克诺基的思想。马克诺基说：“将打开监狱之门的钥匙交给他，他会寻找开门的路子。”（第25页）他曾经讲“当一个人摔断腿，我们所想的就是送他到医院，而不是想着修正想法，让病人成为警告他人的手段。我们想的是个人，而不是社会。但是当可怜的同类成为道德上的错位者时，霸道的环境却要让他成为受害者，我们放弃了帮助他的想法，而让他成为‘一个例子’。这时我们想到的是社会，而不是个体。我认为我们需要对这个原则检讨，无论是从抽象的、逻辑的角度说，还是从基督仁爱的、政治的立场论。我们越思考，越对这一做法怀疑。然而它却是我们刑罚体制的基础，是刑罚实体建立的根基。”（第25页）马克诺基建立的一种有程序、有考核标准的假释程序和制度，以及发明的“狱分制”被大会所肯定。

辛辛那提监狱会议的组织者翁石说：“刑罚不仅是对罪犯因犯罪而施加的身体上的道德的惩罚，而且是通过改造预防其再犯的措施。犯罪就是一种道德疾病，而刑罚是治疗方案。治疗罪犯就是为了保卫社会。然而惩罚不仅指向犯罪，而且指向犯罪人……监狱纪律的最高目标不是报复罪犯，而是改造罪犯。”（第26页）翁石所代表的观点突出表现在三个方面：一是在对犯罪的认识上，强调“犯罪就是一种道德疾病”；二是一般预防的思想，强调“刑罚是治疗方案”，“治疗罪犯就是为了保卫社会”；三是追求刑罚的个别公正，强调监狱的最高目标是改造罪犯。

该会议上形成了一个《原则宣言》。该宣言有37条，主要内容是：“第一，改造，而不是惩罚，应当成为监狱工作的目的。第二，罪犯分类应当以点数制为基础。第三，对罪犯好的行为应当奖励。第四，根据党派利益任命监狱官员，监狱管理中朝令夕改是监狱改革的大忌。第五，对监狱的管理应当放在州政府这一

---

① 杨世云、窦希琨编著：《比较监狱学》，中国人民公安大学出版社1991年版，第164页。

层面中。第六，对每个岗位的官员都应当进行培训。第七，在监狱中应当推行不定期刑制。第八，对罪犯的宽恕应当由司法机构决定。第九，宗教教育与文化教育是矫正中最重要的两个方面工作。第十，应当对罪犯进行职业培训。第十一，应当取消罪犯的劳动合同。第十二，考虑罪犯类型的不同，实施独居制的监狱应当小型化。第十三，监狱设施应当保证足够的阳光与空气。第十四，要建立正式刑罚统计。”（第 26 页）在这一宣言中，罪犯改造被确定为监狱工作的主旨；对监狱改革中遭受非议的独居制、点数制、不定期刑制等予以了支持和肯定；将基督教伦理中的优秀文化如宗教教诲、宽恕等，置于和罪犯的文化教育、职业培训等同一层次的重要地位；提出了要建立刑罚统计制度的建议。

辛辛那提监狱会议接受了布罗克韦的理论，肯定了马克诺基与克罗夫顿的思想，决议推进累进处遇制度。会议认为，一是监狱面临监管危险与罪犯难管理的问题，因而监狱需要在管理方法上进行改革。二是监狱及管理人员需要培养罪犯的自尊心，理想的监狱制度应当是将罪犯的命运交到罪犯自己的手中。三是要让罪犯在希望中改造，希望比恐惧更有力量，良好的行为、勤奋与专注，应当得到回报。一个好的监狱制度应当关注罪犯奖励，而不是惩罚。（第 25~26 页）

1870 年的辛辛那提监狱会议使罪犯的改造问题由初步的探索而走向制度化，使宗教人士的慈善之举成为监狱的工作目标，使宗教教诲思想成为监狱的指导思想。由此，在宗教文化中，特别是基督教文化中的“教诲”、“宽恕”、“仁爱”、“救赎”、“忏悔”、“悔罪”、“赎罪”等成为罪犯改造的主题词。

在这次会议上，还有一种思想是值得关注的，即对罪犯的认识发生了改变，不再将罪犯当作“罪人”和“恶人”，而是认为“犯罪就是一种道德疾病”，提出了制定“治疗方案”来“治疗罪犯”，这种思想观点为“矫治罪犯”奠定了基础。

在这次大会的推动下，围绕罪犯改造的目标展开了广泛的实践，以布罗克韦为代表，以纽约的爱尔米拉改造所为基地，以“不让罪犯的手与脑有一刻空闲”为设计理念，（第 27 页）对罪犯在教育、军事训练、职业训练、劳动、宗教指导、祈祷、体育等方面进行了纯粹不定期刑和累进制实验。在 19 世纪末 20 世纪初，促使累进主义思想迅速兴起，掀起了累进主义思想运动。

累进主义思想运动是对布罗克韦累进处遇分数制思想的发展与延伸。它有两个基本主张：第一，申明改造的价值，认为改造是刑罚执行最主要的价值。第二，主张国家应推行不定期刑制度，而不是定期刑制度，主张将罪犯释放的权力交给监狱官员：罪犯改造取得成效，监狱将其释放；罪犯改造没有取得成效，监狱将其继续关押。（第 28 页）

很明显，累进主义改变了刑罚的价值取向，扩大了国家的权力，使不定期刑制度得到了迅速发展。累进主义将罪犯改造推向了刑罚价值的顶端，使罪犯改造的地位与重要性在刑罚执行领域超越了刑罚的其他价值。正如罗德曼所认为的："累进主义最大的特点是相信国家权力是善的。国家不再是自由的敌人，而是平等的朋友——因此，主张扩大国家的权力。在刑事司法领域，这个主题不再是保护罪犯不受国家权力的任意侵犯，而是使国家更有效地实现目标。国家不再被戴上镣铐，而是放开去完成目标。"（第 28 页）

俗话说：物极必反。这一时期的罪犯改造虽然推动了刑罚改革和监狱体制的改革，推动了监狱管理制度的文明和进步，使人道主义刑罚观念成为监狱的价值理念。但是，与西方资本主义经济的快速发展相适应，追求利润最大化和罪犯劳动力所带来的经济利益，使得罪犯改造的"劳动"出现了异化现象，监狱成为追逐经济利益的实体，罪犯成为劳动的工具，导致西方国家的监狱普遍沦为生产产品的工厂。不仅使罪犯的"劳动"扭曲化，而且挤压和抢占了工人的劳动岗位，由此遭到批判和反对。致使"罪犯改造的忠实的拥护者约翰·霍华德以虔诚的宗教使命感维护着刑罚人道主义"。（第 32 页）最终以法律的形式规定监狱生产不能成为资本主义的生产单元，使以"劳动"为外部形态，以宗教教诲为教化手段的改造时期走向没落。

二、罪犯矫治阶段的技术多元化和矫治有效性的争论

18 世纪中后期，随着科学技术的发展，科学的力量战胜了宗教神学思想。罪犯改造阶段的理论是建立在基督教学说"福音论"的基础之上的，福音论的重要主张是："上帝创造了人，让人崇拜，然而犯罪分子辜负了期望，实施了罪恶的行为，实施了不符合上帝意志的行为。作为罪人，犯罪分子应当借助对耶稣的信念被带到上帝的面前，向上帝赎罪。"（第 37 页）而宗教的衰落直接冲击了以上帝为中心的"福音论"，以宗教教诲和道德教化为主的"改造"不得不让位于突出世俗的、心理的、科学的"矫治"。

首先，对罪犯在认识论上的变化。在罪犯矫治阶段，人们的犯罪观发生了改变，"犯罪就是一种道德疾病，而刑罚是治疗方案，治疗罪犯就是为了保卫社会"；（第 26 页）"罪犯是有罪亦有病"；研究罪犯的英国心理学家莫兹利提出："监狱机构应当将罪犯当成病人"；（第 49 页）罪犯矫治模式的坚定支持者 C. 闵宁格认为，只有对罪犯进行心理的矫治，才能改变罪犯；"罪犯犯罪是因为罪犯的精神存在缺陷、情感功能上出了问题，罪犯就是存在心理疾病的患者。要改变罪犯，就需要对罪犯进行'治疗'"（第 49 页）。这些观念改变了罪犯改造时期关注犯罪、控制罪犯的主张；强调关注犯罪人，而不是犯罪行为，认为犯罪行为是"已然之罪"，不可改变，应把重点放在"未然之罪"上，预防犯罪人重新犯

罪。强调尊重科学，主张从生理、心理、社会、环境等角度分析犯罪原因，倡导多元化的罪犯矫治技术。尤其是刑事实证学派和心理科学的兴起，彻底改变了罪犯矫治的走向。矫正罪犯的工作目标是“矫治罪犯”，将罪犯从“病人”矫治为健康的人，矫治的核心方法是心理矫治。在主导思想上，要将罪犯当成“病人”，对罪犯的病情进行“诊断”，依据“病情”开出“药方”，对罪犯个体进行“治疗”。（第47页）从此，具有浓厚医学色彩的“治疗”一词闪亮登上了监狱矫正罪犯的舞台。

其次，罪犯矫治时期的文化拓展。在第二次世界大战之后，罪犯矫治进入了发展的黄金时期。突出表现在：一是“相信罪犯是有病的人，经过治疗完全可以转变为健康人”的观念被社会公众接受，成为罪犯矫治的主流意识。二是心理学的理论和方法被广泛运用到罪犯矫治领域，特别是精神分析的治疗理论和方法，在罪犯矫治中居于主导地位，罪犯的情感、逻辑、梦境、联想等，都成为罪犯犯罪原因的“解码”符号。三是对罪犯矫治的方法不断拓展，除了精神分析疗法、行为主义疗法、人本主义疗法、合理情绪疗法、心理剧、交往分析法、现实疗法、集体疗法等纷纷粉墨登场，对于患有精神疾病的罪犯、毒品成瘾的罪犯、酗酒的罪犯等探索医疗方法也在矫治实践中普遍应用，这样，罪犯矫治由心理矫治延伸到医疗领域，甚至有人将矫治模式改称为“医疗模式”，由此表明医疗方法在罪犯矫治中的崇高地位。

医疗模式将对罪犯治疗的第一步放在分类制度上，认为分类是探查罪犯道德疾病的基础性工作。因此，社会调查、心理测验、医学病理检查、精神病学检查、心理学检查等都被作为治疗的手段应用到罪犯矫正中，并依据初步探查的结果对罪犯进行分类，安排罪犯参加相对应的矫正活动。

美国著名的内科医生拉什把“犯罪作为传播的疾病能够被医治的观点”进一步发扬光大，他指出：“疾病是一个错误行为的习惯所养成的，所有的有害倾向的习惯都是疾病。在这个疾病的模式下，犯罪最终能够被治愈。”他认为，“酗酒和手淫均能通过持续的体力劳动所治愈。”“对精神病和不服从规范者，他设计了一个不能移动的，能帮助镇静的封闭装置。他坚持用这种单独禁锢的方法来促进犯人的认罪意识，并促其自我控制得以内化。据说他也用这种方法对其有神经错乱的儿子实验。”一些医生认为：“他们的使命之一是通过对恶习的了解和治疗来矫正人类。”① 随着罪犯矫治观念的转变和科学方法的发展，医学的、生物学的、心理学的、自然科学的等各种治疗方法得以进入监狱的大门。

意大利著名的犯罪学家龙勃罗梭的犯罪实证研究和自然主义者达尔文的进化

---

① 刘强著：《美国社区矫正演变史研究》，法律出版社2009年版，第43页。

论，使人们对犯罪问题有了更进一步的认识。认为“罪犯阶层是低劣或堕落的群种”，“罪犯是天生的”，是“有一些人类群种进化缓慢的阶层”。“作为这类种群的外观特征（颚骨的形状、头的大小）可以证实犯罪行为的存在，并且这一群体的外观特征存在着家庭的隔代遗传，因此得出的结论是：犯罪是可以遗传的。”[①] 这样就把犯罪问题的认识由道德疾病进一步拓展到了生理和精神等方面。甚至一些医生在没有弄清这种疾病病毒来源的情况下，就毅然坚信“犯罪是一个可治愈的疾病”。他们把注射“疫苗”作为矫治恶习、越轨行为和犯罪的一剂强烈的药剂，坚信监狱能战胜罪犯的疾病，能够重塑罪犯的正当行为和社会秩序。[②] 20 世纪 60 年代，罪犯矫治达到了巅峰，不仅被完全正当化，而且变成了时尚。1968 年，美国学者哈里斯做了一个调查，结果是 48%的人认为监狱的主要目的是罪犯矫治；72%的人认为矫正机构应当强化对罪犯的矫治。（第 102 页）同时，矫治也在监狱中受到了服刑罪犯的广泛欢迎。有学者在美国伊利诺伊州监狱进行了调查，得出的结果是：“矫正在样本罪犯中获得很高的支持率。64%的罪犯拒绝矫正无效的结论，3/4 的罪犯认为矫正是美国犯罪处理中唯一有效的、人道的方法，80%的罪犯赞同在监狱中扩大矫正项目。（第 328 页）法国刑法学家、社会防卫论的倡导者安塞尔认为，“对罪犯进行心理咨询与向罪犯提供就业帮助一样，体现着人道主义精神。”（第 57 页）很显然，安塞尔将罪犯矫治的道德地位置于人道主义的高度大加赞扬。

最后，关于矫治有效性的争论。然而，与对罪犯矫治的热情不相协调的是犯罪率的不断飙升，这引起了社会公众的不满。美国从 1960 年到 1970 年，犯罪总数从 3384200 起上升到 8098000 起，（第 102 页）尤其是暴力犯罪、财产犯罪等严重危害了社会公众的正常生活，引起了社会各个阶层对刑事司法制度的怀疑和不满，对刑事司法的批评之声不绝于耳，罪犯矫治的有效性受到了质疑。打击犯罪、严惩罪犯的呼声成为主流舆论。在这种情况下，统治者不得不制定了更为严厉的惩治犯罪的法律。这期间，马丁逊的报告成为终结矫治模式的“最后一根稻草”。为了研究和调查刑事司法和执法中的问题，美国总统专门成立了一个特别委员会，由马丁逊（Rober Martinson）主持调查和研究。1974 年，美国学者马丁逊发表了题为《是否有效？关于监狱改革的问题与答案》的研究报告，提出了矫治对减少重新犯罪没有明显效果，即“矫治无效”的结论，成为震撼矫正界著名的“马丁逊炸弹”。马丁逊对 231 个矫正项目进行了研究评估，这些矫正项目主要涉及监狱矫正项目、社区矫正项目和不定期刑制度等方面，通过数年调

---

① 刘强著：《美国社区矫正演变史研究》，法律出版社 2009 年版，第 44 页。

② 刘强著：《美国社区矫正演变史研究》，法律出版社 2009 年版，第 43~44 页。

查获得的事实和数据，报告得出的结论是除了少数项目有一定的积极影响，矫治的努力没有产生可以感觉到的降低重新犯罪率的影响。马丁逊的报告在总体上对各种矫正项目所产生的效果给予了否定性评价。不仅如此，英国研究小组的研究成果也得出了“矫治无效”的相同结论。“一石激起千层浪”，矫治无效论直接导致了“矫治模式抛弃论”。哈佛大学的威尔逊教授认为，矫治的主张经科学证明是失败的，主张通过矫治罪犯控制累犯是无效的。人们应当追求与完成合理性的事业，而放弃荒唐的尝试，忘记乌托邦的思想。忘记矫治，抛开矫治模式。在美国，自由主义者和保守主义者在这一观点上保持了惊人的一致。

自由主义者认为，放弃罪犯矫治模式是因为矫治理论本身存在问题。“第一，矫治主义者认为罪犯是有‘病’而入狱的是错误的。罪犯与我们一样有理智、意志，其犯罪是自由意志的产物，是经过计算认为犯罪利大于弊而犯罪的。第二，监狱中的好犯人并不意味着其出狱后会成为好公民，适应监狱生活与适应社会生活是不同的。矫正系统的官员所宣称的‘不定期刑是矫治罪犯的有利工具’实际是强制罪犯遵守监规的工具。不定期刑运行的信号很清晰：罪犯服从监狱管理人员的管理，表现出屈服、害怕的样子，就可以换取假释、早释。如果罪犯持不同看法，有自己的个性，可能就会继续被剥夺自己宝贵的自由，甚至自己变得聪明起来服从监禁的规则。第三，矫治主义有个问题难以解决。从逻辑上说，只有罪犯得到矫治后才能释放，否则不能释放。如何判断罪犯是否得到矫治？如何判断罪犯矫治的程度？根据一项研究得出，人类不大可能判断出罪犯是否得到矫治。第四，矫治机制违反心理学原则，由于监狱推行累进处遇制度，罪犯接受矫治项目成了尽早出狱摆脱痛苦的手段，成了罪犯监狱生活的游戏。违背罪犯的意志是不能矫治他们的，只有那些自己想改变生活道路的罪犯才能从心理服务所提供的帮助中受益。第五，由于监狱的结构原因，矫治主张者的矫治愿望与实际效果是相向的。”（第106~107页）心理学家莫力与雅各布指出，“在心理学领域强制罪犯接受矫治是危险的，所谓矫治是‘幻影’。心理学公认，心理治疗，特别是心理分析需要建立在自愿基础上才能有效果。”（第106~107页）实践证明，“监狱培养的不是责任精神，而是依赖，教授给罪犯的不是他在自由环境下所需要的技术，而是在压制环境下与危险社区下的生存方式。正像一位罪犯所说，没有鸟可以在笼中学会飞行。监狱不会也不可能教会罪犯在社会中生活”。（第106~107页）自由主义者认为，正是由于推行矫治，才导致国家权力被滥用。政府官员，包括法官、假释委员会成员、矫正机构的官员往往将本来赋予他们促进罪犯矫治的自由裁量权滥用，而忽视罪犯矫治本身的真正需要。因此，矫治不能成为刑罚执行的指导哲学，而只有在罪犯自愿的情况下才能实施，刑罚目标只有在正义的前提下才能实现。（第107页）行刑公正模式适应时代的要求由此呼之欲出。

保守主义者有一个基本的观点，就是强调“尊敬老人、热爱劳动、个人责任、宗教信仰、尊重权威是社会稳定之本”。（第108页）认为推行矫治政策对罪犯过于“仁慈”，以致出现了假释委员会表现出让暴力犯假释的倾向，法官表现出很不情愿地将惯犯关进监狱的倾向。导致很多具有较大危险的罪犯出现在社区，而这些罪犯随时可能实施犯罪。没有让罪犯为自己的犯罪行为付出代价，降低了罪犯因犯罪所应当产生的痛苦感受，削弱了刑罚的威慑力，导致了犯罪率的上升。认为“在矫治模式下罪犯更加堕落，罪犯矫治变为罪犯提前释放的幌子，从而使其出狱后侵犯无辜的人”。（第108页）同样也不认为罪犯犯罪是一种“病”，认为大多数罪犯犯罪是理性的，是罪犯自由意志决定的结果，因而应当受到惩罚。（第108页）解决矫治所带来问题的“解药”就是确定刑。主张对罪犯实施强制监禁。

自由主义者与保守主义者达成了一致的观点：矫治模式应当抛弃，刑罚对犯罪分子应当“强硬”，提出应当实施行刑公正模式，推行体现刑罚公正的政策。（第110页）行刑公正模式要求刑罚与犯罪行为的严重性一一对应，而不是与犯罪人相对应。这是一种简单而平等的刑罚。主张取消不定期刑，控制权力滥用，法官的自由裁量权力应当实质性地严格控制；所有刑罚都应当是确定的，轻罪轻刑，重罪重刑；罪犯矫治应建立在自愿的基础上，不能是强迫的。（第107页）正是在这样的社会背景下，罪犯矫治的地位一落千丈，以美国、英国为代表的国家不得不改变刑事政策，罪犯矫治模式从此退出了历史舞台。

在这里，值得一提的是，马丁逊是一名对社会负责任的学者，他始终没有停止对矫治是否有效问题的研究。在发表“矫治无用论”五年后，马丁逊又发表了对矫正项目的最新调查结论，承认“与我过去的结论相反，一些矫正治疗的项目在再犯率上可以收到看得到的效果，一些项目确实是受益的，但是也有一些项目是有害的。从我们当前研究的新的证据使我不赞成我最初的结论”。为此，矫治措施的肯定派和否定派又进行了激烈交锋，正如诺瓦尔·莫里斯（1974）所说，无论“矫治”意味着什么和无论矫治的方案赋予它的意味是什么，矫治都必须停止作为监狱行刑的一个目的。但这并不意味着需要放弃监狱内已经存在的各种治疗方案，完全相反，它们还需要扩展。[1] 在这种背景下，出现了折中理论，提出了体现正义、惩罚、威慑、报应、矫正和人权保护兼顾的思想，由此兼具正义、报应、矫正和人权保护功能的行刑公正模式被推上了舞台，被世界各国

① ［美］理查德·霍金斯、杰菲里·P. 阿尔珀特著：《美国监狱制度——刑罚与正义》，孙晓雳、林遐译，中国人民公安大学出版社1991年版，第260页。

所推崇。

三、罪犯矫正阶段刑事政策的文化品位

为了推进刑罚公正模式以替代罪犯矫治模式，西方各国先后推出了体现刑罚强硬性的刑罚公正刑事政策和帮助罪犯重返社会政策。

（一）严厉惩罚文化的回潮

刑罚公正刑事政策要求罪犯对所犯的罪行承担责任，国家对罪犯所犯罪行必须予以刑事惩罚。帮助罪犯重返社会政策关注罪犯犯罪的社会性因素，通过帮助罪犯解决社会性问题，预防罪犯重新犯罪。特别是20世纪中后期，西方国家的矫正哲学从“片面”发展为“折中”、“综合”，矫正政策也开始从一元化走向多元化，这成为建立刑罚新范式的基础。

刑罚公正刑事政策主要有：一是“报应”政策。要求“立法者与司法者在罪刑关系上寻求对等关系，对犯罪人以对等的刑罚，惩罚其相应的罪行，以期实现对犯罪人犯罪的报应”。（第110页）这一政策是行刑公正模式强化严厉打击犯罪的体现，也是对矫治模式在打击犯罪问题上过于软弱的修正。二是强制最低刑量刑政策。“通过在法律上规定确定的、具体的刑罚以威慑罪犯，对特别的犯罪法律规定最低刑罚”。（第110页）这一政策既是对不定期刑所导致的刑罚权滥用的回应，也是在量刑政策上强化报应功能的体现。三是量刑准则政策。要求“立法者通过确定不同犯罪等级和不同的犯罪记录，以确定不同犯罪与犯罪人的受刑幅度，司法者根据量刑幅度确定刑罚”。（第110页）这一政策使犯罪的分级更加细化，对累犯的打击力度更大，刑罚处罚更重，同时也是对法官量刑幅度的规范，有效防止了司法权的滥用。它由各方利益代表，包括刑事司法机构的代表组成的委员会制定，不仅具有公开性，而且代表各方利益。量刑准则包括志愿量刑准则和推定量刑准则。志愿量刑准则是向法官提供参考性的量刑准则，法官可以在量刑中参照或者适用，也可以在量刑中不参照或者不适用；推定量刑准则是要求法官适用的量刑准则。如果法官不依照量刑准则适用刑罚，就必须写出书面的理由。（第112页）在量刑准则的价值追求上呈现出多元化趋势，有的突出威慑功能，有的突出剥夺功能，有的突出对社会关系的恢复，有的强调各种刑事目标的兼顾。美国北卡罗莱纳州的量刑政策被称为“结构性量刑准则”，是这一政策的典型代表。它“对暴力犯与累犯采取监禁的措施；对非暴力犯而且以前没有前科的罪犯适用社区刑；在两者之间的选择半监禁刑”。在这个系统里，价值追求也各有不同，“威慑与剥夺被认为是监禁刑的依据；矫正与恢复被认为是社区刑的依据；矫正与威慑被认为是半监禁刑的依据”。（第124页）四是真正服刑政策。这一政策的基本特点是要求罪犯在监狱内承担刑事责任，只有在监狱

内实质性地服完足够长的刑期才能出狱，刑期的长短依照法定的比例来计算。这一政策是社会公众追求公正、对罪犯强硬的社会要求的产物。它以社会正义理论和罪刑相适应主义为哲学基础，强调刑期的长度应当与犯罪的严重性相适应，罪犯被判处的刑罚应当是法定被判处的刑罚。很明显，这一政策的刑罚严厉度和罪犯出狱难度加大，其目的是要通过威慑降低累犯。实践证明，这一政策是行之有效的。研究表明，美国实行真正服刑政策后，全国的犯罪率下降了 24%；而同时期弗吉尼亚州的犯罪率下降了 26%。（第 132 页）

（二）重返社会政策的文化品质

正如前文所述，西方国家在加大对严重犯罪打击力度的同时，对轻罪罪犯采取了更为宽松的刑事政策，对罪犯采取了全社会参与的、以帮助罪犯适应社会生活、不再重新犯罪的“重返社会政策”。

重返社会政策就是主张通过帮助罪犯适应社会生活，融入社会，使罪犯不再犯罪的政策。其重点是解决犯罪控制问题。具有代表性意义的是 1965 年美国总统约翰逊在国会上提出建立小组专门研究解决犯罪控制问题，这一小组提出了帮助罪犯重返社会的意见，包括以下内容：“第一，被纳入社区矫治的对象，不仅应当包括青少年犯、犯轻罪的服刑人员，而且应当包括犯重罪的服刑人员。第二，假释的服刑人员都应当接受监督。第三，国家应当向所有的服刑人员提供文化教育与职业培训。第四，应当建立立足于矫正的监狱企业。第五，应当扩大渐进性释放与请假离监的范围，并保持与社区矫正机构的联系。第六，检察机关应当有选择地提起公诉，对于适宜放到社会上的服刑人员，应当进行司法分流。”（第 135 页）这一意见基本囊括了美国重返社会政策的内容。重返社会政策的实施对刑事司法领域和矫正领域产生了重大影响，具体表现在：“第一，改变了传统的刑罚体系，构建了社会性刑罚与监禁刑并列的新刑罚体系。第二，促就了社区矫正的迅速崛起，使得矫正领域形成监狱矫正与社区矫正两部分。第三，改变了监禁刑传统执行模式，使得监禁刑执行方式出现开放的监禁刑。”（第 143 页）尤其是社区性刑罚的确立，使更多的社会资源投入到重新犯罪的防控中，不仅节约了司法成本，而且为刑罚执行开拓了更为广阔的领域。

从重返社会政策实施的效果来看，应该说是受到了社会公众、服刑罪犯、矫正机构和学术界研究人员的一致肯定，提出了促使罪犯重返社会的意见和建议。美国加州大学犯罪学教授裴特丝莱就如何控制罪犯重新犯罪问题曾经提出过自己的建议：“充分重视罪犯重返社会目标，将这一目标置于监狱管理的不同层面；通过狱内模拟社会的生活方式使罪犯学会承担自己的社会责任，如学习管理自己的开销，学习理财；学习使用药品；学习工作模式下的生活等；在罪犯释放前全面帮助罪犯进行释放后的生活规划；在危险评估基础上推行酌定假释制度。”

（第173页）在全世界影响极大的美国矫正协会也倡导推行重返社会项目，认为重返社会项目对社会是极其有益的。“因为这个项目帮助罪犯为社会生活做好准备，降低行为人将来的犯罪性行为，拆除可能阻碍罪犯回到社会的障碍，向罪犯提供可能的社会帮助。”（第173~174页）在这样的思想理念的基础上，该协会提出了具体主张：“从罪犯进入监狱后就准备过渡计划；过渡计划要根据罪犯的需要确定；在罪犯释放后要在住宿上帮助罪犯；罪犯释放后要有足够的工作人员监督他们；使释放后的矫正项目与释放前的矫正项目实现无缝连接；在监狱内向罪犯提供就业前训练、岗位认证；技能更新；工作岗位信息提供；对罪犯与家庭的团聚提供释放前咨询。”（第174页）法国政府于1999年专门成立了促进罪犯重返社会与监督局，这个机构成立的目的就是向罪犯提供连续的、能有效地促进罪犯重返社会的措施。它确立的工作目标是：“在监狱内的目标是防止罪犯因被监禁而隔断与家庭的联系，保持罪犯与社会的稳定关系，为罪犯离开监狱做准备。在社会上的目标是帮助罪犯重新融入社会：帮助他们了解自己的社会权利，并帮助他们实现自己的权利；防止罪犯赤贫化；向罪犯提供文化教育、技术培训，并提供劳动机会；向罪犯提供医疗服务与体育活动，防止他们使用毒品；在监督的前提下帮助罪犯与社会福利机构建立联系。”（第174页）很明显，重返社会政策作为刑罚新的“目的性成员”，促进了矫正方法的多元化，使罪犯矫正的工作目标围绕将罪犯矫正为能够融入社会的“合法公民”，在传统的改造方法、矫治方法基础上，对罪犯开展了多种形式的职业技能培训、就业能力帮助、设置矫正项目、罪犯职业生涯规划等。

翟中东博士认为，在西方防止重新犯罪的政策制定和实施中，先后出现了威慑政策、矫正政策、剥夺政策、重返社会政策、综合政策等。其实，笔者认为，不同的刑事政策代表着当时社会的不同文化选择和文化品位。威慑政策主张通过对罪犯施加严厉的刑罚，以达到威慑罪犯不再重新犯罪的目的。它表明了社会公众和统治者对社会安全的诉求和对犯罪的憎恨，但是这一政策容易忽略的是威慑只能给人们带来对犯罪报复性打击后的短暂“快感”，并不能有效控制和减少犯罪，也不能给社会公众带来安全。矫正政策坚持通过对罪犯的矫正，帮助罪犯弃恶从善，不再犯罪。这是社会文明进步的体现，是法律对犯罪的宽容，是社会公众对犯罪人的宽容。但是，犯罪是一种恶，是违背社会公平正义原则的，以“善”抑制“恶”固然可敬，但问题是“善”的矫正行为能否带来“善”的“果”，能否实现“善”的制度设计初衷，能否给社会公众带来安全。关于矫正效果的争论已经对这个问题作出了回答。剥夺政策坚持通过剥夺罪犯犯罪的能力，使罪犯不再犯罪。剥夺罪犯的犯罪能力，把更多的罪犯关进监狱，保卫社会的目的实现了，但是把罪犯大量监禁起来需要花费更多资金，违背了行刑经济的原则；罪犯是社会的人，在监狱服刑是有法定期限的，最终要回到社会中，如果不能够得到矫正就会重新犯罪，给社会公众带来新的更大的危险，更何况罪犯在监狱长期服刑和社会公众所期望的罪犯社会化是监狱学的悖论，不仅不利于罪犯回归社会后融入到社会生活中，而且长期的监狱生活使罪犯被监狱化，形成监狱人格，产生监狱依赖或监禁反应，刑罚的威慑作用也大打折扣。由此看来，通过剥夺罪犯的犯罪能力保卫社会的目的只是空谈。重返社会政策主张通过帮助罪犯适应社会生活，使其不再重新犯罪。这一政策既是人类与犯罪长期斗争探索的结果，也是社会经济、文化发展在刑事政策领域的体现。对待犯罪这样的“恶”，不能无原则地“迁就”和“宽容”，打击“恶”的最有效办法就是让罪犯感受到刑罚惩罚的痛苦，实施报应性的打击，以体现社会所追求的公平和正义。同时，为了社会的长治久安，为了保卫社会，社会也理应站在维护人权的高度，在罪犯服刑期间对罪犯进行融入社会的训练，提供有利于其回归社会的信息，拉近罪犯与社会的距离；在罪犯回归社会前后要提供全方位的帮助，使罪犯真正成为适应社会生活的成员。这样，把社会的公平正义的价值追求、社会文明进步的成果以及社会对罪犯的宽容和仁慈融为一体，刑事政策的文化品位就站到了法治与道德的高度，这才是现代社会优良品质的体现。

四、罪犯矫正范式的文化选择

伴随着罪犯矫正刑事政策的变化，罪犯矫正范式的文化特质也暴露无遗。翟中东博士认为，西方国家在21世纪提出了对罪犯实施危险管理的“新刑罚学”，试图通过推行矫正项目，提高矫正的有效性。在这一过程中，西方国家在重新犯罪控制上放弃了利用“单一兵种”的矫正罪犯的刑事政策，越来越重视“合成兵种”的联合作战，使每一种矫正范式都发挥出自身的优势，而尽量克服单一范式所存在的弊端。

（一）新刑罚学理论为罪犯矫正奠定了坚实基础，改变了罪犯矫正的价值取向

新刑罚学“关注的重点不是惩罚，也不是矫正，而是危险人群的评估与控制，即对犯罪分子的危险管理”。（第221页）这一理论通过实证研究认为，如果能够“标定”出犯罪危险性大的罪犯，国家只需对这些罪犯进行强化监督管理，监管安全就能得到保证，就能保卫社会。

危险管理包括危险评估与危险控制。“所谓危险评估，是对犯罪分子重新违法犯罪危险大小进行定量化的评估，将犯罪分子区分出高度危险犯、中度危险犯与低度危险犯等类别。所谓危险控制，是根据犯罪分子的危险程度，予以针对性监控，对危险大的犯罪分子从人力、技术、制度、物力上入手强化监控，合理安

排监控资源。”（第221页）就管理文化的特性而言，危险管理符合帕累托法则。帕累托法则，又叫帕累托定律、“二八定律”、最省力的法则、不平衡原则等，被广泛应用于社会学及管理学等领域。① 帕累托法则对罪犯危险管理的现实意义在于：学会避免将时间和精力花费在低度危险犯身上，要学会抓主要矛盾。矫正机构的时间和精力都是非常有限的，要想真正有效地控制和管理所有罪犯几乎是不可能的，因此要学会合理分配时间和精力，确定危险管理的范围和控制力度，采取有针对性的危险控制措施，建立预防性、检查性和纠正性的危险控制机制，在特定的范围内控制高度危险的罪犯。把80%的控制和管理资源花在能出关键效益的20%的危险罪犯身上，这20%的危险罪犯又能带动其余80%的管理和控制水平。这一法则的应用促使了罪犯危险回应机制的建立。构建罪犯的危险回应机制是国际社会控制罪犯危险政策最重要的表现形式之一。它“是指刑事司法机构在危险评估基础上建立的与罪犯危险大小相应的控制措施体系及相应的应变机制；罪犯危险性大，控制力度大；罪犯危险性小，控制力度小；罪犯危险变，控制措施变”。（第257页）由此，产生了以有效控制罪犯危险性的现代威慑范式和剥夺范式。

（二）罪犯矫正范式的变迁代表了社会文化的多元化

翟中东博士认为，“范式的概念和理论是美国著名科学哲学家库恩在《科学革命的结构》一书中所提出的，是指常规科学所赖以运作的理论基础和实践规范，是从事某一科学的研究者群体所共同遵从的世界观和行为方式。”（第321页）西方国家在防控犯罪的历史上，曾经对多种范式进行过探索，主要有威慑范式、剥夺范式、矫正范式、重返社会范式等。西方罪犯矫正政策变迁的背后都有着特定的思维模式。罪犯改造政策、罪犯矫治政策等所代表的思维模式是罪犯矫正范式；追求社会公平正义的刑罚公正政策的思维模式是威慑范式；社区矫

---

① 这一法则是1897年意大利经济学者帕累托偶然注意到的19世纪英国人的财富和收益模式。在调查取样中，他发现大部分的财富流向了少数人手里。同时，他还从早期的资料中发现，在其他的国家，都有这种微妙的关系，并且一再出现，在数学上呈现出一种稳定的关系。于是，帕累托从大量具体的事实中发现：社会上20%的人占有80%的社会财富，即财富在人口中的分配是不平衡的。同时，他还发现生活中存在许多不平衡的现象。习惯上，帕累托法则讨论的是顶端的20%，而非底部的80%。人们所采用的帕累托法则是一种量化的实证法，用于计量投入和产出之间可能存在的关系。帕累托法则之所以得到管理界的推崇，就在于其提倡的“有所为，有所不为”的管理方略。要用好帕累托法则，管理方首先要弄清楚被管理者中的20%到底是哪些，从而将自己经营管理的注意力集中到这20%的重点要务上来，采取有效的倾斜性措施，确保重点方面取得重点突破，进而带动全面，取得管理行为的整体进步。

正、罪犯教育、罪犯培训政策等以罪犯重返社会为目的的思维模式是重返社会帮助范式；对高度危险罪犯的危险管理政策的思维模式是剥夺范式。

在这里，需要特别指出的是，现代威慑范式不同于传统的威慑范式，现代威慑范式赋予现代社会法治文化的意蕴。现代威慑范式产生的前提是“人道主义、公平与正义的道德化”。（第 322 页）也就是说，威慑不能触及公平的底线。这样在当代刑罚适用中，威慑范式便通过惩罚公平政策的形式体现出来。展现在人们面前的文化特质是：在追求公平正义的人眼中，惩罚体现报应，满足了对社会公平正义的心理需要；在追求功利的人眼中，惩罚是对犯罪人的报应性打击，体现的是威慑效应，满足了对犯罪的严厉惩罚、保卫社会的需要。只不过也不像人们担心的那样，威慑不会回到传统的、毫无顾忌的单纯惩罚形态，现代威慑范式必须以人道主义为界限，必须充分体现公平与正义的精髓，还要考虑威慑的成本与效益。因此，现代威慑范式有了和传统威慑范式不同的文化内涵。

剥夺范式具有危险管理政策的思维特质。剥夺范式认为，通过实施危险性评估，将危险罪犯关押在监狱可以降低刑罚执行的成本，提高社会安全的水平，降低重新犯罪率。对危险性犯罪分子的关押可以降低其重新犯罪的可能。这一思维范式的理论依据是犯罪生涯理论，认为对犯罪分子而言，犯罪既有犯罪高峰，也有犯罪低谷；对特定的犯罪分子而言，随着年龄的增大，其犯罪可能性会随之降低。对罪犯控制有选择的剥夺政策的兴起受到了社会的重视，认为寻找到了控制犯罪的法宝，因此带动了累犯打击法、性罪犯登记法等刑事法律的出台。特别是在打击累犯方面，累犯三次打击法在控制犯罪、降低犯罪率方面发挥了巨大作用。

单一的矫正范式虽然有其合理性，也产生了一定的控制犯罪的效果，但是同时也存在着难以克服的弊端。在这样的背景下，学者试图寻求范式的组合，来实现范式资源的合理配置，达到控制犯罪的最优化。主要有：一是威慑范式与矫正范式的组合。“两种范式可能结合的机制在于：对罪犯的威慑，有可能使罪犯产生痛苦、恐惧、自责等体验。而这种体验有可能促使罪犯认知的变化，进而在行为上、道德上产生变化。”（第 336 页）因为威慑带来的痛苦使罪犯体会到了刑罚惩罚的威严，而此时旨在改变罪犯的矫正措施的跟进增加了罪犯心理上的认同感。二是重返社会范式与威慑范式的组合。“重返社会范式可以帮助罪犯避免监狱化，可以帮助罪犯获得或保持住工作岗位，但是，也可能使罪犯对刑罚的谴责感受不深，缺乏痛苦体验。因此，可能导致罪犯重新犯罪，因而对于刑罚痛苦感受弱的罪犯要考虑加重刑罚的威慑力。”（第 336 页）这是在刑罚的适用上“轻重结合，软硬兼施”的政策，始终保持刑罚对罪犯的多层面的影响力。三是重返社会范式与剥夺范式的组合。这一组合起到了相互平衡的作用。“剥夺范式的主张者基于控制监狱人口的目的提出，对经过危险性评估被认定为危险罪犯的人进行监禁剥夺，而对于经过危险性评估被认定为危险性小的罪犯，就释放到社会上服刑，从而减轻监狱的压力。同时将危险性小的罪犯释放到社会上，不仅不会带给社会危险，保证社会安全，而且可以促使罪犯尽快融入社会，成为守法公民。这样，两种范式有了相互依存、相互支持的特点。”（第337页）这一结合既使宽严相济的刑事政策得以落到实处，也符合行刑经济的原则，使刑罚资源得到了最优化配置。四是矫正范式与重返社会范式的组合。重返社会范式本身就派生于矫正范式，“在一定意义上说，重返社会是罪犯矫正的最低目标，矫正是重返社会范式的最高目标，两种范式目标不同，方向一致。”（第337页）罪犯矫正所面对的是“千姿百态”的罪犯，针对不同的罪犯，矫正所达到的目标必然应有区别，只要达到了这一范式的最低目标，使罪犯成功回归社会，不再重新犯罪，也就是对社会的重大贡献，这是现代刑罚单纯回归主义的主张，即回归应当是监狱行刑的全部主题和基本内容。五是矫正范式与剥夺范式的组合。这一组合的突出特点是相互补充。德国刑法学家李斯特就矫正罪犯曾经说：矫正可以矫正的罪犯，不能矫正的罪犯不使为害。这就是说，能矫正者，矫正；不能矫正者，不使为害。这里的“不使为害”即剥夺罪犯的犯罪能力。（第337页）这就是说，对罪犯的矫正要有客观而科学的态度，不是每一个罪犯都可以矫正，对于能够矫正的罪犯，我们要主动出击，采取各种方法予以矫正，这就是现代刑罚所强调的积极的行刑主义，即应当积极有效地利用罪犯服刑的时间与空间，主动开展矫正教育工作；而对于有的罪犯，特别是基于生理机制原因而犯罪的罪犯，具有不可矫正性，那么对于这部分罪犯我们就要以剥夺其犯罪能力的方式保卫社会，这是层次矫正论的基本观点。

（三）重返社会范式的选择是社会刑罚文化争鸣的结果

首先，监禁威慑和剥夺不能控制犯罪。刑罚惩罚对罪犯的报应性打击，使之产生了极大的威慑力，把刑事法律惩罚性“恶”的一面暴露无遗，满足了人们对犯罪进行报复的“快感”。而剥夺犯罪能力的剥夺范式，将更多的罪犯关进了监狱，得到了“短暂的”安全，实现了社会的公平和正义。但是，人们同样发现，犯罪率、重新犯罪率在持续地上升，社会秩序并没有出现人们所期待的“祥和景象”，这就使得人们对监禁威慑和剥夺的刑事政策产生了怀疑。大量的实证研究发现：监禁威慑和剥夺不能控制犯罪。“扎耶克根据‘直接威慑项目’的实施情况认为，威慑不能防控重新犯罪。”这一项目是通过实证的方式获得的结论，其内容包括：“安排具有危险性的青少年犯与监狱中处于严格监禁状态下的罪犯接触，以通过了解严重犯罪的后果，让青少年犯意识到继续违法犯罪的严重性，使这些青少年犯改过、悔过。在实践中，经常通过罪犯的呻吟、咒骂等表现出罪犯痛苦的场景，威慑青少年犯。”（第323~324页）1997年谢尔曼等人对直接威慑项目在全国范围内进行了调查，结论是：“项目不仅没有效果，甚至发现有的接受项目的青少年犯比没有接受项目的表现出更大的危险性。这个项目实际是巩固甚至强化了罪犯的反社会态度，而这本是这个项目所希望改变的。”（第324页）为此改变了人们对威慑的看法，认为威慑与报应只是一种补充性的目标。在美国，主流舆论逐步形成了共识：监禁威慑没有产生防控重新犯罪的效果。

其次，监禁威慑无效论。这一结论是根据大量的调查研究得出的。“美国俄勒冈州对从1999年1月1日到2001年12月31日所有被使用刑罚的罪犯在释放后1年进行调查，调查适用的工具包括矫正信息系统、执法信息系统，涉及13219名罪犯。调查得出如下结论：第一，对于同种犯罪、同种类型与同种危险程度的罪犯，接受短期监禁刑的罪犯比接受社区刑的罪犯重新犯罪率要高。第二，所有接受社区惩罚的罪犯的重新犯罪率都低于接受短期监禁刑的罪犯。第三，在所有被处以社区刑的罪犯中，对于高中度危险的罪犯而言，接受社区服务的罪犯的重新犯罪率最低，重新犯罪率是10%。第四，对于低度危险的罪犯，接受工作释放的罪犯的重新犯罪率最低。第五，对于高度危险的罪犯，不管其在监狱待多长时间，其重新犯罪率都差不多。第六，对于中度危险的罪犯，他们在监狱待的时间越长，其重新犯罪的可能性越大。第七，无论什么犯罪类型，罪犯在监狱待的时间长短与重新犯罪的概率高低相联系。”（第325~326页）与此同时，美国一些政府资助的研究机构通过长时间的研究，也得出了基本相同的结论。例如，1978年由美国卡特总统时期的司法部资助的国家科学小组围绕威慑与剥夺的效果进行分析，得出的结论是不能确定威慑发挥作用。1993年由美国里根与布什时期的司法部资助的国家科学小组围绕加重刑罚与暴力犯罪的研究结论是：“如果自由刑刑罚加重三倍（1976~1989年）可以控制暴力犯罪，暴力犯罪应当显著下降，然而暴力犯罪没有下降。”（第326页）加拿大的研究也得出了同样的结论。1987年，加拿大量刑委员会指出：“根据司法实证经验，威慑思想不能作为刑罚指南使用。”（第326页）不同国家运用不同的方法和不同的项目所得出的结论惊人地一致，这不得不使人们改变监禁威慑的刑事政策。

监禁威慑无效就需要寻求新的有效模式加以替代，重返社会的范式便应运而生，成为受到各方支持的范式。翟中东博士认为，重返社会范式受到支持的原因在于：“第一，重返社会范式所主张的发展方向与矫正范式相同，因而矫正范式的主张赞同这种范式。实际上，重返社会范式本来就派生于矫正范式。第二，重返社会的措施也可以体现威慑的价值，因而威慑范式的主张者不反对重返社会范式。第三，重返社会范式与剥夺范式可以互补，对于危险性大的罪犯予以剥夺这个主张，包含将危险小的罪犯放到社会，因而重返社会范式也受到剥夺范式主张者的支持。”（第 334 页）同样，重返社会范式所主张的政策具有成本低的经济性特点，受到政界和立法界人士的支持。这一范式自身所具有的文明进步性，得到人道主义主张者的赞赏。（第 335 页）一时间，重返社会范式在世界各国得到了快速发展。经过不断的实践、探索、修正和完善，最终重返社会范式在重新犯罪防控的实践形态上表现为综合性特征，把威慑、矫正、教育、剥夺与报应融为一体，使重新犯罪防控政策“兼容并蓄”。

（四）“罪犯一体化管理”政策是综合范式的体现

“罪犯一体化管理”政策是英国推出的“兼容并蓄”政策。2006 年，英国内政部向英国议会呈交了《维护社会安全降低重新犯罪的五年规划》，全面展示了英国所推行的防治重新犯罪的基本政策，提出了“罪犯一体化管理”的概念。认为“罪犯无论是在监狱还是在社区都需要管理”。（第 341 页）倡议“建立国家罪犯管理局对罪犯实施连续的无缝的管理。对危险进行控制”。（第 341 页）明确规定了这一政策的工作目标是：“保卫社会；惩罚罪犯；补偿被害人；矫正罪犯；更好地管理罪犯使其不再犯罪。”（第 338 页）这一目标本身就宣示了政策所具有的多层次的价值追求。在保卫社会的目标上，强调的是对危险性大的罪犯采取强硬的剥夺政策，“监狱应当关押危险的罪犯、犯有严重罪行的罪犯、实施暴力犯罪与性犯罪的罪犯。”（第 338 页）要求采取“推行‘基于公共安全的不定期刑制度’，对于严重危险的罪犯不再释放，直至其通过假释委员会危险评估”；“假释适用将社会安全保障放在第一位，要保证被假释者随时可送回监狱”；“与警察、监狱合作对狱外罪犯实施连续监督、危险管理。”（第 338 页）要求刑罚的威慑效应要反映在监狱监禁和社区刑的监督管理中，“监禁刑固然是惩罚罪犯的形式，但是社区刑也是惩罚罪犯的形式”。“实施社区刑，最多可以加附 21 种条件。”“充分利用社区刑中的无报酬劳动。……无赔偿劳动既是对罪犯的惩罚，也是补偿社会的一部分。新的社区刑将惩罚与监督融为一体。”（第 338~339 页）

在“罪犯一体化管理”政策中提出了可资我国借鉴的两种制度。一是推行“直接出狱合同”制度，即“罪犯管理者需要在罪犯危险评估基础上为每个罪犯制订相应的服刑计划，将刑罚执行、住房问题、教育问题、就业问题、家庭问题、使用毒品问题、转变态度问题、转变行为问题纳入其中”。（第 341 页）“直接出狱合同”制度的形式是合同：“合同当事人是罪犯管理人员与罪犯；合同内容是奖励与惩罚。这一合同列出有关项目，如果罪犯参加这些项目将获得奖励，如果不参加将获得惩罚。罪犯要根据同意的协议将在监狱获得的收入赔偿被害人。”（第 341~342 页）根据计划，“直接出狱合同”贯穿罪犯服刑的整个过程，包括监狱内外，最主要的目的是使罪犯接受矫正。很明显，“直接出狱合同”制度是西方国家契约理论“不经意间”在罪犯矫正中应用的结果，也是近年来关于罪犯矫正契约化理论的实践样态。可以预见，体现平等、尊重和互惠文化特质的矫正契约化将会成为罪犯矫正的新形态。二是提出建立社区监狱。社区监狱的整体设想是：“关押危险小的罪犯；设置地方；与地方社区联系；与家庭保持联系；接受矫治项目，如毒品矫治项目、认知行为项目；对青少年犯可以优先考虑。”（第 342 页）社区监狱是西方国家社区性刑罚的新探索，也是实现轻刑化和非监禁化无缝对接的中间措施。这一制度不仅丰富了社区性刑罚的内涵，而且是社会治理策略的主要举措。同时，政策将危险性评估、建立阻止重新犯罪的伙伴关系、关注罪犯健康问题、文化技能教育、就业培训、社会与家庭的联系、社区服务、恢复性司法等都纳入了“监狱一体化管理”之中。

结语

从西方国家“改造—矫治—矫正”的发展路径，可以看出每一时期的刑事政策都折射出当时的政治文化、经济文化、法治文化和人文文化等，都具有不同时代的文化特质。我国监狱制度的发展，尤其是罪犯改造到罪犯矫正的发展，无不蕴含有西方监狱矫正文化的影子。从清末民初的监狱体制改革开始，西学东渐，西方的宗教教诲思想就经日本传入中国，使中国的监狱制度由此走向现代，走向文明。尽管朝代更替，战争连年，但是文明的种子已深深种下。改革开放后的中国监狱制度改革使中国监狱把西方国家的矫治与矫正的优秀文化吸收内化，进一步拉近了我国监狱与西方监狱在现代化程度上的距离，融入到现代监狱制度中。

翟中东博士以渊博的知识、广阔的视野，通过对西方监狱矫正制度脉络的梳理，为我国监狱矫正制度的研究提供了思路。应该说，《矫正的变迁》一书是翟中东博士诸多优秀著作之一，也是比较监狱学研究的典范之作。该书不仅条理清晰，逻辑结构严谨，而且引用了大量翔实的资料，为基本理论构建了完整而坚实的支撑体系。但是，笔者个人认为，著作还存在可商讨的地方：一是翟中东博士认为，“就‘罪犯改造’与‘监禁刑’的产生关系来看，不是先有监禁刑，后有罪犯改造，而是先有罪犯改造，然后有监禁刑。”（第 3 页）关于罪犯改造和监禁刑谁先谁后的问题，还值得进一步商榷。二是翟中东博士认为，“现代监狱与传统监狱的根本区别在于，监狱是否是刑罚执行的机构。如果监狱仅是审前或者执行刑罚前的羁押机构，那么是传统监狱；如果监狱是刑罚执行机构，则是现代监狱。”（第 58 页）笔者认为，传统监狱和现代监狱的区别有很多，根本区别也不只是这一种标准，从不同角度，以不同的标准，运用不同的理论等，都可以找出诸多根本区别来。单一地以这一个标准加以区分，其合理性和正当性不免让人怀疑。三是在书中有些支撑材料的大段应用，多次出现，不免给人以前后重复之感。[①] 此外，还有诸如同一年份的同一法典其名字表述不同；英文拼写完全相同的两个人，翻译的中文名却不同，应是技术细节处理所误。[②] 虽然对于三四十万字的大作而言，这是微不足道的，但是容易给读者造成误解。对于前两个问题，笔者是请教。而对于第三个问题，虽然是瑕不掩瑜，但是笔者认为只要做一些技术处理，就会更加完美。

---

① 如在《矫正的变迁》中重复内容所对应的页码是：第4~38、22~34、37~43、52~101、139~328、147~152、171、178~185页。

② 如英国2002年的《刑事司法法》—《刑事司法法典》第147~152、153、154、156页。再如第142页和第173页加州大学的犯罪学教授培特斯莱（裴特丝莱）。

罪犯矫正新形态：社区性刑罚

近来品读翟中东博士《社区性刑罚的崛起与社区矫正的新模式——国际的视角》一书，对国外社区性刑罚，尤其是社区矫正的发展、演变，以及社区矫正所具有的价值蕴涵，有了更为深刻的理解和领悟。笔者认为，社区性刑罚是现代刑罚理性、宽容、谦抑的体现，张扬着现代刑罚的内在品性。正如翟中东博士在该书的导论中所说："现代社会中的社区矫正，实际是重返社会政策贯彻的一个环节，社区矫正与社区性刑罚密切相关。理解社区矫正，需要从重返社会政策的高度展开；认识社区矫正，需要将视野扩大到社区性刑罚的广度来把握。"① 国外的社区性刑罚或者社区矫正的广泛推行，其缘起都在于重返社会刑事政策的发动。

一、社区性刑罚对传统刑罚体系的冲击

社区性刑罚是一类判处或裁定罪犯在社区中服刑的惩罚。（第 26 页）它有广义和狭义之分，狭义的包括社区刑和半监禁刑；广义的还包括开放的监禁刑，与监禁刑形成交叉、重叠。（第 30 页）由此可以看出，社区性刑罚不仅将刑罚执行活动推向了社会，而且还是连接社会与监狱的纽带，成为罪犯矫正一体化的有机组成部分。

以监禁刑为核心的传统刑罚体系，曾经主导了世界刑罚的格局，被认为是世界刑罚从野蛮向文明转化的基本标志，其合理性和正当性得到了人们的肯定。在这样的格局中，监禁刑居于中心地位，财产刑、资格刑和生命刑等成为监禁刑的附属和补充，监禁刑最受重视，地位最高，使用量最大，是刑罚执行的核心部分，在刑罚的目的上，追求惩罚罪犯和矫正罪犯。惩罚罪犯实现刑罚对犯罪的报应性打击，体现社会的公平正义；矫正罪犯实现保卫社会的目的，体现对罪犯的个别预防效应。

---

① 翟中东著：《社区性刑罚的崛起与社区矫正的新模式——国际的视角》，中国政法大学出版社 2013 年版，第 1 页。在本文中，凡是在文中标出的页码，均表明是本书内容的所在位置，不再一一在参考文献中标注，特此说明。

社区性刑罚作为现代刑罚的一种新的类型，最突出的特点是没有将惩罚罪犯的场所放在传统执行刑罚的监狱，而是放在了社区；不是传统刑罚对罪犯自由的完全剥夺，而是对罪犯自由的限制。这样就彻底打破了自由刑成为刑罚中心以来的固定格局，使监禁刑不再居于单一的中心地位，随之而起的是社区性刑罚主导了现代刑罚的格局。

第一，社区性刑罚冲击了传统刑罚体系的内在结构。传统刑罚体系的内在结构是“多类刑罚搭配，以监禁刑为核心”。（第 139 页）刑罚谱系中并没有社区性刑罚。而社区性刑罚的兴起，在极短的时间内，以其特有的内在品质受到了社会的极大关注和欢迎，得到了快速发展。仅在英国，社区刑就发展出社区矫正刑、社区惩罚刑、社区惩罚与矫正刑、宵禁刑、观护刑、监督刑、排除刑、毒品治疗与检测刑、戒毒刑、行动刑 10 种。（第 139~140 页）美国的社区性刑罚也发展出保护观察刑、强化的监督刑、毒品法院适用的刑罚、赔偿、罚金、社区服务刑、日报告、电子监控、社区住宿、军训营等。（第 140 页）社区性刑罚极强的扩张性，对监禁刑的核心地位形成了挤压，逐步形成了“多类刑罚搭配，重视监禁刑，关注社区性刑罚”的刑罚结构。（第 144 页）

第二，社区性刑罚改变了传统刑罚体系的功能。传统的刑罚体系具有惩罚罪犯、维护正义的功能，改造和矫正罪犯的功能，剥夺罪犯犯罪能力的功能，威慑犯罪的功能以及安抚被害人的功能。社区性刑罚除具有传统刑罚体系的功能之外，“最独特，也是最重要的功能就是帮助罪犯重返社会，即以刑罚的方式将强迫方法与引导方法融合起来，使罪犯接受社会主流生活方式，学习立身、立命的劳动技能，从违反社会规范到接受社会规范，融入社会。特别是开放监禁刑的出现与发展，使被判监禁刑的罪犯获得适应社会的空间与时间的机会大大增加，使被判监禁刑的罪犯有了从监狱到社会的过渡时空，从而有助于罪犯重返社会、重新融入社会，成为社会遵纪守法的成员。概而言之，社区性刑罚的出现使刑罚的帮助罪犯重返社会功能从无到有，或者说从‘隐’到‘显’”。（第 141 页）

第三，社区性刑罚影响了传统刑事裁决的方式。传统刑罚体系的裁决方式，法官“以监禁刑为主，以其他刑罚为辅”，（第 141 页）而社区性刑罚的适用逐步取代了监禁刑，成为适用量最大、居于首位的刑罚。“以英国为例，法院 2009 年对 166837 人使用了各种社区性刑罚，与 1999 年相比，社区性刑罚的适用上升了 32%。1999 年因法院判决在社区中矫正的罪犯是 126299 人。如果加上其他机构，如假释委员会，决定社区矫正的罪犯，英国 1999 年社区中矫正的犯罪分子是 175689 人，而到 2009 年社区中矫正的犯罪分子是 205812 人”。（第 155~156 页）在美国，适用社区性刑罚的罪犯远远超过在监狱中被监禁的罪犯，社区性刑罚居于绝对的主体地位。“2000 年时社区矫正机构所监督与矫正的罪犯是

4565100 名，而监狱所关押的罪犯是 1937500 名；2010 年时，社区矫正机构所监督与矫正的罪犯是 4887900 名，而监狱所关押的罪犯是 2266800 名”。（第 156 页）

第四，社区性刑罚扩张了传统刑罚体系的行刑目的。传统刑罚体系的行刑目的是惩罚罪犯和改造罪犯，而社区性刑罚则将“帮助罪犯重返社会”作为刑罚的新的“目的性成员”，（第 142 页）这是重返社会政策所追求的价值。社区性刑罚行刑目的的扩张，应该说是受到了社会公众、服刑罪犯、矫正机构和学术界研究人员的一致肯定，提出了促使罪犯重返社会的意见和建议。例如，美国加州大学犯罪学教授裴特丝莱就如何控制罪犯重新犯罪问题曾经提出过自己的建议：“充分重视罪犯重返社会目标，将这一目标置于监狱管理的不同层面；通过狱内模拟社会的生活方式使罪犯学会承担自己的社会责任，如学习管理自己的开销，学习理财；学习使用药品；学习工作模式下的生活等；在罪犯释放前全面帮助罪犯进行释放后的生活规划；在危险评估基础上推行酌定假释制度。”（第142~143 页）美国矫正协会也倡导推行帮助罪犯重返社会，认为重返社会项目对社会是极其有益的。“因为这个项目帮助罪犯为社会生活做好准备，降低行为人将来的犯罪性行为，拆除可能阻碍罪犯回到社会的障碍，向罪犯提供可能的社会帮助”。（第143 页）在这样的思想理念基础上，提出了具体主张：“从罪犯进入监狱后就准备过渡计划；过渡计划要根据罪犯的需要确定；在罪犯释放后要在住宿上帮助罪犯；罪犯释放后要有足够的工作人员监督他们；使释放后的矫正项目与释放前的矫正项目实现无缝连接；在监狱内向罪犯提供就业前训练、岗位认证；技能更新；工作岗位信息提供；对罪犯与家庭的团聚提供释放前咨询”。（第174 页）法国政府于 1999 年专门成立了促进罪犯重返社会与监督局，这个机构成立的目的就是向罪犯提供连续的、能够有效地促进罪犯重返社会的措施。确立的工作目标是：“在监狱内的目标是防止罪犯因被监禁而隔断与家庭的联系，保持罪犯与社会的稳定关系，为罪犯离开监狱做准备。在社会上的目标是帮助罪犯重新融入社会：帮助他们了解自己的社会权利，并帮助他们实现自己的权利；防止罪犯赤贫化；向罪犯提供文化教育、技术培训，并提供劳动机会；向罪犯提供医疗服务与体育活动，防止他们使用毒品；在监督的前提下帮助罪犯与社会福利机构建立联系。”（第174 页）

第五，社区性刑罚促使社区矫正的发展进入鼎盛时期。社区性刑罚对刑罚体系的冲击，使社区矫正走出了长期以来发展迟缓、不被社会所认可的阴影，从此一举走向刑罚执行的中心舞台，成为刑罚执行领域的“明星”。不仅被社会广泛推崇和认可，而且社区矫正的性质也由此得到法律的确认，许多国家都以法律的形式确定“社区矫正（保护观察）是执行刑罚的一种活动，是执行社区刑、半

监禁刑或者开放的监禁刑的一种活动”。(第155页)

二、社区性刑罚的特质

翟中东博士认为，社区性刑罚先后经历了四个发展阶段，每一阶段都有其独具特色的理论基础、价值取向和文化特质。

社区性刑罚的第一阶段是“改造—矫治”阶段。这一阶段的理论基础是救赎与人道主义、心理咨询与个案社会工作理论。救赎与人道主义是社区性刑罚兴起的最初动因。“社区性刑罚的产生、发展与基督教文化分不开。没有基督教文化的推动，就没有保护观察的产生，也就没有社区性刑罚的出现。基督教文化是促进社区性刑罚产生的原动力。”(第49页)因此，在社区性刑罚的文化特质里，随处可以见到基督教文化的烙印。美国学者哥兰德指出：“基督教文化是西方国家刑事司法改革运动的催化剂与推动力，催生了监狱的文明化与罪犯释放后的帮助，也推动了社区性刑罚的出现。”(第49页)而心理咨询与个案社会工作理论，尤其是弗洛伊德精神分析理论被引入社区性刑罚领域，奠定了支撑社区性刑罚存在与发展的主导性力量。“使用心理分析方法分析犯罪原因渐进成为犯罪问题分析的主流方法。根据弗洛伊德的心理分析理论，犯罪分子犯罪的原因在于精神缺陷、情感功能上的问题。罪犯就是存在心理疾病的患者。对于存在心理问题而犯罪的人，需要进行心理的矫治，于是防治犯罪分子重新犯罪的方法渐由改造转向矫治。”(第51页)这一阶段的价值追求是“重视、关心社区中罪犯的刑罚福利时代”，强调对罪犯的关怀和帮助。

社区性刑罚的第二阶段是强调监禁的“替代性”作用阶段。这一阶段的理论基础是经济合理理论。社区性刑罚既能威慑罪犯、实现刑罚正义，又具有低成本的特点，符合行刑经济原则，在国家财政吃紧的情况下，行刑经济的合理性就成为社区性刑罚迅速扩张的内在动力。由此，社区性刑罚的价值追求就自然进入了旨在降低监狱人口监禁的替代时代，强调对罪犯的关怀、帮助与监督并重。

社区性刑罚的第三阶段是重视社区性刑罚的“惩罚”阶段。这一阶段的理论基础是在对矫治无效反思的基础上出现了惩罚正义理论。20世纪中期以前，西方社会普遍认为“监禁刑是一种通过矫治手段可以对罪犯实现矫正的刑罚”。(第53页)但是，伴随着犯罪率和重新犯罪率的不断飙升，社会公众感受到了犯罪的威胁，在这种情况下，人们对矫治的有效性提出了质疑。这时，马丁逊报告成为最后压垮幻想通过矫治实现刑罚正义的“最后一根稻草”。为了研究和调查刑事司法和执法中的问题，美国总统专门成立了一个特别委员会，由马丁逊主持调查和研究。1974年，美国学者马丁逊发表了题为“是否有效？关于监狱改革的问题与答案”的研究报告，提出了矫治对减少重新犯罪没有明显效果，即

“矫治无效”的结论，成为震撼矫正界的著名的“马丁逊炸弹”。① 与此同时，扎布与珀泼瑞诺提出了导致罪犯重新犯罪率高的“深层冻僵假设”理论。这一理论假设是：“罪犯在监狱里服刑如同生物体在冬日被冻僵而身体暂时不能活动，一旦出狱，罪犯便如体温恢复正常的生物体继续实施犯罪。”（第 53 页）由此，罪犯在监狱服刑时，任何矫治活动都不可能会抑制罪犯重新犯罪。在这种背景下，更多的人坚信，只有把罪犯关进监狱，实施更为严厉的惩罚，才能真正保卫社会和实现社会的公平正义。在对惩罚公正价值地位、价值实现进行重新认识的基础上，人们认为应把社会危险性大的罪犯关进监狱，而那些社会危险性小的罪犯，显然应该留在社区。1988 年，英国内政部发表了《刑罚、监禁与社会》的绿皮书，提出了实现刑罚正义的新举措：“监狱适用于有危险的罪犯，是维护社会安全的重要设施，但是监禁不是最有效的惩罚措施，监狱不是市民的学校。而在社区中惩罚犯罪分子容易使罪犯产生责任感。通过执行社区性刑罚使罪犯在社区中服刑，承担责任，有利于维护服刑人员与家庭成员的关系，有利于服刑人员得到工作的机会，有利于罪犯接受教育和培训。”“对大多数罪犯，监禁不是最有效的办法”，“监禁应当留给犯有严重罪行的罪犯”。（第 54 页）惩罚实现刑罚正义的主张成为主流舆论。刑罚惩罚论强调，“不但刑罚立法、刑罚适用与刑罚执行各环节应当体现刑罚的惩罚性，而且，不同类别的刑罚适用与执行也应当体现惩罚性，包括社区性刑罚”。（第43 页）这样重视社区性刑罚对犯罪的惩罚性，成为社区性刑罚的本质属性，以英国和美国为代表，通过立法的形式，将保护观察等以往悬而未决的性质问题，定性为刑罚，这就为社区性刑罚的发展清除了法律上的重大障碍，明确了社区性刑罚的“刑罚”地位，“惩罚犯罪人不仅是社区性刑罚适用的目的，而且是第一目的”。（第 46 页）

第四阶段是关注刑罚的“社区安全需要”阶段。这一阶段的理论基础是危险管理理论。新刑罚学主张者认为，“根据‘少数犯罪分子对多数犯罪负责’的现象，即占全部犯罪分子比例中很小部分的犯罪分子实施了全部犯罪中的大部分犯罪，特别是犯罪危害结果严重、犯罪手段恶劣的犯罪。这些犯罪分子是全社会中的高度危险犯罪分子（简称‘高危犯’）。犯罪控制应当指向这些高危犯。犯罪控制指向高危犯可以产生事半功倍的效果。刑罚的主要目的在于对源于罪犯的危险进行管理，即危险评估与危险控制，而不是惩罚威慑罪犯，或者矫正罪

① 马丁逊对 231 个矫正项目进行了研究评估，这些矫正项目主要是监狱矫正项目、社区矫正项目和不定期刑制度等，通过数年调查获得的事实和数据，报告得出的结论是除了少数项目有一定的积极影响外，矫治的努力没有产生可以感觉到的降低重新犯罪率的影响。马丁逊的报告在总体上对各种矫正项目所产生的效果给予了否定性评价。

犯。”（第 47~48 页）新刑罚理论关注的重点不是惩罚，也不是矫正，而是危险人群的评估与控制，即对犯罪分子的危险管理。这一理论通过实证研究认为，如果能够“标定”出犯罪危险性大的罪犯，国家只需对这些罪犯进行强化监督管理，监管安全就能得到保证，就能保卫社会。这一阶段在价值追求上，将公共安全放在了第一位，强调危险管理和控制危险的项目矫正。“从刑罚的目的层面看，社区性刑罚的制定、社区性刑罚的适用与社区性刑罚的执行，要优先考虑公众安全。”（第 48 页）即社区性刑罚以社区安全为主，兼顾罪犯矫正、惩罚正义与刑罚替代。由此，社区性刑罚进入了一个全新的发展阶段。

三、社区性刑罚的核心：社区矫正

社区性刑罚虽然涵盖了社区刑、半监禁刑和开放的监禁刑，但是其中的主导性形态是社区刑中的社区矫正，因此笔者认为社区矫正是社区性刑罚的核心。而社区矫正的发展历程大致也经历了重视改造、关注矫治、强调重返社会、重视惩罚和关注社区安全需要五个阶段，其中前三个阶段的发展是非常缓慢的，并没有引起社会公众的高度关注，只有到了第四阶段，才真正引起了社会的重视，社区矫正自身的价值才真正被社会所认可。翟中东博士认为，在社区矫正的发展历程中，保护观察一直是和社区矫正相伴随的概念，二者既有紧密的联系，又具有不同的内涵，在一些国家又是可以通用的。在此，笔者将其视为同一概念加以研究。

（一）社区矫正的前期形态：保护观察

对于保护观察的认知，应将其置于不同的层面上加以考察，这是因为不同的国家对保护观察有不同的定位。

第一，关于保护观察的性质。自保护观察产生之初，对其扮演的角色定位就充满了争议，尤其是如何定性问题。翟中东博士将其归纳为以下几种观点：一是认为“保护观察就是一个明确的机构，是在刑事司法中具有独立建制的管理机构”。二是认为“保护观察是执行司法裁决的组织”。三是认为“保护观察是建立在法律规定基础上的强制措施”。四是认为“保护观察就是对在社区中的犯罪分子进行监督的措施”。五是认为“保护观察不仅要对社区中的服刑人员进行监督，而且要帮助服刑人员适应社会”。六是联合国认为，“保护观察是一种处理被挑选出的罪犯的方法……包括罪犯在监督下的有条件的缓刑与提供个别化的指导或者矫正”。七是荷兰学者卡特雷泽等认为，“保护观察是一种建立在社会教育基础上的刑罚方法，其特点是将监督与帮助结合起来。它是在考虑罪犯犯罪性人格与社会接受能力的前提下将罪犯释放到社会让罪犯接受刑罚的制度。刑罚适用目的在于重塑罪犯的生活方式，帮助其找到自己生活的位置，不再重新犯罪”。[①] 显然，上述观点是各有侧重的，直到保护观察进入重视“惩罚”阶段，其性质才逐步被法律所规定。美国矫正协会给保护观察所下的定义是：实施保护观察，是将罪犯置于社区由法院确定监督条件并由保护观察机构监督的刑罚。（第 77 页）依照美国 1984 年《联邦量刑改革法》的规定，保护观察被明确规定为是一种刑罚，是非监禁刑中的基本刑罚。而在英国，最早的保护观察只是一种刑事司法帮助形式，“即治安法院对一些轻微犯罪的人不再判刑而交由与教堂有密切关系的人员进行帮助。”（第 60 页）保护观察的内容是“通过教诲犯罪分子、向犯罪分子传道、帮助犯罪分子，使其悔罪”。（第 60 页）可见，当时保护观察只是基督教信徒们帮助罪犯的一种制度形态，法律属性并不明显。到 1991 年，英国的《刑事司法法》才明确将其规定为一个独立的刑种，即保护观察刑，是社区刑的一种；2000 年《刑事司法与法院法》又将保护观察刑改称为“社区矫正刑”，因此社区矫正刑是由保护观察刑发展而来。

第二，保护观察有独特的工作机制和内容。保护观察初期的工作机制是由基督教的信徒来主导的，工作的核心是促进罪犯的改造，主要是运用基督教的悔罪、救赎、赎罪等主张，使罪犯弃恶从善。正如英国法社会学家哥兰德所解释的那样：“改造主要指道德上的忏悔，即通过道德上的劝导，或者宗教精神的导入，改变自己，而不是指行为上的改正。”（第 146 页）同时应用了多种具体措施促使罪犯的改变，最为典型的就是应用了矫正契约保证书的形式。据翟中东博士介绍，“纳尔森与巴撒尔两位使者凭坚定的宗教信仰在 19 世纪 70 年代头 5 年与 16296 名罪犯谈话，与刑满释放人员签了 584 份不再犯罪的保证。使者的工作方式通常是：与犯罪人建立关系；对犯罪人施以宗教影响；劝告犯罪人；监督犯罪人；对犯罪人予以情感帮助”。（第 146 页）此后，逐步发展到帮助罪犯找住宿场所、找工作、给罪犯提供生活帮助、提供心理咨询和心理治疗、帮助罪犯提高劳动技能等。

第三，关于保护观察的功能定位。保护观察的功能由最初的劝告、帮助和交友逐步发展到执行刑罚的层面，功能属性也得以扩张。美国学者认为，保护观察成为刑罚之后，其功能也呈现多元化，主要包括：“第一，惩罚功能。虽然罪犯服刑在社区，但是罪犯要接受行动限制，接受刑罚惩罚。第二，威慑功能。保护观察刑可以起到威慑欲犯罪者的作用。第三，帮助罪犯重新融入社会。保护观察刑是社区刑，罪犯可以在社会上生活，能够继续工作、照顾家庭，维持或者提高自己适应社会的能力。第四，控制犯罪。保护观察官员通过对罪犯的监督与矫

---

① 翟中东著：《矫正的变迁》，中国人民公安大学出版社 2013 年版，第 149~150 页。

正，促进对犯罪的控制。”（第78页）但是随着社区性刑罚地位的确立，如何实现保护观察在惩罚罪犯上的公正价值，成为争议的焦点，主要的观点有：一是主张“通过对被保护观察人员行为的限制实现惩罚，如宵禁、尿检。实现限制的技术是使用电子监控”。二是主张“限制被保护观察人员，要求被保护观察人员对被害人或者社会的赔偿，即体现了对犯罪分子的惩罚。广义地说，被保护观察人员接受咨询，接受矫治，履行各种义务，也体现了刑罚的惩罚性”。三是主张“通过限制、强制表现出来，如强制尿检，参加矫正项目、宵禁、电子监控，已经违反的处理”。“通过服刑人员承担保护观察的费用，降低国家投入，也可以实现保护观察的惩罚性”。四是主张通过“宵禁；周末不准外出；每周毒品检查；每月报告；限制旅行；限制交往；限制居住；经济惩罚；赔偿；无偿劳动；对服刑人员家庭突访；家庭成员涉足矫正系统；参加矫正项目”。（第151页）归纳起来看，保护观察对罪犯惩罚性的表现形式具有多样化，既包括对罪犯的限制性措施，也包括强制性措施；既有质的内在要求，也有量的标准控制。保护观察作为刑罚或刑种的扩张，将社区矫正推向了前台，成为具有综合功能的现代刑罚的“新宠”。

（二）社区矫正性质的确立和功能的扩张

首先，社区矫正的性质问题。在社区矫正发展前期，由于对罪犯实施社区矫正的根据性质不明确，导致关于社区矫正的基本性质问题出现了不同的观点：“有的认为社区矫正是强制性的措施；有的认为是对社区中的服刑人员监督的措施；也有的认为是对服刑人员的矫正措施；还有的认为是刑罚执行的措施”。（第154~155页）但是，社区性刑罚的崛起，新的刑罚体系以立法的形式确立了社区刑和半监禁刑的刑罚性质，社区矫正的性质问题也就自然解决：“社区矫正是执行刑罚的一种活动，是执行社区刑、半监禁刑或者开放的监禁刑的一种活动。”（第155页）

其次，社区矫正功能的扩张。随着世界各国社区矫正机构的不断完善，社区矫正的功能也迅速扩张，不仅是矫正工作的组成部分，而且成为连接监狱矫正和社区矫正的桥梁，从目前的发展情况看，大有向监狱内监禁矫正渗透的趋势。例如，对于假释罪犯的社区调查，就使社区矫正工作提前介入到了监狱内。不仅如此，恢复性司法的广泛使用，社区矫正机构成为助推恢复性司法的主导力量，使监狱矫正和社区矫正的联系更加密切。翟中东博士认为，社区矫正的功能主要有：“社区矫正具有经济功能，社区矫正有利于降低国家在刑罚执行上的投入。社区矫正具有矫治罪犯的功能，有利于罪犯悔过自新。社区矫正具有帮助罪犯重返社区的功能，有利于罪犯重新融入社会。”“社区矫正还有惩罚罪犯的功能，有利于促进社区正义；具有维护社会安全的功能，通过危险控制，保卫社会；具有刑事和解的功能，促进社会关系的恢复。”（第 159 页）由此可以看出，社区矫正的功能已经跳出传统的限制，涉及社会生活的诸多方面。

最后，社区矫正工作目的的拓展。社区矫正功能的扩张必然带来其工作目的的拓展。“有的研究者认为，社区矫正的目的应当有：保卫社会；矫正罪犯；促进罪犯融入社会；促进社会和解。有的观点认为，社区矫正的目的应当有：促进罪犯融入社会；保卫社会；惩罚罪犯；降低刑罚执行投入。还有的认为，社区矫正的目的应当是：惩罚犯罪分子；降低刑罚执行投入；促进罪犯融入社会。”（第 159 页）从世界各国看，大部分都对社区矫正的工作目标或目的做出了明确的规定。如英国，2001 年英国成立全国性的社区矫正机构——国家保护观察局，明确提出的工作目标是：“保护公众；降低重新犯罪率；在社区中对罪犯进行适当的惩罚；确保罪犯了解对被害人、社会所造成的后果；矫正罪犯。”（第 157 ~ 158 页）

总之，社区矫正的蓬勃发展改变了传统的以监禁刑为核心的刑罚执行体系，促使社区性刑罚由立法层面走向深层次的执行实践，促进了刑罚的多样化，促进了刑罚的轻缓化和非监禁化，同时降低了国家对刑罚执行的投入，使有限的刑罚资源得到了最大限度的优化组合和合理配置。

（三）社区矫正工作模式由“单一形态”走向“综合协调”

社区矫正工作模式最初是以“单一形态”呈现在社会公众的面前。翟中东博士认为，社区矫正从最初的发端到目前居于现代刑罚的主导地位，先后经历了传统模式、个案模式、经纪人模式、监督公正模式和综合模式，每一形态都具有自身的品性。

传统模式产生于社区矫正的改造阶段，主要以监督和帮助罪犯为特征。监督主要体现在：“不能犯罪；寻求就业机会；递交毒品检验报告；没有社区矫正官员的许可不能迁居；没有社区矫正官员的许可不能变换工作；根据社区矫正官员的指示报告个人情况；没有许可不能离开所在地域；社区矫正官员随时可以探访；不能与有前科的人交往。”（第 164 页）而帮助主要表现为拯救灵魂的宗教教诲、心理帮助、解决生活困难、寻找工作等。

个案模式是以心理学理论为基础，以心理咨询为核心，与罪犯建立良好的心理矫治关系，在自觉自愿的基础上尊重罪犯的权利与自由，帮助罪犯实现态度与行为的改变。

经纪人模式的基本理念是：“罪犯是否融入社会相当程度上决定于社区机构，监狱只能作为最后的手段；刑事司法机构可以通过改善对罪犯的服务并与相关机构的协调促进公共的安全。”（第 167 ~ 168 页）因此，社区矫正的重要职能就是帮助罪犯找工作、找房子，创造或提供使其接受教育、就业训练的机会。这样，社区矫正工作人员成为社会资源的经营者、管理者，在社会资源、社会服务与罪犯之间牵线搭桥，帮助罪犯得到应有的社会服务。

监督公正模式是以强化对罪犯的惩罚性，以体现公平正义为价值取向的模式，其实现的路径主要有："第一，根据法官的判决限制服刑人员的自由；第二，根据法官的判决及有关法律规定，要求服刑人员对受害人或者社会进行赔偿；第三，接受咨询，参加酒精矫治、毒品矫治等项目。"（第 169 页）

综合模式是当代社区矫正所推崇的模式，它具有价值取向多元性、创新性、继承性和包容性的特点。它的基本框架体系是："危险管理+项目矫正+恢复性司法"。（第 170 页）由此可以看出，综合模式是以新刑罚理论、循证矫正理论、重返社会理论、惩罚正义理论和恢复性司法理论作为理论支撑，其主导价值是维护公共安全、降低重新犯罪率与促进社会公平正义与和谐。前面已经介绍了新刑罚理论的主张，在这里特别需要关注的是项目矫正和恢复性司法的问题。

项目矫正是循证矫正理论主导下的产物。所谓循证矫正，是遵循证据的矫正，或者叫基于证据的矫正，就是对罪犯推行有好的矫正效果证据支持的矫正项目的一种矫正范式。要求矫正工作不仅要关注实施矫正活动的行动，而且要关注矫正活动的效果，循证矫正的基础是循证，核心则是矫正项目。翟中东博士认为，循证矫正的基本实践框架就是："在循证基础上构建'矫正项目'；对所构建的矫正项目进行认证；将经过认证，即具有好的矫正效果的矫正项目付诸实践。"（第 179 页）在这里，人们不禁要问：循证矫正抑或项目矫正的合理性和正当性的依据是什么？翟中东博士认为，是人们在对 19 世纪 70 年代马丁逊报告"矫治无效论"反思的基础上，关于是放弃矫正或是选择矫正的两难选择之后，对矫正机制从形式、内容到矫正技术的重构。

关于如何认识矫正的问题，人们进行了理性的思考。美国学者库伦和吉伯特警告人们："拒绝矫正具有放弃一种非常具有价值的思想的危险。拒绝矫正而视定期刑万能恐怕不是找到了仙草，而是打开了潘多拉的盒子。第一，不考虑罪犯的具体情况与需要而一味地实施强制是存在问题的哲学；第二，以犯罪率上升判定哪个矫正失败，按此逻辑，接下来考虑的问题是：如果实施公正模式后犯罪率仍上升，公正模式是否也失败了？国家是加重刑罚，还是不加重刑罚?"（第 178 页）同时，马丁逊是一名对社会负责任的学者，他始终没有停止对矫治是否有效问题的研究。在发表"矫治无用论"五年后，马丁逊又发表了对矫正项目的最新调查结论，承认"与我过去的结论相反，一些矫正治疗的项目在再犯率上可以收到看得到的效果，一些项目确实是受益的，但是也有一些项目是有害的。从我们当前研究的新的证据使我不赞成我最初的结论。"学者诺瓦尔·莫里斯也认为，无论"矫治"意味着什么和无论矫治的方案赋予它的意味是什么，矫治都必须停止作为监狱行刑的一个目的。但这并不意味着需要放弃监狱内已经存在的各种治疗方案，完全相反，它们还需要扩展。[①] 英国学者麦奎尔使用社会学统计分析方法——元分析法，对1985年到1996年间涉及50000名罪犯的研究报告进行分析，研究矫正是否有效的问题，得出的结论是："研究表明，对服刑人员的矫正具有积极作用，参加矫正项目的服刑人员与没有参加的服刑人员相比较，矫正可以使重新犯罪率下降10%~36%。"（第178页）另外，世界各国的其他学者的研究成果也都支持了矫正有效的观点。"美国学者利普与威尔逊在对多达200个针对严重的暴力性青少年犯矫正项目比对研究后认为：最好的矫正项目可以降低重新犯罪率40%。其他使用元分析方法的学者如瑞栋杜等对涉及5715名罪犯的32项研究成果进行分析，他们对释放两年后的刑释人员调查发现，参加过矫正项目的刑释人员与没有参加过矫正项目的刑释人员相比较，重新犯罪率下降15%"。（第178页）所有的研究结果都得出了同一结论：矫正是有效果的。在这样的背景下，矫正东山再起，人们逐步达成了共识："传统的矫正范式只关注对罪犯实施的矫正行动，而不关注矫正的效果。"（第179页）因此，需要对传统的矫正范式进行改造，创造新的矫正范式，这就是在循证矫正理论指导下的项目矫正。

恢复性司法是一种具有前瞻性的司法理念。英国犯罪学家马萨勒将其定义为"恢复性司法是一种针对特定犯罪而将各方召集起来就如何共同解决犯罪所造成的结果及面对未来问题的一种程序。"[②] 因此，恢复性司法是社区矫正的内在精神追求和价值目标，是支配恢复性司法运作的一套基本价值观念和理论体系，是恢复性司法思想、观念、理论、文化以及实践的灵魂，对恢复性司法发挥着基础和根本的精神指导作用。恢复性司法对于社会正义有自己的目标——恢复，它通过支持受害者参与服刑罪犯改造过程对其"充权"，了解他们物质和精神所受到的损害，弥补他们的损失，使他们恢复尊严和自信；要求和鼓励服刑罪犯积极悔过、真诚道歉，主动承担责任并作出赔偿以获得宽恕与自尊，帮助其提高能力以重新融入社区、回归社会；吸纳其他利害关系人的参与，增强他们对犯罪的警觉、对社区的责任心，恢复他们的安全感。在此过程中，处理犯罪的各项措施明确地针对犯罪行为，针对犯罪行为伤害的结果。均衡、公正的处理不仅彰显正义，而且得到实实在在的恢复了的社会正义。同时，正义对于各参与方而言，呈现为具体和实体的状态，而不仅是程序性和理论意义上的。

---

① ［美］理查德·霍金斯、杰菲里·P. 阿尔珀特著：《美国监狱制度——刑罚与正义》，孙晓雳、林遐译，中国人民公安大学出版社1991年版，第260页。

② 王平主编：《恢复性司法论坛》，群众出版社2005年，卷首语。

社区矫正综合模式形成了社区矫正工作的新形态。在社区矫正综合模式下，对罪犯监督的方式与对罪犯进行社会工作的方法全部被纳入危险管理、项目矫正和恢复性司法体系中，无论对罪犯的刑罚执行、危险控制、监督管理、矫正教育、危机干预、社会救助等，还是恢复性司法中被犯罪所破坏的社会秩序的恢复，都有了制度性的规范和工作的重心。例如，在保加利亚，将社区矫正的核心工作规定为："通过调查给法院提供判刑前的信息，包括犯罪嫌疑人的危险评估信息；完善社区监督的具体措施；向社区中的服刑人员提供具体的、经济的、社会的、心理的帮助；尽可能地帮助检察机关适用'分流'措施——能够不起诉的，不再起诉；促进服刑人员责任感的培养；促进服刑人员自律心的培养；促进服刑人员改变生活方式；促进服刑人员融入社会；帮助服刑人员做释放前的准备；对社区中的服刑人员予以帮助；通过帮助服刑人员的家庭进而促进服刑人员重返社会；促进服刑人员悔罪；促进服刑人员与被害人和解；监督被保释者。"（第310页）"从资源分配上看，社区矫正新模式下的社区矫正资源根据危险评估与矫正需要评估的结果进行分配，对于危险高的服刑人员，监管资源投入大；对于危险低的服刑人员，监管资源投入少。……概而言之，社区矫正新模式下的社区矫正工作从工作结构、工作技能，到对社区矫正工作能力的要求，都进入了新的层次。"（第188~189页）

综上所述，社区矫正综合模式不仅提高了罪犯矫正的效果，而且维护了社区的安全，满足了社会公众对安全的需要，更重要的是项目矫正为罪犯矫正创造了制度性条件，代表了社区矫正发展的新趋势。

四、我国对社区性刑罚的关注点

（一）我国社会转型需要创新社会管理方式

从1978年我国实行改革开放，到如今历经30多年的发展，我国社会发生了翻天覆地的变化，归纳起来，主要体现在：一是我国社会体制实现了转型，即从传统的计划经济体制向市场经济体制转变。这种经济体制和经济发展模式的改变，使社会资源的分配方式发生了变化，使整个社会经济形态和经济结构呈现出自主性、竞争性、法治性和开放性的特点。二是我国社会结构发生了重大变动。社会结构是社会转型的主体，它的变革代表着我国社会结构形态向整体的和全面的结构状态过渡，而不仅仅是某些单项发展指标的实现。具体内容包括结构转换、机制转轨、利益调整和观念转变。在社会结构转型时期，人们的行为模式、生活方式、价值体系、文化认知都会发生明显的变化。例如，我国政府对社会的管理已由全能政治向依法执政与依法行政转型；社会公众的意识形态、道德观念、伦理思想、价值体系和文化认知等，由一元社会向多元社会转型；社会公众的法治理念，由传统的义务本位理念向权利本位理念转型。三是我国社会形态发生了重大变迁。中国社会已从传统社会向现代社会变迁，已从以农业为主导的社会向以工业为主体的社会变迁，从封闭性的自给自足社会向开放性的物流社会变迁和发展。

我国社会的转型已日益成熟，而与之相配套的社会犯罪控制机制却远远不能适应现代社会的需要。党的十八届三中全会提出了要进一步深化改革，特别是社会治安综合治理体系的改革，要由社会管理走向社会治理，在社会治理模式上要求创新。社区性刑罚适应我国现代社会形态的需要应运而生；社区矫正是社会治安综合治理体制的现代形态，必然对我国的司法体制改革产生重大影响。因此，对国外社区性刑罚的广泛借鉴和本土化，对社区矫正的进一步推进和深化，是当今社会的必然选择。

（二）可资借鉴的刑事政策

1. 刑罚公正刑事政策

刑罚公正刑事政策主要有：一是“报应”政策。要求“立法者与司法者在罪刑关系上寻求对等关系，对犯罪人以对等的刑罚，惩罚其相应的罪行，以期实现对犯罪人犯罪的报应”。[①] 这一政策是强调行刑追求社会的公平正义，强化严厉打击犯罪。二是强制最低刑量刑政策。“通过在法律上规定确定的、具体的刑罚以威慑罪犯，对特别的犯罪法律规定最低刑罚”。[②] 这一政策既是对不定期刑所导致的刑罚权滥用的回应，也是在量刑政策上强化报应功能的体现。三是量刑准则政策。要求“立法者通过确定不同犯罪等级和不同的犯罪记录，以确定不同犯罪与犯罪人的受刑幅度，司法者根据量刑幅度确定刑罚”。[③] 这一政策使犯罪的分级更加细化，对累犯的打击力度更大，刑罚处罚更重，同时也是对法官量刑幅度的规范，有效防止了司法权的滥用。四是真正服刑政策。这一政策的基本特点是要求罪犯在监狱内承担刑事责任，在监狱内实质性地服完足够长的刑期才能出狱，刑期的长短依照法定的比例来计算。这一政策是社会公众追求公正、对罪犯强硬的社会要求的产物。它以社会正义理论和罪刑相适应主义为哲学基础，强调刑期的长度应当与犯罪的严重性相适应，罪犯被判处的刑罚应当是法定被判处的刑罚。很明显，这一政策的刑罚严厉度和罪犯出狱难度加大，目的是要通过威慑降低累犯。刑罚公正刑事政策是严厉打击犯罪，维护社会安全的体现，也是社会公众对社会秩序的要求，彰显的是对严厉犯罪的强烈应对。

---

① 翟中东著：《矫正的变迁》，中国人民公安大学出版社 2013 年版，第 110 页。
② 翟中东著：《矫正的变迁》，中国人民公安大学出版社 2013 年版，第 110 页。
③ 翟中东著：《矫正的变迁》，中国人民公安大学出版社 2013 年版，第 110 页。

2. 重返社会政策

重返社会政策就是主张通过帮助罪犯适应社会生活，融入社会，使罪犯不再犯罪的政策。（第 2 页）重点是解决犯罪控制的问题。具有代表性意义的是 1965 年美国总统约翰逊在国会上提出建立小组专门研究解决犯罪控制问题，这一小组提出了帮助罪犯重返社会的意见，包括以下内容：“第一，被纳入社区矫治的对象，不仅应当包括青少年犯、犯轻罪的服刑人员，而且包括犯重罪的服刑人员。第二，假释的服刑人员都应当接受监督。第三，国家应当向所有的服刑人员提供文化教育与职业培训。第四，应当建立立足于矫正的监狱企业。第五，应当扩大渐进性释放与请假离监的范围，并保持与社区矫正机构的联系。第六，检察机关应当有选择地提起公诉，对于适宜放到社会上的服刑人员，应当进行司法分流。”（第 3 页）这一意见基本囊括了美国重返社会政策的内容。一般说来，世界各国主要通过以下三个领域帮助罪犯重返社会：“一是从刑罚适用中帮助罪犯重返社会；二是在监禁刑执行过程中帮助服刑人员重返社会；三是在社区矫正过程中帮助罪犯重返社会。”（第 11 页）重返社会政策是现代刑罚“温柔性”的体现，彰显的是对适用轻刑犯罪分子宽容性的一面。

（三）需要进一步关注的社区性刑罚项目

社区性刑罚让罪犯在社区中服刑，是现代刑罚高尚品质的体现。世界各国对社区性刑罚的形态设置、执行规范、制度建设、机制构建等进行了诸多探索，已经形成了较为成熟的社区性刑罚体系，这些刑罚类型大致包括：社区矫正刑、社区惩罚刑、社区惩罚与矫正刑、宵禁刑、关护刑、监督刑、毒品治疗与检测刑、戒毒刑、赔偿刑、结合刑、行动刑、监禁与训练刑、排除刑、间歇性监禁刑、住宿性毒品矫治刑、军训营刑、强化的监督刑、电子监控刑、家庭监禁、社区服务刑、日报告、中途之家、学习释放、劳动释放、推迟判决、矫正劳动刑、社区控制刑、转移刑等。有些刑罚名称我们已有所应用或者了解，而有些刑罚名称我们尚未涉足，缺乏最基本的了解，为此特将这些内容从翟中东博士的书中摘选出来，除加深了解之外，更为重要的是以备我国在刑罚改革中借鉴。

1. 行动刑

英国 1998 年《犯罪与违反秩序法》规定了行动刑。它是结合惩罚、矫正与恢复的、短暂的、强力的社会干预项目，目的在于改变罪犯行为与预防进一步的犯罪。（第 32 页）行动刑的刑期是 3 个月；适用对象是年龄在 10~17 岁的犯罪人。其内容包括参加在特定时间内要求进行的活动；在特定的时间与地方与特定的人见面；远离不能接近的场所；遵守关于教育的特别安排；对特别的人或者社区进行赔偿。在适用中可以包含机动的项目，如愤怒管理课程；酒精或者毒品治疗项目；帮助其解决家庭或者学校问题以及帮助寻找住房、训练与就业机会等。

行动刑可以与罚金、赔偿、恢复状态、剥夺令结合使用。（第 69 页）

2. 监禁与训练刑

监禁与训练刑是 1998 年英国创设的一种社区性刑罚，主要适用于未成年犯。服这种刑罚的罪犯分为两个阶段：第一阶段是在监禁设施内服刑；第二阶段是到社区服刑。（第 32 页）

3. 宵禁刑

宵禁刑是英国 2000 年《刑事法院量刑权力法》规定的一种对特定人在特定时间、特定地点的活动内容予以限制的刑罚。根据该法第 3 条规定，治安法院、皇家法院都有权对犯有谋杀及法律规定的有关罪行以外罪行的犯罪人适用宵禁刑。（第 32 页）刑期不超过 6 个月，16 周岁以下者不超过 3 个月。（第 68 页）

4. 关护刑

关护刑是一种适用于 10~20 岁罪犯的刑罚，其内容是要求罪犯在“关护中心”参加一定时间的活动。关护中心是对罪犯予以一定指导的地方。罪犯到关护中心活动的最短时间是 12 小时，最多是 24 小时。如果罪犯是 16 岁以上的，则可以是 36 小时。（第 68 页）

5. 监督刑

监督刑是皇家法院或者青少年法院适用的针对 10~17 岁犯罪人的刑罚。这种刑罚的内容可以是要求罪犯住在特殊的地方，也可以是到指定的地方，还可以是要求罪犯必须参加某种活动。除此之外，还可以要求罪犯赔偿或者是限制其活动。当要求罪犯在政府提供的场所住宿时，住宿最长时间不能超过 6 个月。这种刑罚的适用需要判前报告。（第 68~69 页）

6. 排除刑

排除刑的内容是要求罪犯不能参加法官规定活动的刑罚，如不能参加公园活动，在特定时间禁止进入特定场所等。（第 69 页）

7. 转移刑

2002 年英国出台的刑事司法法典规定有转移刑。适用对象是第一次被认定为犯罪且犯罪年龄在 10~17 岁的未成年人。其内容是：法院判决将未成年罪犯交给罪犯所在社区内一个未成年执行小组执行。未成年罪犯执行小组由地方未成年人犯罪服务组织根据法院判决成立。该小组的任务是召集未成年罪犯及其父母或罪犯援助者、被害人及其志愿者召开座谈会，共同分析犯罪原因，充分认识犯罪给被害人造成的精神和物质损害，从而增强该未成年罪犯的责任感，勇于承担责任，改变不良行为，并向被害人和所在社区作出物质和精神方面的补偿，以帮助他们重返社会。在座谈会上，双方会商定一项合同，然后签字并遵照执行。合同在地方未成年人犯罪服务组织的监督下执行，执行小组要定期开会检查执行情况。如果未成年罪犯完全履行合同，表明转移已顺利执行，也就意味着所判刑罚执行完毕。反之，如果未成年罪犯不同意和约或者不履行已签订的和约，执行小组便将罪犯交回法院重新判决。转移刑执行期不低于3个月，不高于12个月。在执行期间，未成年罪犯只要接受该小组的监督，不违背规定，不重新犯罪，就算刑期执行完毕，也不再监禁。（第72~73页）

8. 社区控制刑

社区控制刑是1983年美国佛罗里达州的《矫正改革法》中规定的一种刑罚。根据法律规定，除了劳动时间，罪犯被要求待在居所，除非有监督官员的特别允许。监督官员每个月要与罪犯进行28次联系，包括家访、工作访问、电话联系。为了体现刑罚的惩罚性，这种刑罚要求罪犯支付监督费用。它的适用对象是有职业的罪犯或者正在上学的罪犯。从理论上说，社区控制刑在对罪犯工作与家庭生活监控的条件下，不仅让罪犯纳税、支付监督费用，还可能让罪犯赔偿因犯罪所造成的有关损害，保持在家庭与社会中正常的角色，从而不仅可以确保公共安全，而且也能维护罪犯的劳动习惯，降低罪犯重新犯罪的可能。（第83~84页）

9. 矫正劳动刑

矫正劳动刑是俄罗斯联邦社区刑种中一个重要的刑罚。根据《俄罗斯联邦刑法典》第45条第1款规定，矫正劳动刑只能作为主刑适用。该法第50条规定，被判处矫正劳动刑的罪犯，如没有主要工作地点，则应在地方政府与社区矫正执行机关共同商定的地点服刑，但必须在罪犯居住地。根据法律规定，矫正劳动刑的期限为2个月以上2年以下。对于被判处矫正劳动刑的罪犯，恶意逃避刑罚的，法院可用限制自由刑、拘役刑或自由刑代替其余刑。（第90~91页）

附录1：

翟中东教授简介

翟中东，男，生于1964年9月24日，内蒙古人，2001年毕业于中国人民大学法学院，获博士学位；2001~2003年在中国人民大学社会学理论与方法研究中心做博士后研究工作；2004~2006年在爱尔兰科克大学法学院访问研究；2009年9月赴澳大利亚新南威尔士Brush Farm矫正学院访学，2011年获得澳大利亚矫正管理高级岗位资格证书（Advanced Diploma of Correctional Management）。现为中央司法警官学院刑法学教授，《中国监狱学刊》副主编。社会兼职有司法部预防犯罪研究所《犯罪与改造研究》杂志编委、南京大学犯罪预防与控制研究所特邀研究员、河北省人民检察院人民监督员、河北省保定市人民检察院人民监督员、河北省保定市人民检察院咨询顾问。

近年来，翟中东教授在《中国监狱学刊》、《刑法问题与争鸣》、《犯罪与改造研究》、《学术论坛》、《河北大学成人教育学院学报》、《法学论坛》、《陕西经贸学院学报》、《刑事法评论》、《国家检察官学院学报》、《安徽大学法律评论》、《云南法学》、《云南大学学报》（法学版）、《法学杂志》、《人民检察》、《中国法学》、《河南公安高等专科学校学报》等专业性刊物上发表学术论文90余篇。出版著作50余部，主编、副主编13部。代表著作有：《矫正的变迁》（中国人民公安大学出版社2013年版，专著）、《社区性刑罚的崛起与社区矫正的新模式——国际的视角》（中国政法大学出版社2013年版，专著）、《减刑、假释制度适用》（中国刑事法制建设丛书，中国人民公安大学出版社2012年版，专著）、《刑罚问题的社会学思考：方法及应用》（法律出版社2010年版，专著）、《国际视域下的重新犯罪防治政策》（北京大学出版社2010年版，专著）、《生产、销售伪劣商品罪立案追诉标准与司法认定实务》（中国人民公安大学出版社2010年版，专著）、《渎职罪立案追诉标准与司法认定实务》（中国人民公安大学出版社2010年版，主编）、《自由刑变革：行刑社会化框架下的思考》（群众出版社2005年版，专著）、《犯罪控制——动态平衡论的见解》（中国政法大学出版社2004年版，专著）、《刑法中的人格问题研究》（中国法制出版社2003年版，专著）、《刑罚个别化研究》（中国人民公安大学出版社2001年版，专著）。

主要获得的奖项有：《刑法中的人格问题研究》于2004年获得河北社会科学规划三等奖；《刑罚个别化研究》于2003年荣获司法部法学教材与法学优秀科研成果三等奖；2002年参加编写教材并作为主要作者的《监狱学基础理论》荣获司法部法学教材与法学优秀科研成果三等奖；1998年参加编写并作为主要研究人员的著作《狱政法律问题研究》荣获司法部“九五”期间优秀科研成果一等奖，该书于2001年再次获得河北省社会科学研究二等奖。此外，翟中东教授还获得院校类奖励4项、学会类奖励4项。

附录 2:

《矫正的变迁》目录

（中国人民公安大学出版社 2013 年版）

附录3：

《社区性刑罚的崛起与社区矫正的新模式——国际的视角》目录

（中国政法大学出版社 2013 年版）

“监狱人文五论”

“监狱人文五论”是于爱荣主编的“21世纪监狱人文探索丛书”五部监狱学著作的总称（简称“监狱人文五论”），包括《监狱文化论》、《监狱形态论》、《监狱制度论》、《监狱囚犯论》、《监狱警察论》。其研究思路、主要学术观点在总序中进行了概括。

总体思路：“监狱人文五论”定位于监狱学基本理论层次，体现监狱制度和监狱实践的价值、信仰、认知和评价等观念系统，折射整个社会意识形态，着力构建监狱学理论中深具涵盖性、抽象性、普适性的理论体系。在研究方法上，坚持以马克思主义的哲学方法为指导，以法哲学、社会学等研究领域基本方法为主体，以相关的一般科学方法为技术手段，突出价值判断分析方法、逻辑和语义分析方法、社会实证分析方法的综合运用，展现研究的跨学科性、包容性和开放性，力图解读、分析当代中国监狱学研究的热点、重点、难点理论问题，并就我国监狱改革发展的重大现实问题提出参考性解答。

于爱荣、黄运海等著的《监狱文化论》一书，共分九章。书中系统探讨了监狱文化的范畴、价值、模式、生成、衍化、主体、危机、省思、转型与重构等问题。结构上前四章侧重于抽象的基础理论建构，中间两章侧重于监狱文化主体的实证性分析，最后三章侧重于当下监狱文化形态的深度剖析和转型路径展望。在基本理论构建中的最大特色是引进了“文化研究”的研究方法与路径，在历时态与共时态的维度上多视角解读了什么是监狱文化、为什么要研究监狱文化和怎样研究监狱文化等基本理论问题，并在价值、模式、主体、危机、省思等问题域实现了创新与突破。在转型与重构问题上则围绕“监狱权力”这一核心问题，深度探讨了监狱文化领导权的构建路径和中国式的“规训与惩罚”的本质与特征。总体上是秉持广义文化观来透视监狱文化问题，将“分化”引向“同一”，并在相关章节中尽可能地点出了监狱文化的多重研究语境，以避免产生“误读”。正如英国文化研究学者克里斯·巴克在《文化研究》教材中所说：“任何关于文化研究的著作，必然是有选择的，而且也很自然会引起争执争论，甚至抵触。如果要真正全面地来叙述文化研究，那就势必重述，或者至少概括由古到今事关文化研究的每一本书。这对任何一个写作家来说，都足以叫他望而生畏，不知所从，所以问题在于决定哪一些文本给选取出来。因此，这本书就像其他所有著作一样，说到底是在构建文化研究的一个特定的模式。”可以说，这也是撰写本书的一个基本原则。

于爱荣、倪龙兴等著的《监狱形态论》一书认为，形态概念具有广阔的包容性，与文化概念可以匹敌，说起来好懂，深究起来却是奥妙无穷。从总体上看，人类社会无外乎两种基本形态，即物质形态和非物质形态，监狱形态亦是如此。监狱物质形态主要指监狱范畴内看得见、摸得着的，如监狱建筑、环境、布局、警械具、囚服等；监狱非物质形态主要指制度、思想、文化、信仰、艺术、习俗、精神等方面的文化存在，如监狱理论、监狱文艺创作、警察精神、监狱制度等。该书突出监狱物质形态问题，对其进行重点研究，监狱非物质形态的内容将在该丛书其他专题研究中涉及，不作为该书研究的重点。近年来，国家投入大量专项资金调整全国监狱布局，同时推进监狱体制改革，使监狱形态发生了历史性的巨变。但在推进过程中，由于种种原因，一些调整背离了初衷，如出于安全的考量而牺牲了科学化的要求，在一定程度上影响了监狱布局调整和体制改革的成效。因此，研究监狱形态理论问题，为监狱标准的确立等实践工作提供理论指导、参考，对推进监狱法治与现代化进程意义重大。该书的重点、难点和创新是对监狱形态范畴、类型、规划、布局、价值、功能等问题的研究。据了解，目前国内外有的专著尽管涉及了监狱建筑等问题，但多侧重于设计等技术方面的介绍，缺乏理论深度，对监狱形态进行系统理论建构的专著还没有。该书结合我国监狱特色，系统地研究监狱形态的维度、沿革、现状、类型、规划、布局、环境、建筑、警戒设施、信息化、发展态势等基本理论问题，深度解读当下监狱布局调整和监狱体制改革的必然性、应然性和实然性，力图建构起科技理性与人文关怀相融合、物质形态与非物质形态相统一，对监狱理论研究和监狱工作实践具有一定指导、借鉴意义的“监狱形态论”。

于爱荣、王保权等著的《监狱制度论》一书从制度哲学理论视野切入，深度关注现代监狱制度问题，是该书的基本定位。中国现代监狱制度深受中华传统法哲学的影响，在现代化语境蜕变时形成了继承与创新、移植与改造并举的发展轨迹。该书不仅关注现代监狱制度的内涵、特征、功能、价值等基本范畴问题，也力争全面和比较准确地解读法治与科学、传统与现代、权利与义务、理性与人文、秩序与效率、契约与自由、全球化与本土化、惩罚与规训等现代监狱制度的基本理念与语境，并重点分析监狱组织体制、管理体制、监狱保障体制等现代监狱体制问题，剖析当代中国监狱的分类、处遇、矫正、监管、刑务等各类制度形态，探讨现代监狱制度结构、职能与行为，现代监狱制度政策、资本与秩序，现代监狱动力、技术与效率，现代监狱制度转型、拓展与创新等现代监狱制度运行机制和构建路径，以成就一个系统的“现代监狱制度论”。

于爱荣、魏钟林等著的《监狱囚犯论》一书以囚犯为话语中心全面探讨了囚犯问题、监狱问题。传统的“囚犯论”多是以阶级斗争为纲来解析的，不免带有强烈的政治色彩。“囚犯论”把囚犯从“边缘”移入“中心”，关注囚犯的深度问题，并以囚犯为圆心辐射四周，形成一个囚犯问题体系。为此，该书围绕囚犯主体，深入分析囚犯的内涵与语义、囚犯的演变特征及各类社会关系，研究古今中外的囚犯政策，囚犯的权利与义务，囚犯的帮派、隐语、潜规则、文身等亚文化，囚犯的服刑心理与心理危机干预，囚犯的分类与处遇，囚犯的劳动，囚犯的矫正与教育，囚犯的医疗与康复，囚犯的回归与保护等前沿性、实践性问题。该书的难点是囚犯主体地位的研究，通过将囚犯置于不同语境下分析，明确界定囚犯的主体问题，立体勾勒出囚犯的本质特征、生存语境和发展轨迹，从而形成一个能将人文改造与科学矫正集于一体的囚犯理论体系。

于爱荣、沈建生等著的《监狱警察论》一书首先明晰了我国监狱警察是指依法从事监狱管理、执行刑罚、改造罪犯工作的人民警察，是国家的一支重要的刑事执法力量，主要有各级监狱管理机关的公务员，监狱、未成年犯管教所的公务员，各类监狱科研和教育机构的研究人员和教学人员等。监狱警察既有人民警察的共有特征，即国家性、武装性、治安性，也有自身的特殊性，即角色身份多重性、履职对象复杂性、任务强度超常性等，是诸警种中涉及知识领域最多、制度设定最讲价值理性、现代化构建最为多元化的一个主体。在当下科学发展与以人为本的语境中如何建构监狱警察主体是该书研究的重点。为此，该书着重研究监狱警察基本哲理、监狱警察权力、监狱警察纪律、监狱警察伦理、监狱警察资格、监狱警察职位、监狱警察训练、监狱警察模式、监狱警察绩效评价、监狱警察文化、监狱警察警务保障、监狱警察执法监督、监狱警察危机处置、监狱警察公共关系、监狱警察现代化等若干重要问题，在展现启蒙与理性、传统与现代、本土与全球化、封闭与开放、科技理性与人文关怀的张力中寻找现代性语境下监狱警察的建构场域，为监狱警察队伍革命化、正规化、专业化、现代化建设提供一个参照系。

（摘自《监狱人文的向度与阐释空间——“21 世纪监狱人文探索丛书”总序》）

《监狱文化论》的人文精神

由于爱荣、黄运海等人所著的《监狱文化论》是"21世纪监狱人文探索丛书"之一，同时也是"2010年度全国司法行政系统理论研究规划课题"的重要成果之一。通读之后，让人耳目一新，回味无穷，使笔者产生了有感不得不发的冲动，为此，笔者以本书的结构体系、主要内容、突出特点、主要成就等为基点，对其进行剖析和解读。

一、本书结构体系的新突破

正如"21世纪监狱人文探索丛书"总序所言，《监狱文化论》"定位于监狱学基本理论层次，体现监狱制度和监狱实践的价值、信仰、认知和评价等观念系统，折射整个社会意识形态，着力构建监狱学理论中深具涵盖性、抽象性、普适性的理论体系"。[①]《监狱文化论》的九个章节系统地探讨了监狱文化的范畴、价值、模式、生成、衍化、主体、危机、省思、转型与重构等问题。整体结构上层次分明，逻辑严谨，重点突出。其中，前四章侧重于监狱文化抽象的基础理论建构，主要研究了监狱文化的构成要素、结构和功能、主要研究方向；监狱文化的形式价值和实质价值；监狱文化模式的历时状态和共时状态；监狱文化的生成、传承与发展，中国监狱文化的衍化轨迹及西方监狱文化对我国监狱文化的影响等。第五、六章侧重于监狱文化主体的实证性分析，主要以监狱文化的主要参与主体——监狱服刑人员文化和监狱人民警察文化为实证研究的参照点，研究了监狱人民警察文化所涉及的范畴、基本构成和监狱人民警察文化的建构问题；分析了监狱文化与服刑人员文化的关系，服刑人员中广泛存在的亚文化，以及监狱文化对服刑人员文化进行科学的整合等问题。最后三章侧重于当下监狱文化形态的深度剖析和转型路径展望，主要探索了监狱文化冲突所带来的主导性监狱文化的失范问题，挖掘了在新的社会形态下监狱新文化因素的注入对监狱文化建设的影响和作用；对监狱文化的价值、主体进行了省思，并对监狱文化的现代性进行了新的阐释和解读；以当代监狱文化转型的视角和语境，对监狱的矫正文化、法律

① 于爱荣、黄运海等著：《监狱文化论》，江苏人民出版社2009年版，总序第4页。

文化、改造文化、人文精神文化等进行了具有前瞻性的重构。

《监狱文化论》在基本理论构建中的最大特色或最大突破是引进了“文化研究”的研究方法与路径，把“监狱”作为“文化”来进行研究。在历时态与共时态的维度上多视角解读了什么是监狱文化、为什么要研究监狱文化和怎样研究监狱文化等基本理论问题，并在价值、模式、主体、危机、省思等问题域实现了创新与突破。在转型与重构问题上则围绕“监狱权力”这一核心问题，深度探讨了监狱文化领导权的构建路径和中国式的“规训与惩罚”的本质与特征。

二、创新了监狱文化的研究内容，具有鲜明的人文特点

（一）紧扣监狱文化“母题”，突出监狱文化的人文精神

正如作者在总序中所言，审慎地提出“监狱文化”这一思想文化“母题”，试图在监狱学公共场域中构建一块独具特色的文化与学术空间。人文精神是监狱文化的核心内容。“人文就是指人类社会的各种文化现象。简而言之，人文，即重视人的文化。人文精神是人类通过实践活动，在构建各种制度、规范与生产物质产品的过程中所体现出来的观念、风俗、生活方式和社会心理，它是文化‘形而上’部分的最高层次，包括维持人类正常生活的价值追求、伦理观念、群体意识、生命激情、生活方式和思维方式，也包括推动人类社会发展的反省意识、远大理想、民族精神以及政治信仰。各种文化现象，包括了先进的和落后的，科学的和愚昧的，优秀的和次劣的，健康的和病态的。我们现在所说的人文精神、人文思想、人文教育等中的人文，就是指人类文化中先进的、科学的、优秀的、健康的部分。人文的核心是‘人’，以人为本，关心人、爱护人、尊重人，这就是我们常说的人文关怀。”①

人文关怀源于人文主义思想，最早来源于人们对神、自然与人三者之间关系的探索。作为一种思想潮流，主要得益于欧洲 14~16 世纪的文艺复兴运动。最初，人文主义思想就自然地渗透到了政治、经济、文化、科技和教育等社会生活的方方面面。西方学者阿伦·布洛克认为，人文主义是西方历史上的一种关于人的问题的认识、理解。它重视人的价值，崇尚人性，要求把人从宗教的束缚中解放出来，是资产阶级反封建反中世纪神学世界观的思想武器。人文关怀表现为对人的尊重、价值、命运的维护、追求和关切，对人类遗留下来的各种精神文化的高度珍视，对一种全面发展的理想人格的肯定和塑造。人文主义精神就是关注人的发展与完善，强调人的价值和需要，关注现实世界存在的基本意义，并在现实生活中实践这种价值和意义。

---

① 于爱荣、黄运海等著：《监狱文化论》，江苏人民出版社 2009 年版，总序第 1~2 页。

《监狱文化论》所倡导的人文关怀强调监狱文化的现代性必须体现以人为本，即强调发挥人的主观能动性，最大限度地发挥人的积极性和创造性，其根本出发点是尊重人、理解人、关心人，以人为中心，强调人的重要性。无论是监狱行刑，还是监狱对罪犯的教育矫正，抑或是对罪犯的学习、劳动、习艺、生活管理，无不体现出人文关怀和对人的基本价值的实现，目前已经成为监狱学界和实务部门的主流共识和普遍的价值观念。"以人为本"是人本主义的集中体现，无论是作为对罪犯的教育矫正思想，还是一种监狱的管理思想，其本质特征都是在对罪犯的教育矫正或管理中，坚持以激励为核心，从而激发罪犯的改造积极性。作为一种对罪犯的矫正教育思想，要求我们在对罪犯的矫正教育工作中必须认识到，我们矫正教育的对象，首先是人，虽然是犯了罪、受到刑罚惩罚的人，但他具有人的特性，包括自然特性（生理特性）和社会特性，我们的矫正教育要满足人的特性发展需要。作为一种狱政管理思想，要求我们在对罪犯的管理工作中必须认识到，我们的管理对象首先是人，虽然管理的手段具有法律强制性，管理的空间具有法定性，但是我们的管理也必须满足人的特性发展需要。因此，监狱文化建设必须坚持人本主义思想，体现"以人为本"的核心。

作为人类文化实践内在灵魂的人文精神，是监狱实现人文关怀的固有主题。伴随着文化转型，监狱人文精神的重构势必要与现实文化发展同潮共涌，关注人的价值和人的解放，表现为多样化、多层面和多领域，并以人的全面发展为最高价值追求。

（二）具有透彻的时代视野，构建监狱文化的新体系

关注时代、贴近生活，这既是当代监狱人文精神重构的一种内在要求，也是一种责任。我们要关注的不只是被行刑者，也要关注行刑者；不仅要凝视高墙内，也要放眼高墙外。只有把监狱内外所有重要的文化因子都关注到了，我们才有准确解读监狱文化现象的可能。

监狱文化是不断发展的，它既存在于社会文化的氛围之中，又必然随着社会的发展而不断发展变化，和时代的发展具有同步性，因此监狱文化是对时代精神的反映。这样既有传统的积淀，又有时代的新意，监狱文化才有生命力，才能健康发展。监狱文化属于上层建筑的范畴，必然要受到同时代经济基础的制约和支配，经济基础的性质决定监狱文化，时代精神感染着监狱文化，而监狱文化也反映着时代的风貌。《监狱文化论》紧紧抓住目前我国监狱体制改革所带来的监狱文化的时代特征，将社会转型中新的监狱文化要素融入其中，增强了监狱文化研究的活力，使整个研究体系更趋完善和合理。例如，对监狱文化衍化的研究，对监狱文化冲突与主导性监狱文化失范的研究，对监狱文化的现代性解读，对现代监狱文化的重构等，都充分展现出透彻的时代视野，冲破了传统监狱文化研究的

框架，形成了适合现代监狱文化的新架构。

（三）开放的文化心态，注入监狱文化的新元素

监狱文化是一个立体化、开放性的概念，这也是文化的世界化、多元化的必然结果。在全球化的语境下，不同国家、不同社会制度下的监狱文化都成为世界监狱文化的构成部分，尤其是人类所有文化成果构成了监狱文化发展的大背景，只有在开放的心态下，检讨监狱文化自身发展的不足，才能创造出新的现代监狱文化。《监狱文化论》认为，监狱文化包括了诸多的因素，如硬件建设的物的因素，监狱民警和服刑罪犯的人的因素，以及人与物、惩罚与被惩罚、改造与被改造、矫正与被矫正、教育与被教育等方面的对立、统一的相互关系；监狱文化又表现为诸多形态，如监狱物质形态、监狱非物质形态、监狱制度形态等。尤其是对监狱非物质形态的研究，以开放的文化心态将其拓展到更为广阔的领域。

领域的拓展带来体系和结构的变化，随之必然注入监狱文化研究的新元素。例如，监狱文化政治、监狱意识形态、监狱文化领导权、监狱文化认同、监狱文化范畴、监狱文化要素、监狱文化模式、监狱文化功能、改造哲学、规训、监狱权利、话语、话语权、行刑主体、行刑客体、改造主体、改造客体、监狱现代化、现代性文化、后现代性文化、结构主义、解构主义、监狱人文、人文关怀、监狱人道、监狱大众文化、监狱消费文化、监狱符号、监狱文化中心、监狱文化边缘、监狱人格、监禁人格、监禁反应、监狱文化产业、监狱文化资本、监狱文化身份、监狱文化认同、监狱法治文化、监狱安全文化、行刑文化、监狱公共领域、监狱文化传媒、文化差异、工具理性、价值理性等。新元素带来新思考，新思考带来新理论，新理论形成监狱文化研究的新体系。

监狱文化既是一种环境，也是一种氛围，是一种需要长期培育、苦心经营的矫正教育的氛围。时代在发展，科技在进步，在新的知识经济时代，监狱文化也要营造出科学知识的氛围，让罪犯置身监狱之中，能够感受到浓厚的现代气息，《监狱文化论》所体现出的就是这种新时代监狱文化的特色。

（四）多元化的监狱文化价值追求，具有广泛的包容性

监狱是社会稳定的减压阀，是社会矛盾的调和剂，是社会安全状况的“晴雨表”。因此，监狱理应担负起构建和谐社会的重任，真正体现出监狱文化的精髓：安全、稳定、和谐。建设监狱文化是构建和谐社会的有机组成部分，所以说建设安全、稳定、和谐的监狱，必须从监狱文化入手，唤起监狱决策者、管理者的文化意识，唤起社会公众的文化意识，立足于监狱实践，着眼于罪犯的矫正教育，全面提升监狱的文化品位。

监狱文化具有多元性，运用不同的标准，从不同的视角，可以分为不同的类别。例如，基于监狱文化的地位不同，可分为主流文化、非主流文化；基于不同

的时代，可分为监狱传统文化和监狱现代文化；基于文化主体的不同，可分为监狱警察文化和服刑人员文化；基于监狱文化的类别，可分为监狱建筑文化、监狱制度文化、监狱规范文化、监狱精神文化等，不一而论。需要说明的是，每一类别的文化都有其文化主体，在监狱文化的整体中，不同的监狱文化主体有不同的价值追求，监狱文化研究必须兼顾不同主体的价值追求。

进一步说，即使是同一主体，也存在着多元文化的融合。以服刑人员的文化建设而论，服刑人员文化是监狱文化构成体系的主要方面，也是监狱文化的价值所在。没有罪犯参与的监狱文化，就不能称其为监狱文化。因此，建设具有法律意识、个性完善、人格健全的服刑人员文化，关系到监狱改造罪犯的规格和改造质量的优劣。从内容上说，服刑人员文化包括法律文化、规范文化、行为文化、习艺文化、文娱体育和审美文化、生活与心理健康文化等。在服刑人员文化建设的实践中，应坚持以矫正、教育和转化改造为本，坚持惩罚与改造相结合，以改造人为宗旨，发掘罪犯的潜能，弘扬罪犯在矫正教育活动中的主体精神，使服刑罪犯做到人格上自尊，积极向善，改造自我；学习上主动寻求进步；生活上自立、主动为他犯服务；行为上自律，主动约束与反省。在具体矫正教育和日常生活管理中，让服刑罪犯对照《服刑人员行为规范》，规范自己的行为。

《监狱文化论》正是以多元化的视角，包容监狱文化主体的价值追求。在引导人们认同主流文化的同时，包容正面的非主流文化的存在，适度满足多样性群体的各种文化价值需求，使监狱文化的人文精神更好地渗透到监狱的各个层面中。

三、对监狱文化研究的新成就

正如作者在总序中所言，"由于文化研究的跨学科性、复杂性和艰深性，《监狱文化论》研究过程是鲜花与荆棘、通途与歧路频现。因知识结构、学术背景不同，以及各章节切入文化问题的视点不同而引发的话语碰撞和观念冲突也是很难避免的。但总体上我们是秉持广义文化观来透视监狱文化问题，将'分化'引向'同一'，并在相关章节中尽可能地点出了监狱文化的多重研究语境，以避免产生'误读'。"① 正如英国文化研究学者克里斯·巴克在《文化研究》教材中所说："任何关于文化研究的著作，必然是有选择的，而且也很自然会引起争执争论，甚至抵触。如果要真正全面地来叙述文化研究，那就势必重述，或者至少概括由古到今事关文化研究的每一本书。这对任何一个写作家来说，都足以叫他望而生畏，不知所从，所以问题在于决定哪一些文本给选取出来。因此，这本

① 于爱荣、黄运海等著：《监狱文化论》，江苏人民出版社2009年版，总序第5页。

书就像其他所有著作一样，说到底是在构建文化研究的一个特定的模式。”[①] 可以说，这也是作者撰写《监狱文化论》的一个基本原则。

（一）《监狱文化论》以人文精神为轴线，强调人文调适理念

从世界范围来看，“人文精神的失落，是当下世界性的问题，重构人类人文精神已形成广泛共识。人类的生存与发展靠的是人文精神，人文精神的没落必将孕育灾难，导致文化的衰落、文明的泯灭。”[②] “关注人文即关注文化；崇尚人文关怀，亦崇尚文明进步。概括地说，监狱的人文是指监狱的一切文化现象。监狱人文存在的意义，在于它的文明与进步。构成监狱的诸文化要素体现了文明性、进步性，则监狱便是人文的监狱，反之就不能称其为人文的监狱。人文的监狱必然存在人文的精神，这种人文精神坚持以人为本，是监狱内的人们对自身作为个体存在的价值与尊严、人性与人格、生存与生活、现实与理想、命运与前途的认识与理解、思考与把握。监狱人文着重关怀的便是监狱内的人的生存状态和生活前景，这种关怀以现代文明为尺度，以监狱的人文精神重塑为当下诉求，以使囚犯成为人文的人为价值目标。”[③] 监狱文化是一种人伦文化，它的功能的发挥是以罪犯为中心，以人文情怀和人文良知来净化罪犯的精神世界，传递、沟通、交换良性信息，使整个社会都来关注社会犯罪现象和罪犯改造问题，关心罪犯的内在需求，使社会公众走进监狱，共同促进罪犯的成长和健全人格的形成。

监狱文化虽然摆脱不了刑罚文化的痕迹和烙印，体现出惩罚性和剥夺性。但是，在现代刑罚理念的影响下，优势监狱文化的特质属性越来越体现出它的以人为本、人文关怀的温柔的一面。在监狱内部用来调整民警与罪犯之间、罪犯与罪犯之间、罪犯与其他人员之间的人际关系，使罪犯树立起正确的自我意识。同时在民警、职工、罪犯及相关人员之间进行信息交换，使罪犯的思想观念、信念体系等和监狱的主导力量保持一致，达到思想认识上的协调统一，从而塑造罪犯的良性行为以及罪犯之间共同趋向于接受矫正教育的合作精神。将民警矫正和教育罪犯的善意与罪犯自我改造的愿望有机结合为一体，形成共同的目标，凝结监狱民警、罪犯等个体的能力成为整体推动的合力。优势监狱文化催生出监狱的向心力和凝聚力，激发罪犯积极改造自我的活力和潜力。“我国监狱坚持惩罚与改造相结合、以改造人为宗旨，清楚地表明了监狱的价值取向。改造罪犯的过程实质上就是囚犯人文素质培育的过程、人文精神重构的过程。所谓改造人，就是要通过对罪犯的教育、矫正，将囚犯变成有益于文明社会、融于文明社会的‘新

① 陆扬、王毅著：《文化研究导论》，复旦大学出版社 2006 年版，第 17 页。

② 于爱荣、黄运海等著：《监狱文化论》，江苏人民出版社 2009 年版，总序第 1 页。

③ 于爱荣、黄运海等著：《监狱文化论》，江苏人民出版社 2009 年版，总序第 2 页。

人'，这样的'新人'有了新的道德情操、理想信念、价值追求和知识技能，就能拥有安身立命之本，找回或补上缺失的人文素养。我们常说的'重塑罪犯的灵魂'中的'灵魂'，其实就是指人文精神。可以说，把囚犯改造为新人，是对罪犯人文关怀的最好表征。"①

（二）《监狱文化论》内容上的创新性

开放开拓成为监狱文化的精神表征。传统监狱文化主张监狱的封闭性、神秘性、独立性，而现代监狱文化主张监狱的开放性、社会性，尤其主张在罪犯改造方面技术手段的创新性，对社会各种力量介入的包容性。

《监狱文化论》深刻地认识到监狱文化的创新是监狱文化健康发展的生命线。因此，在研究中，这种创新表现在：其一，继承我国监狱农本文化的精华，又超越监狱农本文化，与监狱体制改革同步，基于监狱都市文化的发展状况，对监狱文化研究及时注入了都市文化元素，监狱的都市文化成为监狱文化研究的重要组成部分。其二，随着我国监狱法治的发展，把监狱的人治文化作为监狱文化研究的基础，适应中国监狱体制改革的要求，确立监狱文化中法治的主导理念，使监狱的强势话语权由人治逐步转为法治，规制监狱的行刑文化，使公平正义在行刑文化中表征出中国监狱法治文化的特色。其三，监狱文化研究和我国刑罚文化的发展同步，主张对监狱政治文化加以改进，强化知识文化在矫正教育罪犯中的主导地位。传统的监狱文化将监狱定位于"专政机关"、"暴力机器"，将罪犯定位于"阶级敌人"、"专政对象"，政治话语色彩突出。随着我国法治的日益完善，经过多次修订的刑法在文化本质上发生了转变，由敌人刑法转变为规范刑法、民生刑法、风险刑法等，相应地，对罪犯矫正教育具有主导作用的监狱文化，在话语权上由政治压倒一切的"文化霸权"逐步转向了以改造人为宗旨的矫正教育。为此，创新矫正教育的方法就成为监狱文化研究的新视点。

监狱文化的核心理念是"应变性和适应性"，"应变性和适应性的关键在于创新"。② 创新是监狱及监狱文化发展的动力。随着我国政治、经济和文化的发展，必然导致价值观念、行为方式和行为准则的变化，会使整个外部社会环境发生变革，这就必然要求优势监狱文化要不断吸纳时代精神，不断地进行创新，在罪犯改造工作中形成一种不断创新的主流意识和文化氛围，以保持其鲜活的生命力。创新离不开学习，学习是创新的前提。而且学习能激活一个监狱的创新意识和自我提高意识。为此，培育监狱民警及罪犯的学习能力，倡导学习型个体，才

① 于爱荣、黄运海等著：《监狱文化论》，江苏人民出版社2009年版，总序第1页。

② 姚永红：《构建优势企业文化　打造企业核心竞争力》，载《湖南机电职业技术学院学报》2007年第2期。

能培育强势的监狱文化的核心能力。

（三）价值理念的先进性

监狱文化建设的根本目的是传播先进文化，包括监狱行刑思想、监狱历史、监狱环境、监狱特色等。监狱是特殊的校园，是重塑罪犯灵魂的重要场所，是矫正教育罪犯的国家专门机构。监狱文化研究不仅要达到丰富监狱民警、职工和服刑罪犯的精神生活，满足监狱民警、职工和服刑罪犯不断增长的文化需要，而且要引导监狱民警、职工积极向上，引导罪犯积极改造，促进监管改造质量的提升。因此，监狱文化研究，必须坚持以先进的理论为指导，以先进的思想为引导，以营造积极向上的罪犯改造氛围为宗旨。①

《监狱文化论》在研究中对监狱文化最本质的追求是自觉地担负起矫正和教育罪犯的使命。监狱中优势监狱文化理应体现先进的监狱文化内涵及其发展方向。首先，将监狱文化作为一种管理文化来研究。它是监狱价值观念、制度范式、信念体系等文化的提升和凝练。它的进步和发展不断拓展着矫正教育罪犯的新的内涵，也使罪犯改造工作获得了发展的动力和源泉。其次，将监狱文化作为一种道德文化来研究。良好的道德是处理人际关系，得到社会认可的基础。罪犯道德行为的养成，是一个循序渐进的长期过程，它不是靠制度和强制力来完成，而是综合影响的结果。包括警察的示范、榜样的影响、舆论的监督、家属的说教、自我的反思等。② 罪犯道德行为的养成，必须从小事抓起，与社会同步，使罪犯刑满释放时符合当代社会的道德规范，知荣辱、明是非、讲诚信。因此，优势监狱文化的先进性体现了监狱目标的多重效益的有机统一，“其创立与建设也必须应是高起点和高层次的”。③

（四）监狱文化实践上的普适性

监狱文化虽然具有自己独特的个性特征，但是其内在精神及其对监狱矫正教育罪犯的主导性，必须具有在监狱系统内的普适性。因为监狱的价值取向、刑罚的惩罚性和对罪犯的矫正教育的目的性是相通的，共同体现着刑罚对社会秩序及社会安全的价值；体现着刑罚的矫正性，代表着文化监狱所具有的时代特征。因此，作为监狱文化至少在监狱系统内具有普适性，否则它就不是监狱文化，也不具有长远的生命力。《监狱文化论》在研究中正是以此为基点，对全国的监狱文

---

① 宁正广、韦安全：《文化监狱建设初探》，载《中国监狱学刊》2007年第5期。

② 徐淮湘、任其勇、牟洪波：《论监狱文化建设的基本思路和总体框架》，载《法治社会》2007年（特刊）第15期。

③ 姚永红：《构建优势企业文化　打造企业核心竞争力》，载《湖南机电职业技术学院学报》2007年第2期。

化建设进行了广泛的调查研究，取得了大量的第一手资料，在此基础上，深入探讨新时期的监狱文化建设问题，构建符合时代发展的监狱文化谱系，并在论述中及时将具有时代特色的监狱文化加以介绍，突出了研究成果的实践功能。

综上所述，《监狱文化论》所彰显的人文精神是监狱文化研究的新跨越，正如我国著名的法学家、华东政法大学功勋教授苏惠渔所评价的那样：“在‘监狱是文化’这样的命题上获得认同是比较容易的，而把‘监狱’作为‘文化’进行研究却是艰难的。本专著能够迎难而上，多视角解读监狱文化的范畴、价值、模式、生成、衍化、主体、危机、省思、转型等问题，体现了知识分子应有的问题意识和学术勇气。无论在文化社会学、法律文化学、监狱学，甚至是文化研究领域，在语境建构和论域拓展上都有令人欣喜的突破和创新，对监狱理论研究与实践更是提供了一个极有价值的参考系。”我国著名的监狱学专家、法学博士，中央司法警官学院翟中东教授也对该书给予了高度评价：“《监狱文化论》是我国第一部试图从文化角度解析监狱现象的专著……不仅反映了我国近年来监狱文化的研究成果，更作了大量的探索性研究。无疑，这部专著为我国未来的监狱文化研究作了非常好的铺垫。”

监狱学理论的新拓展：监狱形态理论

由于爱荣、倪龙兴等人所著的《监狱形态论》是“21 世纪监狱人文探索丛书”之二，同时也是“2010 年度全国司法行政系统理论研究规划课题”的重要成果之一。这本书给笔者最大的感受就是进一步丰富和完善了监狱学理论，在监狱形态研究上建构了较为完善的监狱形态理论体系，对我国目前正在进行的监狱体制改革既具有理论指导意义，又具有实践价值。正如本专著总序中所言：“近年来，国家投入大量专项资金调整全国监狱布局，同时推进监狱体制改革，使监狱形态发生了历史性的巨变。但在推进过程中，由于种种因由，一些调整背离了初衷，如因为安全的考量而牺牲了科学化的要求，在一定程度上影响了监狱布局调整和体制改革的成效。因此，研究监狱形态理论问题，为监狱标准的确立等实践工作提供理论指导、参考，对推进监狱法治与现代化进程意义重大。”① 为此，笔者认为《监狱形态论》是监狱学理论研究的新拓展，主要体现在以下几个方面：

一、以监狱的物质形态为核心，建构了监狱形态理论体系

关于监狱形态的研究，只是散见于各种文献之中，尚未见专门的著作进行研究，因此这部专著的最大贡献就在于以监狱的物质形态为核心，建构了监狱形态理论体系。正如本专著总序中所言：“据了解，目前国内外有的专著尽管涉及了监狱建筑等问题，但多侧重于设计等技术方面的介绍，缺乏理论深度，对监狱形态进行系统理论建构的专著还没有。”② 笔者也曾查阅了相关资料，发现确如作者所言，自古及今，对监狱形态的研究屈指可数，且都建立在监狱建筑的技术层面，根本谈不上完整的理论体系，而《监狱形态论》正是填补了这一空白，使之真正成为监狱学家族具有独立形态的新“成员”。

从宏观来看，《监狱形态论》“定位于监狱学基本理论层次，体现监狱制度和监狱实践的价值、信仰、认知和评价等观念系统，折射整个社会意识形态，着

---

① 于爱荣、倪龙兴等著：《监狱形态论》，江苏人民出版社 2010 年版，总序第 5~6 页。

② 于爱荣、倪龙兴等著：《监狱形态论》，江苏人民出版社 2010 年版，总序第 6 页。

力构建监狱学理论中深具涵盖性、抽象性、普适性的理论体系。在研究方法上，坚持以马克思主义的哲学方法为指导，以法哲学、社会学等研究领域基本方法为主体，以相关的一般科学方法为技术手段，突出价值判断分析方法、逻辑和语义分析方法、社会实证分析方法的综合运用，展现研究的跨学科性、包容性和开放性，力图解读、分析当代中国监狱学研究的热点、重点、难点理论问题，并就我国监狱改革发展的重大现实问题提出参考性解答”。[①] 基于这样的宏观思路，《监狱形态论》以最微观的“形态”为切入点，对监狱形态推而论之。“形态概念具有广阔的包容性，与文化概念可以匹敌，说起来好懂，深究起来却是奥妙无穷。总体上，人类社会无外乎两种基本形态：即物质形态和非物质形态，监狱形态亦是如此。”[②] 在理论建构上以监狱物质形态为核心，兼以监狱非物质形态。“监狱物质形态主要指监狱范畴内看得见、摸得着的，比如监狱建筑、环境、布局、警械具、囚服等；监狱非物质形态，主要指制度、思想、文化、信仰、艺术、习俗、精神等方面的文化存在，比如监狱理论、监狱文艺创作、警察精神、监狱制度等。本论突出对监狱物质形态问题进行重点研究，监狱非物质形态的内容将在有关章节中以本丛书其他专题研究中涉及，但不作为本课题研究的重点。”[③]《监狱形态论》是“21 世纪监狱人文探索丛书”（简称“监狱人文五论”）之一，这样的结构和体系设计既突出了《监狱形态论》的基础和重点，又避免了和《监狱文化论》、《监狱制度论》、《监狱囚犯论》、《监狱警察论》的冲突和重复，使《监狱形态论》的自身特色更加明显，达到了“监狱人文五论”的有机协调和统一。

《监狱形态论》在自身的理论体系构建中，打破了以往侧重于设计技术层面的框架，对监狱形态进行了新的思考、探讨和建构，紧紧抓住我国监狱体制改革中监狱新的规划和布局这一契机，使监狱形态研究与我国监狱布局的调整密切结合，突出监狱形态研究的理论特色，在理论体系设计上体现了“结合我国监狱特色，系统地研究监狱形态的维度、沿革、现状、类型、规划、布局、环境、建筑、警戒设施、信息化、发展态势等基本理论问题，深度解读当下监狱布局调整和监狱体制改革的必然性、应然性和实然性，力图建构起科技理性与人文关怀相融合、物质形态与非物质形态相统一，对监狱理论研究和监狱工作实践具有一定指导、借鉴意义的‘监狱形态论’”。[④] 正是建立在这样的基础之上，才使《监

---

① 于爱荣、倪龙兴等著：《监狱形态论》，江苏人民出版社 2010 年版，总序第 4 页。

② 于爱荣、倪龙兴等著：《监狱形态论》，江苏人民出版社 2010 年版，总序第 5 页。

③ 于爱荣、倪龙兴等著：《监狱形态论》，江苏人民出版社 2010 年版，总序第 5 页。

④ 于爱荣、倪龙兴等著：《监狱形态论》，江苏人民出版社 2010 年版，总序第 6 页。

狱形态论》“对许多问题的分析和结论都非常具有理性、深度和可操作性，任何谋划和关心中国监狱发展的人都能从中受到很多启迪”。[①]

二、在监狱形态范畴上，厘清了监狱形态研究的基本脉络

厘清监狱形态的基本范畴，明晰监狱形态研究的基本脉络，既是监狱形态研究的基点，也是重点和难点。《监狱形态论》以监狱形态的基本范畴为起点，对监狱形态的性质、内涵、特征以及历史演变、发展走向进行系统研究。监狱形态虽然分为监狱的器物形态、制度形态和意识形态，但是依据“监狱人文五论”的分工，只围绕监狱的器物形态层面展开研究，揭示监狱形态的物化结构以及发展变化的规律，对国家法律和制度的影响作用，进而探讨国家的刑罚思想和狱制理念在监狱的职能定位和社会角色中所起的作用。“因而，其研究的范畴具有相当的宽泛性，具有综合性和边缘性特征，特别是作为监狱的具体表征，蕴含了建筑、文化、地理等诸多的要素。”[②] 通过对监狱形态的研究，为我国监狱体制改革“提供理论的样本”。

《监狱形态论》依据研究对象的特点，采取了不同于其他学科的研究方法，这是因为“监狱形态研究尽管属于大的监狱学研究范畴，但由于其特定的研究方法和研究方向，使之与一般的监狱学研究有着很大的区别。监狱形态作为自然科学和社会科学的结合，需要在运用监狱学知识的前提下，对有关建筑学、美学、信息化等自然科学的领域有着较为深入的了解，一定意义上是对监狱外形的整体把握”。因此，对监狱形态的研究，既要重点研究监狱的物化构成的具体方式，也要关注监狱形态所蕴含的文化价值和对监狱的价值认识以及治理监狱的理念。只有这样，才能从监狱的特性和建筑的基本功能出发，建造出体现具体形态和内在文化价值相统一的、理想的监狱，符合罪犯生活、习艺、矫正教育的基本需要。为此，《监狱形态论》在研究中明晰了具有自身特色的基本脉络：一是应用实证研究的方法对监狱形态进行系统的研究。从监狱形态的存在出发，通过对现实问题的深层次分析，揭示监狱建筑表征和形状所蕴藏的监狱的性质和内涵，展现监狱形态的具体要素结构和文化价值。二是从历史的维度对监狱形态进行全面的分析。以监狱建筑为主要载体的监狱形态，在深层次上折射出与社会发展有关的理念、思想、文化和文明，监狱形态的发展变化也折射出国家行刑理念和矫正教育思想的变化。因而，从历史的维度分析监狱形态的发展和变迁，可以更好、更科学地认识我国监狱形态的现状，以利于监狱形态改革的方向、目的和路

① 于爱荣、倪龙兴等著：《监狱形态论》，江苏人民出版社 2010 年版，总序第 2 页。

② 于爱荣、倪龙兴等著：《监狱形态论》，江苏人民出版社 2010 年版，第 3 页。

径。三是从构成要素的视角对监狱形态进行深入的分析。不同类型的监狱形态有其自身特定的品格，而特定的品格是由特定的要素构成的，包括监狱类型、监狱规划、监狱布局、监狱环境、监狱建筑、监狱警戒设施等，其中监狱规划是监狱形态体现监狱内涵的核心，是现代行刑理念和矫正教育思想的重要表征和本质所在。

《监狱形态论》这一监狱形态研究的基本脉络，在我国全面推进监狱布局调整的态势下，能够从整体上促进监狱的全面发展，提高监管和矫正罪犯的水平；通过对监狱形态的实证研究，可以给监狱形态的改善提供参考以实现监管安全和矫正人、改造人的目标；通过对监狱形态的系统研究，能够使监狱形态上升到科学理性的层面。《监狱形态论》是国内首次对监狱形态问题、监狱形态的概念和理论进行系统和全面研究，具有独创性和新颖性，因此它既具有理论价值，又具有对现实工作的指导意义。

三、阐述了监狱形态的人文主义功能论

传统的监狱形态所昭示的功能主要是以惩罚、威严、恐吓、剥夺等为表征和内涵，是作为统治阶级的暴力工具而出现的，体现的是因果报应的刑法理念，监狱设计的目的在于给罪犯造成生理和心理上的痛苦。《监狱形态论》中阐述了一个重要的理论观点，即监狱形态的人文主义功能论。这一理论观点认为，监狱形态的功能设计，应以监狱规划为核心，贯穿现代监狱的人文主义精神实质，一方面要确保监狱的安全稳定，实现对罪犯的隔离限制、规范约束、行为养成功能，体现监狱的刑罚执行和威慑功能；另一方面又要对罪犯不歧视和不折磨、不贬低人格，服刑环境不过于压抑，体现监狱环境的人性化设计和特有的人文特点，使监狱形态的工具性质的特定功能与人文精神的矫正教育达到有机和谐的统一。

监狱形态有其特有的风格和审美要求，在其外在形象上产生特定的形式，正如边沁所言"监狱是一种活生生的提醒物"，使之在犯罪的惩罚与预防中以物化的形式发挥其特有的功能；在监狱形态的内涵上要形成特定的具有自身特色的品格，这些品格通过监狱形态的诸多要素表现出来，诸如监狱规划、监狱类型、监狱布局、监狱建筑、监狱环境、监狱安全、监狱设施、监狱警戒、监狱规模、监狱文化、监狱规范、监狱制度等，其中起到总领作用的是监狱规划，它是第一位的，对其他要素及其要素所蕴含的内容具有决定性的作用。因为监狱规划是整个监狱建设的"宏观层面"，具有前瞻性和长期性。因此，监狱规划必须体现现代行刑理念和矫正教育罪犯的需要，必须明晰监狱规划的本质所在；监狱规划的内涵、特征、原则和设计要求必须和监狱的特定功能相一致，使二者形成一个统一的整体。

以物化形态而言，监狱是一个建筑物，是一个区别于其他类别建筑的特有物，之所以特有，关键表现在其功能上，它是作为国家机器而产生，是刑罚惩罚的本质属性的体现，同时又是矫正教育的“训练场”，是刑罚执行机关。为此，监狱建筑物除具有一般建筑物的特征之外，即监狱形态的特性和建筑的特定功能，还必须符合安全、文明、庄重、实用的要求，保证监狱行刑的有序公正。

监狱形态不是单一的建筑问题，外形的特定性是监狱文化的内在要求，这是由监狱的特定功能所决定的，监狱形态折射出了同时期社会发展的行刑理念、矫正教育思想、价值取向、法治观念、文化和文明等，现代监狱形态必然表现这一时代的行刑价值追求，必然折射当代的人文关怀理念，必然展现出监狱内在的人文精神。“人文的监狱必然存在人文的精神，这种人文精神坚持以人为本，是监狱内的人们对自身作为个体存在的价值与尊严、人性与人格、生存与生活、现实与理想、命运与前途的认识与理解、思考与把握。监狱人文所着意关怀的便是监狱内的人的生存状态和生活前景，这种关怀以现代文明为尺度，以监狱的人文精神重塑为当下诉求，以使囚犯成为人文的人为价值目标。”① 我国监狱体制改革的重要任务就是监狱物化形态的重新规划和布局，适应现代刑罚矫正和教育罪犯的需要，必须打造现代化的文明监狱，监狱形态必须能充分展现监狱的人文关怀的价值取向。“改造罪犯的过程实质上就是囚犯人文素质培育的过程、人文精神重构的过程。所谓改造人，就是要通过对罪犯的教育、矫正，将囚犯变成有益于文明社会、融于文明社会的‘新人’，这样的‘新人’有了新的道德情操、理想信念、价值追求和知识技能，就能拥有安身立命之本，找回或补上缺失的人文素养。”我们常说的“重塑罪犯的灵魂”中的“灵魂”，其实就是指人文精神。可以说，把囚犯改造为新人，是对罪犯人文关怀的最好表征。② 因此，体现以人为本的思想，监狱还应该被赋予对人的生命价值的关怀和对待罪犯矫正教育的关爱和期待。在监狱形态里，要隐含仁慈和宽厚，以大爱和仁义来引导和规训罪犯的矫正。

由上所述，现代监狱形态是在监狱规划的引领下，监狱的其他构成要素要富有人情味，要能满足不同类型的罪犯改造的需求，形成监狱鲜明的符合地方区域文化要求的个性特色和完备的改造功能，使监狱的特定功能与现代人文精神有机地统一、体现、折射到监狱形态中。

---

① 于爱荣、倪龙兴等著:《监狱形态论》，江苏人民出版社 2010 年版，总序第 2 页。

② 于爱荣、倪龙兴等著:《监狱形态论》，江苏人民出版社 2010 年版，总序第 2 页。

四、宏观设计了中国监狱形态的发展路径

《监狱形态论》对当代中国监狱形态进行了深刻的反思，认为中国的监狱形态设计应在四个方面有所建树：一是监狱形态的设计理念层面，要与刑罚执行理念的发展相适应。监狱是社会法治和文明进步的标志，监狱建筑设计也应与社会发展和现代刑罚理念同步，克服监狱与城市整体不和谐的思想，树立监狱与其他城市建筑和谐共存的理念；克服监狱设计追求“唯安全论”，赋予其人文主义精神，发挥多功能的“场效应”。二是在监狱形态的功能层面，要满足监禁和改造的功能需求。三是在监狱形态的文化层面，应当更多地融入文化元素，构建具有文化思想内涵的监狱。四是在监狱形态美学层面，应综合运用造型、色彩、单体建筑布局等表现手法，使监狱建筑的整体布局最优化，监狱建筑风格丰富多彩。《监狱形态论》探讨了中国监狱形态的发展路径问题，综述了监狱形态发展的各种观点，为我国监狱体制改革中的监狱形态构建奠定了理论基础。这些观点主要有：

建构论。这种观点提倡推出新的监狱发展规划，投入大量资金建设现代化的监狱建筑，并制定现代监狱制度来促进监狱现代化的实现。认为在监狱形态的发展过程中，要抛弃不合理的制度因素，吸纳先进的矫正教育观念，对中国的监狱体制、规模、布局、管理理念等进行变革，推动实现中国监狱的现代转型。

进化论。这种观点主张，要想实现监狱形态的更新和发展，遵循循序渐进的发展思路，必须重视现有制度的合理性，充分利用现有的文化资源和制度优势，重视监狱所在地先进地域文化对监狱形态的助力作用，强调通过制度引进和制度移植实现监狱发展的本土化，从而在与现有社会土壤融合的基础上，制定长远的发展目标，实现监狱形态的现代转型。

移植论。这种理论认为，监狱发展的理论和制度资源应从外国移植，以西方先进的监狱理念和监狱制度作为我国监狱形态发展的有效借鉴，中国监狱的未来发展形态也以西方国家的经验为蓝本，全面学习西方国家的监狱学理论和监狱实践。

本土论。又称本土资源论，这种观点认为，我国监狱形态的更新和发展应以中国的传统监狱文化和惩罚精神为基点，并在继承传统和学习西方先进的监狱理念和监狱制度的过程中构建具有中国特色的现代化文明监狱。

一元论。这种观点认为，监狱形态的发展路径应着眼于监狱产生的根源和监狱发展的本质，因为监狱制度是国家制度的组成部分，监狱形态的发展和革新依赖于国家行动的合理化，以及监狱法律体系的完善。监狱无论在任何时代都首先是一个“惩罚之城”，它必须依赖国家权力的强力支撑，而无论社会发展得多么

成熟和有序，自发的社会机制永远不能满足惩罚的现实需要。对于罪犯而言，只有强制剥夺其权利和自由，才能维护社会的公平正义。

多元论。这种观点认为，监狱不是一种国家制度，而是一种社会实体，监狱形态的更新和发展依赖的是社会诸多因素和非正式规则。监狱所代表的是规范权力的一种形式，而不是全部的资源。对于罪犯的矫正和教育不能仅依赖法律机制，而是一个具有隐喻意义的“监狱网络”。因此，监狱形态的发展应植根于社会秩序和社会规范中。

这些观点从不同的视角，对监狱形态的发展，形成了建构论与进化论、移植论与本土论、一元论和多元论的理论之争。《监狱形态论》审慎地对这些观点进行了剖析，并作出了自己的价值判断。建构论思想是西方监狱理论中矫正教育思想深刻影响我国的结果，也是西方监狱理论在我国创新应用后获得认同的共识，同时也是对我国传统监狱理论冲击的必然，认为要想使中国的监狱形态得到快速发展，就必须吸纳西方优秀的监狱学思想，并大力进行监狱建设。目前建构论被大多数专家学者所认可，并受到了一致推崇，在监狱体制改革中占据了主导地位。与之相对应的是进化论，它是一种珍视现有制度合理性的发展观，试图在保有传统资源的基础上，挖掘新资源，循序渐进地推动监狱发展。这是一种保守的发展观，虽有谋求发展的意愿和其自身的合理性，但难获众人的认同。为此，《监狱形态论》认为，监狱形态的发展必须紧密结合当地的传统、文化和语境，才会有现实意义，对占主流地位的建构论进行适当的修正才是科学的选择。

移植论是对建构论不同视角的表述，强调现代监狱制度和行刑理念是西方近现代社会观念和法治成果的移植，在我国监狱形态发展中仍然需要立足于西方的监狱学理论和监狱实践。但是，如果一味地移植，中华文化中所蕴含的思想基因就会被“西化”而失去个性，这显然不是我国监狱体制改革的价值选择。本土论以自身传统为基点，审慎地融合和吸纳外来监狱制度形态，重视本土资源的主导地位，虽然不会盲目地断送自己的文化根基，但是现实问题是传统的监狱文化可资继承的确实有限，不足以形成现代监狱形态理论体系。为此，两种理论的有效融合和取长补短才是最佳选择，既要移植西方优秀的监狱理论、行刑理念和监狱文化，又要使传统的本土监狱文化受到认可和接纳，这样发展西方现代监狱形态就会在中国得到传统的文化支撑和价值支持，并从中找到我国监狱形态的发展类型和发展方式。

一元论强调国家对监狱形态发展的主导作用，认为监狱形态的发展离不开国家的权力和正式法律的支撑，这是把握住了监狱的本质属性和权力因子。权力属性是监狱存在和发展的基本要素。但是在社会多元化的今天，如果仅仅单一地依赖国家显然实现不了矫正教育的目的。多元论是基于社会发展的要求，而寻求在政治维度之外的新途径，现代监狱的发展形态早已不是国家单一主导的时代了，社会多元因素的多元主体参与必然会使监狱形态在原有监狱本质基础上的功能得以拓展，属性得以延伸。

综上所述，监狱形态的未来发展走向从其构成属性的各个要素分析，在权力维度上，仍然是政治上的“监狱帝国”，监狱的权力属性仍然反映着监狱的实际存在状态，权力因子始终是支持监狱活动的核心要素，政治职能的实现是各种监狱必须承担的首要任务。不管支撑监狱运行的其他要素怎么变化，强硬的权力基轴支撑的未来监狱仍然是一个政治帝国。从社会维度上看，监狱的未来形态在职能上体现出“监狱群岛”的特征，即通过社会公众的广泛参与，共同完成罪犯的矫正和教育。从价值维度上看，监狱的未来形态在文化上体现出“监狱村落”的特征，昭示着监狱形态发展的独特性和相对封闭性。

结语

《监狱形态论》为我们展示了它独有的理论体系，寓意深远。尽管其理论体系还有诸多不足，但是对中国监狱建设的作用是不可磨灭的。正如国际犯罪学学会学术委员郭建安研究员所评价的：“《监狱形态论》视角新颖，从物质形态和非物质形态两个侧面来研究监狱形态，把监狱的外在形象与内在精神很好地结合到了一起。……本书的内容非常全面，几乎穷尽了与其所定义的监狱形态有关的所有问题，恰似一本监狱建设大全。对于与监狱建设相关的任何问题，你都能从中找到作者给出的建议，对监狱建设的指导和参考价值不言而喻。”上海政法学院的贾洛川教授也认为，“监狱形态是监狱职能发挥的重要载体，是监狱文明发展水平的重要标志，也是体现国家文明发展水平的重要尺度。目前我国监狱形态就其表现而言相对落后，对其专门研究很少，特别是系统的理论与实务研究尚未见到。《监狱形态论》的出版填补了这方面的研究空白。该专著站在监狱形态理论与实务研究的前沿，从实证研究的方法、历史的维度以及构成要素的视角对监狱形态进行了系统、全面、深入的研究，构筑了一个具有中国特色的现代监狱形态理论与实务研究体系……”

现代监狱制度构建的体系创新

由于爱荣、王保权等人所著的《监狱制度论》是“21世纪监狱人文探索丛书”之三，同时也是“2010年度全国司法行政系统理论研究规划课题”的重要成果之一。应该说，在我国的监狱学研究领域，关于监狱制度的研究相对比较成熟，要想在这一领域有所突破，有一定的难度。但是，《监狱制度论》紧紧抓住了我国监狱体制改革和监狱的现代化转型这一主题，凭着监狱学领域知识分子应有的问题与创新意识，从中挖掘出与现代监狱制度建设密切相关的核心要素，另辟蹊径，以制度哲学的理论作为切入点，分析监狱体制改革中所存在问题的症结，提出监狱体制改革发展的良策，使本专著在体系上有了新的突破，内容上有了新的建树。正如本书总序中所言，《监狱制度论》“定位于监狱学基本理论层次，体现监狱制度和监狱实践的价值、信仰、认知和评价等观念系统，折射整个社会意识形态，着力构建监狱学理论中深具涵盖性、抽象性、普适性的理论体系。在研究方法上，坚持以马克思主义的哲学方法为指导，以法哲学、社会学等研究领域基本方法为主体，以相关的一般科学方法为技术手段，突出价值判断分析方法、逻辑和语义分析方法、社会实证分析方法的综合运用，展现研究的跨学科性、包容性和开放性，力图解读、分析当代中国监狱学研究的热点、重点、难点理论问题，并就我国监狱改革发展的重大现实问题提出参考性解答”。[①] 之所以认为《监狱制度论》在我国现代监狱制度构建中具有新的突破，主要表现在以下几个方面：

一、以制度哲学理论作为基本定位，构筑现代监狱制度的基本理论体系

《监狱制度论》从制度哲学理论的视野切入，将深度关注现代监狱制度问题作为基本定位。监狱制度是监狱存在与发展的基础，监狱制度的发展决定着监狱的发展。作者深切认识到了这一点，在对监狱制度的研究中，首先关注的就是监狱的现代化追求，立足于对监狱制度的重思与重构，在哲理层次上深化对监狱制度的构成及理论体系的探索，寻求监狱制度诸多构成要素之间的内在逻辑，为在

① 于爱荣、王保权等著：《监狱制度论》，江苏人民出版社2010年版，总序第4页。

我国监狱体制改革中重构中国监狱制度提供了世界观和方法论。

在现代刑罚价值充分体现矫正教育的语境下，现代监狱制度也有效整合了行刑资源，对监狱的运行机制起着约束作用。因此，从制度哲学领域切入并考察监狱活动和监狱行为时，监狱制度是一整套的规则、规范体系，是服刑罪犯和行刑者共同活动的规范空间和社会结构，是区别于社会文化的特定监狱文化的外在表现形式，"具有执行自由刑的内容独特性、国家—罪犯的主体特殊性、制度空间的封闭性和隐蔽性等特征，并由规制性要素、规范性要素与文化—认知要素形成其结构，发挥着惩罚功能、矫正功能、更新功能，在治理、指引、评价和预测等维度上建构监狱形态。"①

《监狱制度论》在对当下我国监狱制度进行分类时，提出了应首先树立行刑公正、依法行刑、行刑科学、行刑文明等我国监狱制度的基本理念，在此理念下，依据不同的标准、理论、特点等，将监狱制度分为正式和非正式制度；民事、行政和刑事制度；本原和派生制度；指令性和禁令性制度；关系性和个体性制度等类别。结合我国监狱改革的理论和实务性要求，最终将我国监狱制度的研究类别划分为监狱法律制度、监狱组织管理制度、监狱刑务制度、监狱警务制度、监狱监督制度等方面，使之构成了比较完善的监狱制度体系，形成了监狱制度研究的全新框架。而这些制度也是与监狱体制改革和我国现代化监狱制度构建联系最为紧密、存在问题和困惑最多的，可以说，对这些类制度中的各个子制度或者诸多元素的研究，是解决监狱制度建设的关键和基础。

监狱法律制度是监狱赖以生存的依据，正是有了监狱法律的存在，才使监狱有了产生的"母体"。为此，监狱法律制度集中承载了特定的刑罚内容和监狱的强制性要素，体现了刑罚的本质属性——惩罚性，如果没有法律对这一属性的国家规定性，监狱就失去了生存的空间。因此，监狱法律制度以监狱整体行刑活动中的权利和义务为基本内容进行构建，以安全为前提，确认、保护监狱法律关系，维护监狱运行秩序。所以，监狱法律是监狱正常运行的"大宪章"，建立完善、科学有效的监狱法律制度是我国监狱工作的前提和保障，监狱的任何活动都不得超越监狱法律制度的规定，必须在监狱法律制度的框架内，这是监狱行刑中的"红线"，任何人都是不能逾越的。基于这样的语境，监狱法律体系的构建应是监狱制度构建中最为困难也最为重要的。《监狱制度论》提出了提升监狱法的立法位阶，在刑事一体化的理念下，使之与刑法、刑事诉讼法保持平衡，并重构监狱法的内容，重新设计监狱法的框架体系，建立健全与之相配套的规范性文件，为整个监狱制度提供法律保障。

---

① 于爱荣、王保权等著：《监狱制度论》，江苏人民出版社 2010 年版，第 16 页。

监狱组织管理制度是对监狱运行体制、机制的规制，也是对监狱警察职责和行为的规范。它是“国家为了实现刑法目的，组建监狱和监狱管理机构，执行刑罚，管理和教育改造罪犯，维护社会治理秩序，由国家有执法权的权力机关、行政机关制定的相关法律法规，以及监狱系统自身为了执行法律法规而制定的规范性文件的总和”。[①] 由此，监狱组织管理制度设计是一个动态的组织管理过程，它决定着整个监狱体系能否高效运行，能否体现监狱的本质属性。我国经过几十年的改革，社会正处在变革和转型期，要求监狱的组织管理制度也要适应社会环境和社会形态的变化，重新配置社会资源，重构适应社会要求的组织机构、运行机制，尤其是创新监狱管理方法，精细规范流程，提高管理绩效。在这一意义上，监狱组织管理制度深化研究和创新设计是监狱制度创新研究的重要组成部分。

监狱刑务制度是监狱制度的核心，“是监狱得以存在、运行、发展的基本条件，是实现监狱功能，体现监狱价值，践行法律精神的重要保障”。[②] 监狱在执行刑罚和对罪犯进行管理的过程中，必须置于法律的框架内，明确权利义务关系，规范、规制执行刑罚和狱政管理行为。监狱刑务制度作为监狱制度下的一个类制度，所包含的内容也最为广泛，几乎涉及监狱行刑工作和管理、矫正教育罪犯的每一环节，并且伴随罪犯服刑的整个过程。尽管在以往的监狱理论研究中也多有涉及，但都缺乏理性探究和哲学思考。《监狱制度论》的作为，正是在这一基点上，探寻适合监狱行刑规律和发展方向的监狱刑务制度。

监狱警务制度是相对于监狱刑务制度而产生的一种制度，也是监狱制度的一个重要的子系统或类制度。由于这套人文探索丛书在其后有专题探讨监狱警务制度，也足见其地位之重要。监狱监督制度是依附于监狱法律制度、监狱刑务制度等派生出来的一种制度，它是现代监狱文明进步的体现，也是在现代刑罚理念的语境下，服刑罪犯人权得以充分保护的制度保障。在目前我国监狱价值理念和制度设计下，这一制度的框架设计和内容重构还有充分的空间，也正因如此，《监狱制度论》关于监狱监督制度的研究成为看点之一。

理论与实际相结合，运用新的理论观点、站在不同的视角构筑现代监狱制度的基本理论体系是本书的首要特点。因此，《监狱制度论》所构建的中国监狱制度理论“是以中国特色社会主义理论体系为内核与指导的理论，是一个不断寻求发展与创新、向着科学化理论体系不断迈进的理论，需要结合监狱制度实践、尤其是中国监狱制度实践，持续反思监狱制度本体论、认识论、价值论等基础理

① 于爱荣、王保权等著：《监狱制度论》，江苏人民出版社 2010 年版，第 17 页。

② 于爱荣、王保权等著：《监狱制度论》，江苏人民出版社 2010 年版，第 18 页。

论问题，深度阐释监狱制度发生机制与变迁规律，以引领当下现代化监狱制度建构的发展方向……在科学发展观和以人为本理念下建构起具有中国特色的现代监狱制度"。①

二、用现代监狱制度的基本理念，为现代监狱制度注入了新元素

现代监狱的首要价值是安全和秩序，这是现代监狱制度构建的前置因素，因为执行自由刑是监狱制度的基本内容。监狱制度在空间上的封闭性只有与监狱的安全和秩序相联系，才能得到进一步的拓展。为此，现代监狱制度的基本理念就成为《监狱制度论》研究最具活力的内容，可以说，它为现代监狱制度的构建注入了新元素。

《监狱制度论》首先确立了所述的监狱基本理念，就是"指与现代社会、现代思想相适应、相协调、反映社会文明、人类进步的监狱信念、价值状态"②，它是监狱工作的立纲之本，是支撑监狱工作要求的基本认识。"现代监狱理念是现代人们对监狱制度的一种主观心理状态，反映了人们对待监狱制度的态度。""现代监狱理念与现代监狱制度互为表里，互相制约、互相促进"，"现代监狱制度理念的形成有赖于现代监狱制度的建立，同样，现代监狱制度的建立又离不开现代监狱理念的形成"。③ 为此，科学地进行现代监狱制度设计，树立正确的现代监狱制度的价值追求，都需要现代监狱制度的基本理念作为强力支撑。

《监狱制度论》认为，中国监狱制度建设的基本理念主要体现在行刑公正、依法行刑、行刑科学和行刑文明上。行刑公正的理念就是要求监狱在行刑中始终体现和坚持公平、正义、平等、正当。行刑公正是监狱行刑制度的首要价值，是监狱依法治监的核心要求。监狱在行刑公正的实质层面应体现出正义的应然内涵，即公平、公正、公开；而在公正的实践层面应体现出行刑公正的基本要求，即合法、及时、适度；最终对监狱行刑公正的理想追求，则是达到科学、民主、和谐。和谐是监狱制度理念理性追求的最高境界，也是监狱行刑公正理念发展的必然归属。矫正教育时代的监狱行刑理应将和谐作为监狱行刑公正的终极追求。依法行刑是实现监狱行刑公正的重要保障，是一个目标或者过程，是指监狱的一切行刑活动都必须以法律为依据，不得违反或超越法律的规定。坚持行刑科学的理念，就是要求监狱的行刑工作必须置于科学理念的指导之下，从监狱工作的客观规律出发运用现代科学知识、技术、方法与手段，促进行刑工作的效益最大

① 于爱荣、王保权等著：《监狱制度论》，江苏人民出版社 2010 年版，第 20 页。

② 张晶著：《中国监狱制度从传统到现代》，海潮出版社 2001 年版，第 85 页。

③ 张晶著：《中国监狱制度从传统到现代》，海潮出版社 2001 年版，第 150~151 页。

化。为此，行刑科学化理念是现代监狱制度科学化的重要体现。行刑文明理念是我国现代化文明监狱的内在要求，是现代文明监狱保障与尊重罪犯权利、改善罪犯处遇、行刑活动人道化的外在体现。

《监狱制度论》通过对现代监狱制度基本理念全面和比较准确的解读，使法治与科学、传统与现代、权利与义务、理性与人文、秩序与效率、契约与自由、全球化与本土化、惩罚与规训等新元素注入了现代监狱制度的基本理念与语境，为现代监狱制度的建设和创新奠定了坚实的思想基础。

三、将中国监狱制度置于制度哲学视域进行了反思

在中国现代监狱制度建构中，必须要适应现代刑罚的发展趋势，运用现代刑罚的基本理念进行制度创新，而制度创新的前提是对传统监狱制度的哲学追问与反思，对中国监狱制度存在的合理性、正当性及其本质进行认识与概括。正如《监狱制度论》中所言："中国监狱制度建构之所以能有令人瞩目的成就，靠的是中国特色社会主义监狱理论的强有力的支撑。但是正如中国特色社会主义理论是中国化的、不断发展中的马克思主义理论，需要不断创新与完善一样，当下监狱制度理论也是一个不断寻求发展与创新、向着科学化的理论体系不断迈进的理论，需要结合监狱实践、尤其是中国监狱制度实践，持续反思监狱制度本体论、认识论、价值论等基础理论问题，深度阐释监狱制度发生机制与变迁规律，以引领当下现代化监狱制度建构的发展方向。"①《监狱制度论》用了将近一章的篇幅，将中国监狱制度置于制度哲学视域，从监狱制度的本质属性、价值基点、设计逻辑等问题域上进行了深度反思。

《监狱制度论》认为，监狱制度是观念、意志、思维、目的等多维度的综合，因而它的本质属性就表现为历史性、关系性、规范性和暴力性。监狱制度的历史性是指监狱制度存在于不同的历史阶段，并表现出不同的历史形态，这就足以说明监狱制度始终是一种历史性的存在，具有相对稳定性，并随着历史的发展而处在不断的变化之中，因此要顺应社会发展变化的规律，确保监狱制度的发展符合客观规律。监狱制度的关系性是指监狱制度是由各个主体或要素或子制度等构成的一个系统，各个子制度、要素、主体等是相互联结的，有效地整合促进监狱制度的有序发展，同时监狱制度又与社会的诸多主体发生着关系，因此监狱制度是一个结合体，通过不断的优化各种关系存在于监狱形态中。监狱制度的规范性体现在监狱各主体的行为准则中，通过法律法规和组织安排、组织设计等具体划定主体的行为边界，在国家的强制约束下形成监狱秩序。监狱制度的暴力性是

---

① 于爱荣、王保权等著：《监狱制度论》，江苏人民出版社 2010 年版，第 300 页。

监狱权威的核心内涵。监狱制度从政治意义上来看就是国家制度，是国家的暴力工具的具体体现。监狱依照国家的法律规定获得行刑权力，也就获得了治理监狱的合法化和制度化的政治暴力，具体体现在惩罚与矫正教育罪犯的过程之中，强制罪犯服从或屈从于国家的刑罚意志。

《监狱制度论》强调，深度探究监狱制度的价值起点，意在探求监狱制度的科学精神与伦理精神，明晰监狱制度存在的理念。价值理念是监狱制度系统建构的依据，寻求监狱制度生存中最关键和最基本的价值理念，监狱制度的存在也就具有了正当性和合理性。因此，《监狱制度论》认为，监狱制度的价值起点最关键和最基本的是以人为本的人文精神，在监狱的实际操作中，又表征为人权、自由、宽容、科学、创新等基本价值理念，共同构筑了监狱制度的价值基石。

《监狱制度论》从人性假设、行为假设和理性假设三个方面论证了监狱制度的设计逻辑。所谓人性假设，是指人们在不同的历史时期对社会生活中的人的本性问题或人性的基本倾向的判断。基于这种判断对人们的社会行为作出一定的预测，随之选择相应的治理对策。从历史上来看，监狱制度的设计也往往在无形中遵循着这种人性假定。监狱制度作为一种具体的社会制度，所要规范的首先是人的行为，其制度设计必须建立在准确把握人的行为模式上。基于人性假设，监狱制度的设计与现实社会的经济人、政治人和道德人的主要行为模式密切相关。当代监狱对罪犯的改造、矫正和教育的理念，昭示了现代监狱制度设计崇尚精神道义，追求道德人格完善和实现的道德人假设。监狱制度设计的理性假设是基于人性的复杂性，认为人的任何行为都是人的自由意志选择的结果。“强调要实现经济人、政治人和道德人，理性人和非理性人的辩证统一，目的就在于准确把握各种人性假设的内涵与价值，确保在监狱制度设计中‘抑恶扬善’。……监狱制度不但体现为对‘善’的追求、规范和保护，而且体现为对‘恶’的限制和惩罚。……监狱制度更带有根本性、全局性、稳定性和长期性，具有道德规范所不具有的强制性、惩戒力和威慑力，可以克服人治带来的随意性、专断性和不可靠性。基于此，监狱制度体系设计与建构不能以人性的基本倾向是无私利他为逻辑起点，而应该以人性的基本倾向是自私自利为逻辑起点，重在防‘恶’。”①

四、构建了本土化的中国监狱制度的发展路径

中国监狱的出路在哪里，监狱体制改革能走多远，中国特色的监狱制度应如何构建等问题，是摆在中国监狱理论研究者和实务部门面前最迫切的问题。正如著名法学家储槐植教授所言：“中国监狱现代化转型是一个艰巨而痛苦的过程，

---

① 于爱荣、王保权等著：《监狱制度论》，江苏人民出版社 2010 年版，第 316 页。

困惑成堆，禁锢重重，迫切需要理论界发现根本问题、分析问题症结、提出监狱改革发展良策，其中制度理论与实践的突破尤为关键。”①《监狱制度论》在这样的背景下大胆提出了中国现代监狱制度本土化的发展路径。

《监狱制度论》认为，坚持科学发展观是建构中国特色监狱制度的重大战略思想。在中国当代语境中，科学发展观是同马克思列宁主义、毛泽东思想、邓小平理论和“三个代表”重要思想一脉相承的科学理论，是中国监狱体制改革的总的指导思想，理应作为中国现代监狱制度建设的指导思想，这是中国现代监狱制度突出自身特色的政治基础。在监狱体制改革过程中，深入落实科学发展观，就是将马克思列宁主义基本原理同中国的现代监狱制度建设相结合，紧紧把握科学发展观的要义，突出以人为本的核心，准确认识和把握监狱总的发展规律，运用刑罚执行、矫正教育、科学文明管理等具体的监狱工作规律，破解监狱改革中的难题，提高监狱改革的质量和效益，使我国现代监狱制度真正体现“惩罚与改造相结合，以改造人为宗旨”的工作方针。最终实现我国监狱整体工作由传统模式型向现代模式型转变；由注重安全型向注重质量型转变；由靠经验管理型向科学管理型转变，使我国监狱改革成为具有中国特色的社会主义法治的典范。

《监狱制度论》强调，具有中国特色的现代监狱制度必须突出时代特征和民族特性。要求从中国的国情出发深刻认识并领会中国仍处于并将长期处于社会主义初级阶段，中国现代监狱制度的特色必须反映这样的国情和发展的特征，认识到犯罪形势的复杂性和严峻性给监狱工作所带来的新挑战，为此中国特色的监狱制度必须继承中华民族优秀的法律文化，必须体现民族精神和民族品格，必须紧扣改革开放的时代主题，必须弘扬中国特色的价值体系和时代精神。只有这样，中国现代监狱制度才真正具有中国特色。

《监狱制度论》提出，在构建具有中国特色的监狱制度过程中，要准确把握本土化与现代化，坚持指导思想的一元性与监狱理念、实践探索的多样化。所谓本土化，就是要充分利用和整合中华民族的文化资源，吸收优秀的民族要素和历史基因，使之为现代化监狱制度建构服务，成为民族精神的体现。所谓现代化，就是广泛吸收、借鉴、移植、内化世界各国优秀的文化资源，尤其是优秀的法律文化资源和刑罚文化，注重行刑的人文精神，把现代行刑的科学、民主、理性、公平、人权、法治、秩序、效率等现代理念融入到我国现代监狱制度建设中。所谓坚持指导思想的一元性，就是要坚持中国特色社会主义的理论体系。监狱理念与实践探索的多样化，就是要求在中国特色社会主义理论体系的指导下，监狱理论研究支持百家争鸣，倡导学术自由，形成民主平等的学术环境；在监狱工作的

① 于爱荣、王保权等著：《监狱制度论》，江苏人民出版社 2010 年版，总序第 2 页。

具体实践中要倡导大胆探索，改革创新促进监狱实践的"百花齐放"。

综上所述，中国现代监狱制度深受中华传统法哲学的影响，即使是在现实监狱工作中，也有形无形地烙下了传统文化的印迹。这就足以证明，在现代化语境蜕变时，形成了继承与创新、移植与改造并举的发展轨迹。这一发展轨迹既遗传了中华传统法哲学的优良基因，为现代监狱制度建设打下了坚实的根基，也或多或少地将中华传统法哲学的一些糟粕混入其中，制约或扭曲了现代监狱制度的发展。《监狱制度论》在本土化的中国监狱制度构建中，不仅关注现代监狱制度的发展形态，而且注重对中华传统法哲学优良基因的继承和发展，尤其是深入研究了传统与现代、全球化与本土化的择优补缺、相得益彰问题，为我国监狱体制改革中现代化监狱制度构建融入了多元化的价值元素。在重点分析现代监狱制度的内涵、特征、功能、价值等基本范畴问题及监狱组织体制、管理体制、监狱保障体制等现代监狱体制问题的基础上，通过剖析当代中国监狱的分类、处遇、矫正、监管、刑务等各类制度形态，探讨现代监狱制度结构、职能与行为，现代监狱制度政策、资本与秩序，现代监狱动力、技术与效率，现代监狱制度转型、拓展与创新等现代监狱制度运行机制和构建路径，提出了一个系统的现代监狱制度的发展路径。

《监狱制度论》以全新的理论体系和制度哲学的思维视角，将中国现代监狱制度置于制度哲学视域进行了深度阐释，使监狱理论体系在研究上获得了新的突破，受到了理论界与实务界的高度评价。我国著名法学家、北京大学教授、博士生导师储槐植先生将其评价为："本专著立足中国当下监狱行刑实践，侧重探讨了监狱制度的基本内涵、理念与类别，监狱法律制度、组织管理制度、刑务制度、警务制度、监督制度，中外监狱制度比较，以及监狱制度的反思与变迁等重要而现实的问题。不仅深度阐释了监狱制度的内在结构，也全面剖析了监狱制度的运行机理。充分反映了研究者的独到的问题意识和探索精神，为监狱学领地奉献了一项颇具价值的制度哲学成果。"① 南京大学教授、博士生导师狄小华也认为，"监狱的秩序靠的是制度，监狱的发展是在制度变迁过程中实现的。……本专著研究监狱制度问题，无疑是抓住了监狱学最核心的题域，并在理论体系、阐释深度上凸显了创新意识，实现了监狱制度研究的新突破。"②

① 于爱荣、王保权等著：《监狱制度论》，江苏人民出版社 2010 年版，封底。

② 于爱荣、王保权等著：《监狱制度论》，江苏人民出版社 2010 年版，封底。

囚犯论：从“边缘”到“中心”

由于爱荣、魏钟林等人所著的《监狱囚犯论》是“21世纪监狱人文探索丛书”之四，同时也是“2010年度全国司法行政系统理论研究规划课题”的重要成果之一。《监狱囚犯论》直接以囚犯为话语中心，全面探讨囚犯问题、监狱问题，把囚犯从监狱行刑的“边缘”移入矫正教育的“中心”，即囚犯主体地位研究，观照囚犯的深度问题，并以囚犯为圆心辐射四周，形成一个囚犯问题体系。正如《监狱囚犯论》总序中所言：“围绕囚犯主体，深入分析囚犯的内涵与语义、囚犯的演变特征及各类社会关系，研究古今中外囚犯政策，囚犯的权利与义务，囚犯的帮派、隐语、潜规则、文身等亚文化，囚犯的服刑心理与心理危机干预，囚犯的分类与处遇，囚犯的劳动，囚犯的矫正与教育，囚犯医疗与康复，囚犯的回归与保护等前沿性、实践性问题……通过将囚犯置于不同语境下分析，明确界定囚犯主体问题，立体勾勒出囚犯本质特征、生存语境和发展轨迹，形成一个能将人文改造与科学矫正集于一体的囚犯理论体系。”① 在此仅仅以罪犯为中心，罪犯、罪犯的地位、罪犯的权利等方面，对作者的理论基点进行阐释和探讨。

一、关于罪犯

自古及今，囚犯都是一个带有身份意义的称谓，是对一个人的否定性评价，反映的是人身自由的被剥夺和身处场所的监禁状态。新中国成立以后，传统的“囚犯论”多是以阶级斗争为纲来解析的，不免带有强烈的政治色彩。在现代刑罚的视角下，罪犯的法律特征是被判处刑罚，处在监禁状态下，正在执行刑罚的刑罚承受者；监禁的场所特征体现的是威严庄重的高墙、电网、铁窗、警察等；罪犯的表象特征是囚服、光头等。在监禁状态下，罪犯群体又被通过一定的监狱规则和监狱规范，维持监狱安全有序的状态。

随着社会形态的多元化，现代监狱行刑也呈现出价值的多元化和行刑方法的专业技术性，《监狱囚犯论》遵循科学的规律，理性地看待罪犯，以更宽广的胸

---

① 于爱荣、魏钟林等著：《监狱囚犯论》，江苏人民出版社2011年版，总序第6~7页。

怀、更大的宽容性，包容不同的理论、观点、方法和技术，多侧面、多视角、多维度地认识罪犯，认识罪犯的矫正教育，把握罪犯的特殊性，为实现罪犯的改造价值服务。第一，从犯罪学的视角，将罪犯界定为现代化进程中不适应社会的群体。运用美国当代犯罪学中最重要的差异交往理论、紧张理论和社会控制论，对罪犯的社会适应障碍、失范状态、社会支持系统、犯罪倾向、内在抑制力、文化冲突环境等进行了解读。第二，从刑罚学视角，认为罪犯是被惩罚和预防的对象。监狱是刑罚惩罚的重心，是体现法律公平正义的场所。罪犯之所以受到惩罚，是对其违法犯罪的报应性打击。同时，刑罚又具有特殊预防和一般预防的功能，是维护社会安全的重要工具，在惩罚罪犯的同时，也在无形中威慑了"潜在的犯罪者"。现代刑罚由单纯的惩罚转变为感化、教育和矫正，是刑罚的巨大进步，惩罚罪犯不是目的，刑罚的最高价值追求是将罪犯转化为对社会有价值的人。第三，从监狱学的视角，罪犯又是现代监狱矫正社会化和监狱化的矛盾纠结点。刑罚的本质属性是惩罚，对罪犯进行惩罚是对社会公众的公平正义的诉求，但对罪犯的长期监禁，使之易于监狱化或形成监狱人格，而这又与刑罚的最高价值追求——使罪犯成为良好的社会公民相矛盾。对于监狱来说，罪犯将监狱中的价值规范和规则内化为自我的支配力，是监狱管理和监狱安全的需要。罪犯的监狱化或者形成监狱人格、监禁反应、监狱依赖等，对于监狱管理以及教育、改造和矫正罪犯具有积极意义，但是对于罪犯来说，监狱化或者形成监狱人格使罪犯对监狱固定的生活模式产生了监狱依赖，对将来出狱后的适应社会和融入社会生活的危害是极大的。第四，从教育学的视角，认为罪犯是需要再教育者。教育刑论认为，刑罚的目的在于教育、矫正和改造罪犯，使罪犯在服刑过程中完成再教育化，通过矫正和教育，弥补罪犯社会教育的不足，帮助罪犯完成缺失的教育内容，使之重返社会生活。第五，从生物学的角度，提出了关注罪犯的犯罪遗传因素。犯罪遗传论、犯罪天生论等来自于西方的刑事实证学派的犯罪学理论，在我国的研究领域一直是"犹抱琵琶半遮面"的学术禁区，即使是在现代文化多元化的语境下，也少有人突破。其实，不论这些理论是否有科学依据作为支撑，所提出的研究思路和预防犯罪的思想还是值得我们予以肯定。应该说，刑事实证学派的功绩就在于从刑罚的惩罚性走向刑罚的矫正性，由刑罚的一般预防转向刑罚的个别预防，把犯罪人而不是犯罪行为作为犯罪预防的重点，主张通过各种矫正措施，使之不再犯罪，实现个别正义。因而研究犯罪原因，制定刑事政策，便成为刑事实证学派的重点。这些思想对于我国的犯罪预防和罪犯的改造、教育和矫正都具有借鉴价值。

二、关于罪犯主体论

传统的罪犯认识论在对罪犯的认识上强调监狱人民警察的主体性地位，将罪犯置于监狱改造活动的客体地位。这一观点曾长期占据着监狱理论的主导地位。近几年来，理论界对这一问题提出了质疑，产生了不同的观点：第一种观点认为，在监狱改造罪犯活动中，监狱警察是行刑主体，是对罪犯改造活动的组织实施者，因而也就自然地成为改造主体。而罪犯是服刑主体，是监狱改造活动的接受者，因而是改造客体。① 第二种观点是监狱改造活动主体的“二元论”。认为监狱警察与罪犯都是主体，监狱警察实施改造，罪犯接受改造，监狱警察与罪犯自身都存在主观能动性，只有两者互相作用才能实现改造的目的，因此，监狱警察与罪犯都具有主体地位。第三种观点是自我改造主体论。认为将罪犯置于改造活动的客体地位是错误的，罪犯可以成为“自我改造的主体”。② 罪犯在监狱改造活动中的地位问题，直接影响着监狱的行刑理念和改造活动的方向，因而成为现代监狱理论研究的热点问题。

《监狱囚犯论》认为，社会的文明与进步使社会公众具有了宽容、正义、法治、权利、民主等现代理念，而这一理念也成为社会主义的核心价值。所以，社会公众对待犯罪的态度以及对待罪犯的态度是趋于理性、人道和人性的。因此，在人学理论中，任何人都是社会的主体，并且在社会发展和变迁中担当着重要的使命和职责。在法治社会、公民社会，监狱“应该在教育改造的原则下运行，并且应该将犯人看做公民而不是敌人”。从这个意义上看，罪犯在监狱改造活动中居于主体性地位。

《监狱囚犯论》认为，从监狱警察和罪犯之间的关系看，存在着三种关系：在管理上是管理者和被管理者的关系，在矫正教育活动中是矫正者和被矫正者的关系，在改造活动中是改造与被改造的关系。从表面上看，在三种关系中，罪犯都是处在“被动地位”，似乎理应是被动的客体地位。但是在三种关系的活动中，没有“被动地位”的罪犯的主动参与，就不可能实现监狱的目的。依据辩证唯物主义的观点，外因是变化的条件，内因是变化的依据。事物发展的根本原因不在事物外部而在事物内部，在于事物内部的矛盾性。任何事物内部都有这种矛盾性，这种矛盾性才是事物发展的根本原因。罪犯的改造也是这样，监狱和监狱警察所设置的环境条件只能是强化、促进的外部因素，无法替代罪犯自身的改造。正如有学者所说：“罪犯作为服刑改造主体，只有在参与改造的内驱力得到

① 周雨臣：《关于罪犯的深层思考》，载《中国监狱学刊》2008 年第 3 期。

② 赵玉征：《论罪犯改造质量》，载《中国监狱学刊》2008 年第 3 期。

激发之后，才会主动认同和顺应干警提出的改造要求。罪犯思想只有进入主体意识的觉醒和强化这一层次，也才能从外部的强制和威慑、被动服从的状态中走出来，进入一种主动认同并自觉追求和践行的境界。"①

首先，在监狱管理工作中，确立罪犯的主体地位，就是使罪犯不仅仅是被动地去应对管理活动，而是主动地融入到管理过程中，使监狱和罪犯成为管理工作的利益共同体，强化罪犯在监狱管理活动中的自我管理和自我监督，提高管理效率，确保监狱安全。其次，在对罪犯的矫正教育关系中，罪犯不仅是矫正自己的主人，而且也是监狱矫正教育工作的承担者和受益者。只有确立罪犯的主体地位，才能增强罪犯参与矫正或者自我矫正教育的自觉性、主动性，才能从根本上使罪犯得到矫正教育。最后，确立罪犯在具体改造中的主体地位，意味着罪犯必须对其犯罪行为负责，强化罪犯的罪恶感、耻辱感，反省罪过、唤起良知、恢复理性；意味着对罪犯的矫正教育成为可能，从本质上体现"人是可以改造的"；意味着罪犯对自己的矫正负有重大责任，是矫正的主导者。因此，监狱的一切体制、机制及其制度的设计都必须遵从"以人为本"的思想，一切以矫正教育罪犯为中心，以构建社会主义和谐社会为目标。让罪犯参与到自己的改造中来，让他们自己实现自我革命，矫正教育罪犯必须关注罪犯的人性本质。

三、关于罪犯权利论

《监狱囚犯论》在研究罪犯的权利时，从罪犯的主体地位出发，将罪犯权利置于人权的高度，置于公民权利的同等位置，足见其研究之前瞻性的视野。

在传统监狱认识论中，罪犯的权利一直被淹没在"义务先定"、"义务主导"的文化里，罪犯权利被忽视、被冷漠、被忽略。这是因为传统的监狱认识论是建立在传统的政治文化语境下对监狱的性质进行定位的，监狱归属于政治学的范畴，监狱是国家机器、是暴力机关、是专政工具、是刀把子、是枪杆子。与传统观点不同，《监狱囚犯论》在对传统监狱认识论反思的基础上，认为从现代社会的意义上说，监狱更多地倾向于人学的范畴：惩罚和改造罪犯。惩罚实施和惩罚效果之间的构成媒介是人服刑的刑罚体验和心理感受；更重要的是刑罚中矫正的实现，离不开人的互动、能动和配合。② 因此，归纳起来，追溯监狱的本义，可以概括为：源于报复，载于惩罚，系于改造，止于自由。③ 而对监狱的价值内涵

---

① 郑振远：《在中国特色社会主义理论体系指导下，努力构建中国特色社会主义监狱理论体系》，载《监狱理论研究》2008 年第 4 期。

② 于爱荣主编：《矫正技术原论》，法律出版社 2007 年版，第 1 页。

③ 于爱荣主编：《矫正技术原论》，法律出版社 2007 年版，第 27 页。

就有不同的表述：监狱是什么？从国家的视角，监狱是专政的工具；从刑罚学的视角，监狱是刑罚执行机关；从社会学的视角，监狱是社会的减压阀，是罪犯再社会化的场所；从人学的视角，监狱是对罪犯主体性的确认；从心理学的视角，监狱是对罪犯健康人格的塑造过程；从法治现代化的视角，监狱是社会公平正义的平衡器。①

《监狱囚犯论》在对罪犯权利的尊重、保障和实现上，应适用“法不禁止即自由”。只有这样，才能确认罪犯被剥夺和限制的权利，是基于法院判决书确定的范围，监狱在行刑中，不得以任何名义作出扩大化解释。

《监狱囚犯论》认为，罪犯的人权保护问题取决于监狱管理者和监狱警察的素质。“在西方一个普遍接受的观点是：监狱管理者的角色是‘以正派、人道和公正的方式对待监狱里的囚犯；保证所有监狱囚犯的安全；确保危险的监狱囚犯没有逃跑；确保在监狱中存在良好的秩序和控制措施；为囚犯提供机会，使他们能积极利用在监狱的时间，以便其在被释放后，能重新立足于社会’。”② 在我国，社会公众也充分地认识到改造、矫正和教育罪犯不仅是一项崇高和存在极大风险的职业，而且也要求监狱管理者除具有政治素质之外，还要具有善良、宽容、正义的人文情怀和高尚的人格魅力，以及矫正教育罪犯所需要的专业知识。“为此，要求监狱以及监狱警察要有充分的学识储备和能力准备，让囚犯在监狱学会尊重自己、尊重别人，让囚犯在完成权利诉求的同时，懂得尊重别人的权利，理解别人的诉求，以此循环往复，使监狱成为正义和尊重权利的一个阵地，监狱警察真正成为囚犯新生活的领航者。”③

《监狱囚犯论》还呼吁，要尽快修订《监狱法》，或者是制定监狱法的实施细则，完善和丰富监狱行刑活动的法律法规，使刑事法律形成相互衔接的体系，为罪犯的权利保障和实现奠定法律基础。在监狱工作中，要将罪犯权利落到实处，解决罪犯权利保障中存在的问题，诸如克服罪犯劳动负担过重、超时劳动的现象，保障罪犯的劳动安全权利；保证学习时间，落实罪犯的受教育权；进一步保障罪犯的宗教信仰自由；适当保护罪犯的隐私权、信息知情权等。同时，要规范监狱管理，加强法律监督，建立完善的罪犯权利救济制度，使得罪犯权利全部实现或者部分实现，以及使权利损害控制在最小化。

综上所述，《监狱囚犯论》基于理论激情而呈现的研究活力是令人欣喜的。它呈现出的学术关怀是广博而深厚的，是对当下监狱囚犯前沿问题的深度追问和

---

① 于爱荣主编：《矫正技术原论》，法律出版社 2007 年版，第 2~8 页。

② 于爱荣、魏钟林等著：《监狱囚犯论》，江苏人民出版社 2011 年版，第 67 页。

③ 于爱荣、魏钟林等著：《监狱囚犯论》，江苏人民出版社 2011 年版，总序第 98 页。

解读，是中国监狱学术研究最新成就的多侧面折射。正如我国监狱学专家、中国政法大学的邵名正教授所评价的：“监狱文明是社会文明、政治文明的缩影。监狱是易被社会遗忘的角落，囚犯是易被社会遗忘的人群。关注监狱，研究囚犯，既是监狱工作者撰写本书的初衷，也是从更深层次认识囚犯的本质、特征，探索囚犯改造和矫正规律，提高囚犯矫正质量，服务监狱工作价值追求。改造和矫正囚犯，当然需要研究囚犯。有鉴于此，于爱荣等同志集中了一个团队进行课题攻关，取得了较为明显的研究成果，这对丰富中国监狱学理论，全新认识囚犯，提高改造质量，发挥监狱职能，服务和谐社会建设，起到了很好的理论奠基作用。”[①] 司法部《犯罪与改造研究》主编、研究员高文也对《监狱囚犯论》作出了高度评价：“监狱之所以为监狱，是因为有关押监禁的罪犯。不同历史时期衡量监狱工作成败的标准，只能够是基于当时社会认知所给予罪犯的态度而采取是否适当的对待罪犯的措施，及罪犯与之相应所表现出来的感受。在以人为本、强调社会和谐背景的今天，是否保障维护罪犯的权利，服务满足罪犯的需要，并在此基础上教育改造罪犯，就是衡量我们当今监狱工作好坏的标准。《监狱囚犯论》一书正是从这一视角出发，深刻揭示出监狱与囚犯关系变化的诸多规律性，为新时期探索出一条能够更好地体现我们社会文明发展进程的监狱建设之路提供了坚实的理论支持。”[②]

① 于爱荣、魏钟林等著：《监狱囚犯论》，江苏人民出版社 2011 年版，封底。

② 于爱荣、魏钟林等著：《监狱囚犯论》，江苏人民出版社 2011 年版，封底。

问题意识是监狱警察研究的不竭动力

宋立军*

由于爱荣、魏钟林等人所著的《监狱囚犯论》是“21世纪监狱人文探索丛书”之四，于爱荣在总序中说：“监狱警察既有人民警察的共有特征，即国家性、武装性、治安性，也有自身的特殊性，即角色身份多重性、履职对象复杂性、任务强度超常性等，是诸警种中涉及知识领域最多、制度设定最讲价值理性、现代化建构最为多元的一个主体。”对监狱警察这一特殊的主体进行研究，历来是监狱研究的重点，但是像《监狱警察论》（以下简称“本书”）这样系统化、理论化的“全卷式研究”专著并不多见。从某种意义上讲，本书集国内监狱警察研究成果之大成，而其中蕴含的问题意识则是本书的一大特色，将为今后此类研究提供借鉴。

一、本书的主要内容

（一）本书的结构

本书除总序及序外，共包括引言及十五章内容。引言部分对警察与监狱警察的概念进行解读，对我国监狱警察的角色定位与改革发展、监狱警察论的研究视角和主要特色、本书的主要内容进行阐述。第一章至第十五章分别对监狱警察哲理、监狱警察权力、监狱警察身份与认同、监狱警察纪律、监狱警察伦理、监狱警务模式、监狱警察资格、监狱警察职位、监狱警察训练、监狱警察危机处置、监狱警察公共关系、监狱警察绩效评价、监狱警察警务保障、监狱警察执法监督、监狱警察现代化等方面进行论述。中国政法大学王平教授在序言中指出，本书涵盖了监狱警察研究领域的基础性问题和实务性问题，并将二者有机地结合起来，“系统反映了当前对我国监狱警察研究的深度与广度”。

（二）本书对以往的相关研究进行了总结和归纳

自从1994年《监狱法》颁行后，对监狱警察的研究越来越受到理论界和实

---

* 作者简介：宋立军，男，辽宁省义县人，人类学博士，江苏省司法警官高等职业学校副教授，主要从事监狱社会学与人类学研究。

务界的重视。笔者对此进行了文献检索。经不完全统计，以"监狱警察（民警、干警）"等关键词为标题共搜索出文献400篇（部），其中专著25部（1995年至2012年6月），学位论文73篇（2003年至2012年6月），期刊论文302篇（2000年至2012年6月），具体情况见下表：

监狱警察方面的专著、学位论文及期刊论文统计表

论题	数量				论题	数量			
	专著	学位论文	期刊论文	小计		专著	学位论文	期刊论文	小计
警察科技			2	2	警察专业化			11	11
职业风险			2	2	执法监督		4	20	24
人际关系		1	2	3	警察训练	8		17	25
警察理念			5	5	警务保障	1	5	21	27
警察地位			6	6	警察素质	2	6	19	27
警察职位	1	1	5	7	警察伦理	2		25	27
警察文化			8	8	警察管理	3	5	27	35
警察执法		3	7	10	警察绩效		13	24	37
警察职业化		3	7	10	警察健康	4	29	78	111
警察能力		1	9	10	其他	4	2	7	13

将上表同本书的结构相对比，可以看出本书对以往研究进行了系统归纳和总结，特别是吸收了学术界最新的研究成果。如近些年来备受关注的监狱警察权益保障问题、监狱警察专业化建设问题、监狱警察身份认同危机问题等。当然，本书在内容的选择上也存在一定的疏漏，如占笔者所收集的总文献数量四分之一强的"监狱警察心理健康"问题，虽有所述及，但略显单薄。

二、本书的问题意识

学术研究只有建立问题意识，才能向世人呈现现有"知识库存"不能解决或解答的问题。① 换言之，我们必须保证学术研究能够提供"具有知识增量意义的观点和思想"。② 不难发现，本书在结构上正是以问题意识来串联的。因篇幅

① 仇立平：《社会研究和问题意识》，载《江苏行政学院学报》2010年第1期。

② 邓正来著：《寂寞的欢愉》，法律出版社2004年版，第6页。

所限，笔者仅选取四个方面介绍。

（一）监狱警察的角色

1. 监狱警察也是人

有一种观念认为，监狱是国家机器的重要组成部分，是人民民主专政的工具之一。《劳动改造条例》（1954）第2条明确规定："中华人民共和国的劳动改造机关，是人民民主专政的工具之一，是对一切反革命犯和其他刑事犯实施惩罚和改造的机关。"因而，监狱警察是阶级统治的暴力工具。1994年《监狱法》颁行，从这部法律中我们已经找不到"专政"、"机器"、"工具"等字眼。也就是说，随着社会的发展，人们已经认识到不必过于强化监狱的政治工具色彩。作为监狱工作主体的监狱警察，也不再是冷冰冰的"工具"，相反他们首先应该作为人来被尊重和理解。通观本书，我们能够得出这样的结论——"监狱警察也是人"。"监狱警察也是人"应该是监狱警察研究的逻辑起点。"监狱人文五论"总序中强调："在当下科学发展与以人为本语境中如何建构监狱警察主体，将是本论研究的重点。"如果说服刑人员也是人，是出于人道主义、人本思想来思考监狱问题的话，那么将监狱警察从"国家机器"引向"人"，同样也是建立健全现代监狱制度必须正视的课题。以往我们总是在政治意识形态领域里考察监狱警察，认为他们的职责是"看住炸药库、守好火山口"，是维护社会治安的重要力量。但是随着时代的发展，监狱警察越来越回归到"人"的本来轨道上来。监狱警察也是这个社会中充满情感、具备理性的人。他们会在现有的体制下作出趋利避害的抉择，也会在单调乏味且压力重重下感到挥之不去的懈怠。监狱警察同样也有七情六欲，在讨论监狱警察这一主题时自然无法回避这些问题，如"警察群体非主流文化的渗透，使'带好班，不出事'这样的诉求已经由监狱警察职业操守的底线深化为警察群体日常化的、基本的职业态度，获得普遍的认同"。这是人性最本真的反应。

2. 监狱警察是职业人

"监狱警察是社会分工中的一种职业"，监狱警察是一类特殊的由不同岗位组成的职业群。正因为监狱警察具备职业人的角色，因而才要考察监狱警察权力、身份与认同、纪律、训练、绩效评价等问题。也正是基于"监狱警察是职业人"这一基本的判断，本书才更加突出对监狱警察职业性的研究，特别是对监狱警察的职业化问题进行了深入的探讨。本书作者认为，监狱系统在招录警察时，应该建立职业资格准入制度，制定职业资格准入标准，并对特殊职位实行定向招录。这一结论显然来源于对当前监狱警察招录制度的反思，因而其所提出的解决方案有一定的针对性和可行性——"我国监狱警察如果继续沿用从高等院校毕业生中，通过省级公务员统一招考方式进行录用，虽然可以改善警察队伍文化结构，但没有一定的专业知识和业务技能，难以胜任监狱工作职业要求"；"应借鉴公安系统招录警察的做法，增加心理、体能、智力等方面专门测试，真正将能胜任监狱工作的人员招进来"；"对一些监狱急需的专业性强的职位，采用定向招录"，参照法院书记员招录办法、深圳聘任制招录方式、上海政府雇员方式、人事代理方式等；建立监狱警察职业资格证书制度等。顺承此逻辑的必然讨论议题便是监狱工作人员职位设置的问题。科学的职位设置"是监狱警察有效履行职责的基础，也是监狱警察管理工作中最基础最重要的一环"。由此还要引出职业人群体必须面对的问题，那就是监狱警察的专业化建设问题。而监狱警察的职业化和专业化正是实现监狱现代转型的必然选择。

3. 监狱警察是社会工作者

通观本书，我们不难发现，鉴于目前我国监狱警察的职业分类并不科学、专业化程度不高的状况，监狱警察还应具备社会工作者的属性。在这个监狱警察与服刑人员高度二元化的世界里，监狱警察对于权力的支配、控制都将影响服刑人员在监狱内权利的享有。在这种情况下，强调监狱警察的社会工作者角色尤为重要，因而监狱警察更应该成为"矫正罪犯的服务者、帮助者、引导者"。

（二）监狱警察的社会关系

人们总是在特定的社会关系中进行自我身份认同。监狱警察将自己的生活轨迹游移于大墙内外，因而他们所处的社会关系非常复杂。本书对此进行了系统的概括和思考。

1. 监狱警察的职业内部关系

一是处理好警囚关系。警囚关系是监狱警察必须面对的现实社会关系，但是长期以来未得到较为深入的研究。本书专门对这一问题进行了论述，认为应当"将警察刚性的控制职能弱化一些，将警察柔性的服务职能加强一些，建立和谐的警囚关系"，"避免人为的警囚矛盾激化"，其有效途径为："建立高效廉洁的警察队伍，并加强与罪犯的有效沟通"。其实警囚关系问题十分复杂，值得更加深入的研究。在这方面国内也有一些有益的实践。例如，河南省平原监狱在处理警囚关系中积累了不少经验——监狱警察在与服刑人员交往中平等真诚、换位思考，努力通过自身的榜样作用引导服刑人员终身学习等。[①]

二是处理好监狱警察与监狱机关的关系。这种关系正常化首先表现为监狱警察应遵守监狱机关的纪律。科层制官僚体制组织中，组织成员要严格遵守纪律，

① 郭永刚：《营造和谐的警囚关系》，载《河南法制报》2010年11月3日第5版。

以此维持组织的“行政秩序”。[1] 其次表现在监狱机关对监狱警察权利的保障上。这些保障具体体现在政治保障、法制保障、资源保障、权益保障等方面。本书在这一点上纠正了长期以来的偏见——在监狱警察与监狱机关关系方面，片面强调个人对组织的服从，强调遵守纪律，忽视警察的权利保障。

然而，令人多少有些遗憾的是，本书在监狱警察的职业内部关系中忽略了“警警关系”这一层面。实际上这一社会关系的建构与发展也将影响监狱警察的整体素质甚至是监狱工作的走向。监狱警察间的上下级关系、官与民的关系、同事关系，[2] 都是监狱警察研究中不容回避的主题。

2. 监狱警察的公共关系

这也是本书与同类著作相比的亮点之一。“监狱越来越开放，监狱机关和监狱警察与社会的各个方面接触越来越频繁、越来越密切，监狱警察越来越需要公共关系，监狱警察公共关系也就越来越有讨论和研究的必要。”在与监狱内部公众与外部公众的交往过程中，监狱警察的公共关系意识和技能直接关系到监狱的公共形象善恶，关系到监狱警察群体的社会公信力高低。本书除强调监狱警察公共关系策划以外，还对警察公共关系提出了一些易于操作的方法——提高监狱警察与公众的语言沟通与交流的能力，善于利用新闻发布会和网络进行舆情应对。

（三）监狱警察权力

从常识的角度看，监狱警察权力问题的阐述应该主要集中在权力制约方面。本书亦对此进行了分析（如本书第十四章），但是本书并未满足于此。本书第二章还对监狱警察权力进行了哲学意义上的解读。

首先，从权力谱系的视角看，监狱警察权力“是监狱警察为实现国家意志，组织管理囚犯在实现刑罚执行目标的过程中对囚犯理念、行为的影响力和控制力。或者说监狱警察权力是监狱警察凭借一定的政治（法律）手段，在监狱有序的结构中，对监狱刑罚权力的一种支配力和控制力，是职位、职权、责任和服务的内在统一”。在权力行使的过程中，职与权之间存在着极大的张力，“有职无权、职大权小、职小权大等悖论性的问题也会存在，同一职位不同的人去做会有截然不同的方式和效果的现象也会是常态”。其次，从监狱警察权力的叙事范式视角看，监狱警察权力可以在不同的语境下进行多元表达。基于权威性和合法性阐释，监狱警察权力本质上就是国家权力；基于不同的语境重构，监狱警察权

---

① ［德］韦伯著：《社会学的基本概念》，顾忠华译，广西师范大学出版社 2005 年版，第 69 页。

② 宋立军：《超越高墙的秩序——记录监狱生活的民族志》，2010 年中央民族大学博士学位论文，第 57~61 页。

力表现为政治权力、经济权力、社会权力和文化权力；基于权力意志的深描，监狱警察权力意志与囚犯的权力意志较量成为监狱制度设计、监狱文化建构永恒的考量。再次，从监狱警察权力向度的视角看，监狱警察的权力常常表现为二元的结构形式，即行为权与话语权、强制性权力与诱导性权力、总权力与分权力。最后，监狱警察权力在行使过程中拥有自主空间，这种自主空间既是制度设计中所留下的空白，也是监狱警察"基于规避权力风险等功利性考量"的产物。

我们会发现，对监狱警察权力的哲学解读，是基于对监狱变迁时代背景的理解和把握，是对监狱现实的冷静剖析，它对当前监狱改革和发展中所面临的某些问题进行了很好的解答，体现了作者敏锐的洞察力和严谨的思辨能力。

（四）监狱警察现代化

"我们把现代化看作是人类历史上社会变革的一个极其戏剧性的、深远的、必然发生的事例。不管这种变革是好是坏，它的影响会波及所有的人，因为他们会同那些已经具有这种变革模式的人们接触。"① "监狱警察的现代化是监狱法治文明从传统走向现代的必然标志。"本书认为，监狱警察现代化包括四个方面的内涵，即刑罚观念的现代化、职业素养的现代化、警用装备的现代化和人力管理的现代化。刑罚观念的现代化主要表现为理性、人道、效益和开放；职业素养的现代化主要表现为政治素养、法德素养、知识素养、能力素养、心理素养和身体素养的全面稳定发展；警用装备的现代化的考量标准主要表现为效益性、安全性和秩序性；人力管理的现代化主要表现为强化培训制度、改革传统科层制度、加强绩效考核、完善职业生涯管理、探索职位精细分类。

在全球化的背景下，监狱警察现代化问题会成为当前乃至今后研究的重点，不管本书是否探及这一问题的本质，都将为今后的研究提供以资借鉴或批驳的素材。

三、如何培养研究的问题意识

仇立平教授认为，"从社会学的角度看，所谓'问题意识'就是人们在考虑任何问题时都要把这些问题放在一定的历史的、社会的背景下，都要分析无数个个人是怎样主动参与，'共谋'这样的行为规范，并采用'适当'的理论解释或诠释人们的行为或观念"。② 从这一概念界定以及本书所呈现的问题意识中，我们不难发现，在监狱警察研究中培养问题意识应注意以下几个方面：

---

① ［美］吉尔伯特·罗兹曼主编：《中国的现代化》，陶骅等译，上海人民出版社1998年版，第4页。

② 仇立平：《社会研究和问题意识》，载《江苏行政学院学报》2010年第1期。

（一）要把握好特定的历史和社会背景

社会科学研究者都是对其所处的历史和社会极其敏感的人，他们善于运用自己独特的社会想象力，将个人的命运与时代紧密结合起来，用独特的思维方式来观察、分析和解释司空见惯的社会事实。当然，监狱警察研究也不例外。非常显见的事实是，1994 年《监狱法》颁布后，监狱警察的角色及地位发生了前所未有的变化，监狱警察这个职业群体也经历了社会转型的洗礼。在这个过程中，围绕监狱所发生的各种错综复杂的社会现象都与监狱警察有着千丝万缕的联系。而这些社会现象背后都隐藏着具体的社会问题。"我们能回答什么问题取决于我们提出了什么问题。"① 但是若想提出真问题而不是假问题，就必须具备对特定的历史和社会进行准确把握和解读的能力，尽管这种把握和解读对不同的研究者可能有不同的甚至是相反的结论。这种整体的历史方法论将有利于我们在监狱警察研究中培养问题意识。例如，本书对监狱警察公共关系、监狱警察权力的阐述，正是基于此种考量。

（二）既要关注制度的局限性也要关注个体的能动性

在涂尔干看来，社会是独立地存在于社会成员以外的实体，社会对个体具有强制性。② 这一论断同样也适用于监狱警察的研究。我们必须承认，监狱警察的观念和行为绝对不能超越社会的模塑，特别是监狱制度的影响。因而，监狱警察研究也不能脱离宏观的制度层面。同时，我们也不可忽视个体能动性。毕竟监狱警察在实际工作中总要主动参与、密切交往，在追求"意义"中寻求制度性的突破。例如，本书在监狱警察职业化的路径选择上就大胆地提出了职业准入制度，向现有的、僵化的、纯粹的"公务员体制"提出了挑战。

（三）要掌握适当的理论和方法

所谓的理论，通俗一点讲就是坚持什么样的范式去研究。而对研究者来讲，"理论作为一种范式被接受，它必须优于它的竞争对手，但它不需要，而且事实上也绝不可能解释它所面临的所有事实"。③ 也就是说，对于特定的问题，要选择合适的理论作为解释的工具。监狱警察研究同样也面临着这样的抉择。例如，我们依据福柯的微观权力理论、狱内探头的出现以及省内系统联

---

① ［美］兰德尔·柯林斯、迈克尔·马科夫斯基著：《发现社会之旅——西方社会学思想述评》，李霞译，中华书局 2006 年版，第 3 页。

② 王养冲著：《西方近代社会学思想的演进》，华东师范大学出版社 1996 年版，第 140 页。

③ ［美］托马斯·库恩著：《科学革命的结构》，金吾伦、胡新和译，北京大学出版社 2003 年版，第 16 页。

网，确实保证了"对监控者的监控"。"如果监狱长能够从中心监视厅既不移动又不被察觉地进行监视，既能看到所有囚室的入口，甚至在无数玻璃的门打开时能看到大多数囚室的内部，又能看到看管各层犯人的看守，那么这种监视是最理想的。"① 本书正是在这一理论框架下，对监狱权力作出了如下解释："而介入监狱警察权力场域的信息化也正以锐不可当之势建构'超级全景监狱'，监狱网络使警察控制、规训囚犯更精准有力，同时警察自身也被权力上层通过网络所控制、规训。"当然，我们也可以从马克思的冲突论视角中得到启发，那就是监狱警察在被控制中也会采取隐蔽的手段抗争，而这种抗争将会引起监狱文化的进一步变迁。

方法（含方法论）也是一个不可忽视的问题。我们反对为方法而方法，方法要为认识和解决问题服务。根据每个人的学术训练以及偏好，我们可以采用主位研究方法（局内人视角）或者客位研究方法（局外人视角）、定量研究方法或者定性研究方法。当然还有更为具体的方法可以选择。不同的研究方法可能也关涉到问题意识的深度和广度。以本书为例，几乎所有的作者都是以监狱警察的视角来书写监狱警察问题，缺少他者眼光的介入。这使有些监狱警察或者监狱问题的解释仍然只能局限于表层。此外，由于定量研究和定性研究的功夫欠缺，对监狱警察的研究缺乏量化数据和生活事实的支撑，使本该浓厚的问题意识无形中被淡化。这也是目前监狱研究中普遍存在的不足，有必要引起相关研究者的注意并加以改进。

（四）要具备怀疑精神

怀疑，就是一种自我反思和否定的能力。胡适的"大胆假设，小心求证"，笛卡儿的"我思，故我在"，亚里士多德的"吾爱吾师，吾更爱真理"等都是怀疑精神的具体表述。具有怀疑精神的人，懂得世界上并没有绝对的真理，认可并尊重多元的文化性，坚持文化相对论。人类是有怀疑的禀赋的，但是这种禀赋常常被常识所遮蔽。因而，人们要善于通过实践提高自我反省的能力。这种反省主要体现为要从认识论上与经验主义和理性主义决裂。经验主义者常常会犯保守封闭的错误，而理性主义者常常自以为是地将普遍合理性强加给不认可这些观念的人们。在当今时代，后者的危害尤其严重。因而，我们必须要保持对理性主义的怀疑态度，对那些被大多数人认为具有普遍合理性的假

① ［法］米歇尔·福柯著：《规训与惩罚：监狱的诞生》，刘北成、杨远婴译，三联书店2003年版，第280页。

设做出必要的修正和批判。[①] 例如，目前监狱新招录警察问题日益成为监狱警察研究中比较迫切的主题。然而，研究者常常将新警对监狱固有文化不适应甚至“破坏”作为研究的切入点，却很少反思监狱文化的滞后性对人的禁锢以及监狱文化改造的必要性。事实上，新警无异于一面镜子，监狱可以借助这面镜子进行自我修正与完善。

① ［美］迈克尔·赫茨菲尔德著：《人类学：文化与社会领域中的理论实践》，刘珩等译，华夏出版社2009年版，第6页。

附录 1：

于爱荣简介

于爱荣，男，1957 年 2 月生，汉族，江苏金坛人，硕士研究生，1977 年 8 月参加工作，1986 年 11 月加入中国共产党。

曾历任江苏省少年犯管教所管教科干事、科员；省劳改局教育改造处副科长、副处长（正科级）；省第七劳改支队副支队长（副处级）；省劳改局教育改造处处长（副处级）；省劳改局政治部副主任；常州监狱政委、党委副书记；监狱管理局党委委员、政治部主任兼组织处处长；监狱管理局副局长、党委委员；省监狱管理局党委书记、局长、省司法厅党委委员。现任省监狱管理局党委书记、局长兼省司法厅副厅长、省司法厅党委委员。2013 年 4 月任江苏省人民政府法制办公室主任、党组书记。

具有丰富的阅历，乐于探索追求，对监狱管理和监狱理论研究富于见地。先后主编或合作的著作有《罪犯改造质量评估》、《监狱人民警察管理》、《特别人生指导 400 问》、《个别教育导论》、《监狱评论》（第 1 卷）等 10 余部，在国家核心期刊上发表论文 40 余篇，其中主编的《罪犯改造质量评估》一书荣获司法部第三届“金剑文化”二等奖和第二届全国法学教材与科研成果三等奖。

附录2:

“21世纪监狱人文探索丛书”编委会及作者名单

主 任 委 员：于爱荣

副主任委员：黄运海

委　　员：倪龙兴　刘保民　王保权　沈建生　魏钟林　张　晶　朱志良　张庆斌

《监狱文化论》作者：于爱荣　黄运海　宋　行　马　岩　张庆斌　张　晶　聂　晶　缪文海　彭　兵　胡配军　王　彦　张　玲　刘方冰

《监狱形态论》作者：于爱荣　倪龙兴　张庆斌　张　晶　王兆证　刘方冰　潘孝银　王东亚　马　岩　嵇为俊　王晓山　周高逊　赵新东　宋　行

《监狱制度论》作者：于爱荣　王保权　宋　行　刘　毅　胡配军　马臣文　陶新胜　彭元春　缪文海　张庆斌　张　晶　刘方冰

《监狱囚犯论》作者：于爱荣　魏钟林　马　岩　张　晶　乔成杰　张庆斌　刘方冰　张　玲　彭元春　陈立友　杨木高　王兆证　闫成瑞　章　松　彭州文

《监狱警察论》作者：于爱荣　沈建生　宋　行　刘　毅　刘方冰　郭宏龙　胡配军　黄　玉　王　彦　陈文峰　刘庆林　陈立国　张　晶　聂　晶　朱　伟　徐春光　卢义明　马　岩　张留保　王东亚　周高逊　李凤奎　张庆斌　张卫军　孙尊超　王传敏

附录3:

《监狱文化论》目录

（江苏人民出版社 2009 年版）

附录4：

《监狱形态论》目录

附录2 监狱改造环境规范
附录3 监狱建设标准
附录4 监狱建设标准条文说明
参考文献
后记

（江苏人民出版社2010年版）

附录5：

《监狱制度论》目录

（江苏人民出版社 2010 年版）

附录6：

《监狱囚犯论》目录

（江苏人民出版社 2011 年版）

附录7：

《监狱警察论》目录

（江苏人民出版社 2011 年版）

美国监狱私营化的关注点

关注点一：监狱私营化的缘起是为解决监狱拥挤问题

20世纪70年代中期，西方国家的犯罪率、重新犯罪率、累犯率等居高不下，严重威胁着公众安全，引起了社会公众的不满。

打击犯罪、严惩罪犯的呼声成为主流舆论。

社会公众认为保卫社会最好的方法仍然是惩罚和监禁，只有将罪犯关进监狱，剥夺他们的犯罪能力，才可以降低犯罪率，才能够保护社会公众的安全，才能够体现社会的公平正义。

美国“囚犯战争”是指有关囚犯的战争，即美国“犯罪战争”和“毒品战争”中过度使用监禁刑造成高监禁率，致使监狱人满为患的社会现实。

关注点二：监狱私营化的价值取向是降低成本和提高效率

私人企业声称，由私人部门承担监狱管教服刑人员的公共职责，在监狱管教这样的公共服务领域引入竞争力量和竞争机制，有助于引入创新机制，进而降低成本，提高效率。

一般认为，“私人经营监狱比政府监狱能节约10%~15%的成本。”

美国佛罗里达州独立审查机构通过对私营监狱和公共监狱的重新犯罪率比较后，于1998年发布研究报告：“得出的结论是，私人机构服刑人员释放后1年内再次犯罪比例为17%，而公共管教机构则高达24%。”

关注点三：美国监狱私营化的主导形式

美国监狱的私营化主要是通过签约外包的形式实现的，它的理论基础是新公共管理理论关于公共服务市场化的主张。强调“政府部门通常通过合同外包、业务分担、共同生产或解除管制等具体形式，将部分公共服务转由非政府部门经营，政府只需承担资金筹措、业务监督以及绩效评价等责任”。

第一种是“名义上的私营化”监狱，是私营部门帮助政府建造新的监狱。

第二种是监狱非核心业务签约外包。

第三种是签约租赁和经营监狱。

第四种是合作经营监狱。

总之，美国监狱私营化的形式，是以契约形态为核心，依照合同的约定而进行的制度设计。不同的具体合同安排，意味着政府机构和私人公司的具体职责、权利与义务边界存在多种丰富的现实组合形式。根据实际情况，政府可以从中选择最合适的方式矫正罪犯，提高管教服务的整体绩效。

关注点四：美国监狱私营化争议的焦点

关于私营监狱的合法性。

关于私营监狱是否降低了成本。

关于私营监狱是否提高了效率和质量。

关于私营监狱的权力边界。

美国监狱私营化的关注点

王廷惠教授的《美国监狱私有化研究——私人部门参与提供公共服务分析》是目前笔者所见到的较为全面介绍和分析国外监狱私营化的著作。笔者认为，监狱私营化概念的引入不仅仅是监狱管理制度的创新，更重要的是监狱理念的变革。在我们的传统观念里，监狱是国家的暴力机器，是惩罚犯罪和改造罪犯的场所，是国家行使权力的表征，必然由国家单一掌控。而在新自由主义思潮的影响下，新公共管理理论催生了监狱矫正罪犯功能由公共部门向私人部门的转移，监狱成为公共产品，对罪犯的矫正和教育是公共服务供给的组成部分。美国监狱私营化的实践彻底颠覆了传统的监狱观念，对我们的视域产生了强烈的冲击。笔者认为，美国监狱私营化的实践对于我国监狱体制改革具有借鉴意义。

一、监狱属性的多元化

监狱是什么？这是一个看似简单却十分复杂的问题。因为不仅不同的历史时期对监狱的属性有不同的定位，而且运用不同的理论，站在不同的角度，也会得出迥异的结论。仅以我国为例，古代监狱的自身特征相对单一，是统治者暴力机器的组成部分。新中国成立后，出于巩固新生政权的政治需要，我国将监狱定位于“无产阶级的专政工具”；到了 20 世纪 80 年代，随着我国改革开放的不断深入，我国的社会结构发生了重大变化，监狱的属性被重新定位，特别是 1994 年颁布的《监狱法》彻底放弃了监狱的政治属性，以法律形式使监狱回归法律属性，定位为“国家的刑罚执行机关”。由此，在法律框架下，监狱的属性开始呈现多视角、多元化的解读。从刑罚学的视角来看，监狱是刑罚执行机关；从社会学的视角来看，监狱是社会的减压阀，是罪犯再社会化的场所；从人学的视角来看，监狱是对罪犯主体性的确认；从心理学的视角来看，监狱是对罪犯健康人格的塑造过程，是对个性不良品质的改造和矫治；从法治现代化的视角来看，监狱是社会公平正义的平衡器；从文化学的角度来看，监狱是文化的缔造者和传播者等。不仅如此，王廷惠教授还从新公共管理理论的视角出发，认为监狱是公共物品，抑或是公共产品，是国家的物质附属物，是社会的有机体，是社会的公共服务部门。因此就出现了私人部门参与监狱服务和产品供给的现代意义上的所谓

“私人监狱”。以美国为代表，在世界范围内掀起了监狱私营化运动。

在这里，对美国监狱私人商业性参与的属性认定，王廷惠教授使用了“监狱私有化”、“私人监狱”等概念，笔者查阅了相关资料，发现大多数学者使用的是“监狱私营化”和“私营监狱”的概念，如储槐植教授发表在《国外法学》1985年第2期的论文《美国监狱制度改革的新动向——监狱私营化》；陈颀发表在《北大法律评论》2009年第1辑的论文《美国私营监狱的复兴———个惩罚哲学的透视》；姜文秀发表在《中国刑事法杂志》2011年第3期的论文《美国监禁刑的困境、出路及其启示》；杜强发表在《社会》1999年第2期的论文《美国监狱私营化现象》；于世忠、郑黎平发表在《浙江省政法管理干部学院学报》1994年第4期的论文《评美国监狱的私营化趋势》；美国的杰姆斯·海奇发表在《国外法学》1987年第6期的论文《私营公司在美国监狱系统中的获利之道》（朱伟临译）；李忠民的2012年西南政法大学博士学位论文《美国刑事商业性私人参与研究与借鉴》；姜文秀的2011年吉林大学博士学位论文《美国“囚犯战争”研究》；由挪威的托马斯·马蒂森著，由北京大学出版社2014年6月出版的《受审判的监狱》（胡菀如译）等都使用了“监狱私营化”、“私营监狱”的概念。只有赵萌发表在《世界博览》2012年第7期的文章《私人监狱干预美国政治》和敬乂嘉发表在《复旦公共行政评论》2007年第1期的论文《从美国监狱私有化看美国公共治理的路径变迁———个核心职能私有化的视角》使用了“监狱私有化”、“私人监狱”的概念。笔者认为，依据美国监狱私人参与的状况和监狱经营的性质，并不属于法律意义上“私有化”的范畴，而是属于政府公共管理事务，或者是政府公共服务领域的私营部门的介入，或者是政府在公共服务领域与私营部门的合作。因此，使用“监狱私营化”和“私营监狱”的概念比较确切。关于这一问题，早已引起了学者们的注意，吴宗宪教授就认为，“监狱私营化（prison privatization，privatization of prison）又称为‘矫正私营化’（privatization of corrections）、‘私营机构’（private sector），是指私营公司参与监狱的建设、管理和为监狱提供服务的现象与趋势。”[①] 还有学者就认为，“把‘private prison’译为‘私营监狱’而非‘私有监狱’，因为现有的私营监狱在刑罚层面上必须依赖国家，私营公司拥有的是监狱设施的产权和监禁犯罪人等监狱运营的权利。”[②] 所以，在本文中，除引用原文外，均使用了“监狱私营化”和

① 吴宗宪：《论西方国家的监狱私营化及其借鉴》，载陈兴良主编：《刑事法评论》（第14卷），中国政法大学出版社2004年版，第361~394页。

② 陈颀：《美国私营监狱的复兴———个惩罚哲学的透视》，载《北大法律评论》2009年（第1辑），第149页注释。

“私营监狱”的概念。

二、监狱私营化的缘起：解决监狱拥挤问题

20世纪70年代中期，西方国家的犯罪率、重新犯罪率、累犯率等居高不下，严重威胁着公众安全，引起了社会公众的不满。打击犯罪、严惩罪犯的呼声成为主流舆论。社会公众认为保卫社会最好的方法仍然是惩罚和监禁，只有将罪犯关进监狱，剥夺他们的犯罪能力，才可以降低犯罪率，才能够保护社会公众的安全，才能够体现社会的公平正义。正是基于打击犯罪的需要，约翰逊政府于1965年发起了在全美范围内以控制犯罪为目标的全面打击犯罪的战争。美国哈佛大学教授詹姆斯·威尔逊在1975年出版的《对犯罪的思考》一书中指出，对付罪犯的最好方法就是惩罚和监禁，他认为，社会上很大一部分犯罪是由极少数人实施的，对待他们，只有关进监狱，与社会隔离，从而剥夺他们的犯罪能力，就可以降低犯罪率，而不一定需要花费更多的时间、精力和经费来矫正。他对监禁的态度简单明确：应将更多的犯人囚禁起来，囚禁的时间应更长，甚至建议有些犯人服刑期满后应被流放而不应让他们再回到社会上。在这种情况下，美国从实用主义和功利主义出发，统治者不得不制定了更为严厉的惩治犯罪的法律。先后推出了体现刑罚强硬性的刑罚公正刑事政策和体现刑罚宽容性的帮助罪犯重返社会政策。这些刑事政策主要“强调刑罚的报应、剥夺和威慑作用，主张限制司法自由裁量权，体现了一种强硬的刑事政策立场。强硬主义的刑事政策集中表现在：加大刑罚的力度，提高对累犯的刑期；恢复死刑的执行；加重对严重的少年犯罪的处罚，少年暴力犯罪由少年法庭转至成年犯审判程序；限制法官的自由裁量权；废除不定期刑转而强调刑期的确定性；采用更多的剥夺自由措施，监禁所有已被判刑的重罪犯；曾广泛使用的缓刑、居住方案、工作释放、假释等社区矫正制度受到不同程度限制，尤其是限制假释适用的倾向极为明显”。① 具体说来，刑罚公正刑事政策主要有：一是“报应”政策。强调刑罚对犯罪行为的报应性打击，彰显社会的公平正义。要求“立法者与司法者在罪刑关系上寻求对等关系，对犯罪人以对等的刑罚，惩罚其相应的罪行，以期实现对犯罪人犯罪的报应”。② 二是强制最低刑量刑政策。确保对犯罪行为人人身自由的足够的剥夺期限。“通过在法律上规定确定的、具体的刑罚以威慑罪犯，对特别的犯罪法律规定最低刑罚。”③ 三是量刑准则政策。针对严重危害社会的犯罪行为、累犯、

① 姜文秀：《美国“囚犯战争”研究》，吉林大学2011年博士学位论文，第94页。

② 翟中东著：《矫正的变迁》，中国人民公安大学出版社2013年版，第110页。

③ 翟中东著：《矫正的变迁》，中国人民公安大学出版社2013年版，第110页。

惯犯等适用更为严厉的惩罚措施。要求“立法者通过确定不同犯罪等级和不同的犯罪记录，以确定不同犯罪与犯罪人的受刑幅度，司法者根据量刑幅度确定刑罚”。① 四是真正服刑政策。这一政策的基本特点是要求罪犯在监狱内承担刑事责任，在监狱内实质性地服完足够长的刑期才能出狱，刑期的长短依照法定的比例来计算。刑罚公正刑事政策是严厉打击犯罪，维护社会安全的体现，也是社会公众对社会秩序的要求，彰显的是对严厉犯罪的强烈应对。

正是在这一政策的指导下，美国监狱的人口急剧上升。从监狱在押犯的总数上看，“1970 年美国联邦监狱和州监狱共有在押囚犯不到 20 万，2009 年这个数字达到 230 万。美国政府不得不大规模兴建新的监狱，但是监狱仍然供不应求。监狱拥挤，以及由此带来的种种问题更是超乎想象”。② 到 2010 年，美国的罪犯总数又进一步提升，“在押囚犯，加上缓刑和假释人员，总数超过 730 万，比 1980 年增长了 290%”。③ 从每年罪犯的增长情况来看，应该说增长的速度是惊人的。“1990 年到 1999 年，全美净增罪犯 74 万，平均每年增长 5.7%，而联邦罪犯的年增幅则高达 8.8%。1992 年，包括看守所监禁人口在内的美国监禁人口是 1295150 人；1995 年是 1585586 人，比 1992 年增长近 30 万人；1998 年是 1816931 人，比 1995 年增长约 23 万人；2001 年是 1961247 人，比 1998 年增长约 15 万人；2004 年突破 200 万，达到 2135335 人，比 2001 年增长约 17 万人；2007 年继续增长到 2298041 人，比 2004 年增长约 16 万人。”④ 囚犯的急剧增加，相对于增长缓慢的监狱床位而言，给监狱关押带来了巨大的压力，全美的所有监狱几乎都在超负荷运行。“美国司法部报告承认：监狱已经超负荷监禁，估计超员 10%至 21%。1999 年，联邦监狱超押率达到 132%。混关混押现象严重，分级关押难以落实。据官方统计，2008 年，美国监狱容量是 2093021 个囚犯，超押率达到 110.1%；美国联邦监狱容量是 122479 个囚犯，超押率是 162.0%；美国州监狱容量是 1142129 个囚犯，超押率达到 115.6%；美国看守所容量是 828413 个囚犯，负荷率是 94.8%。”⑤ 与此同时，随着监狱监禁人口的增加，美国联邦和州政府的财政负担也日益加重，已经到了不堪重负的地步。“2001 年，全美用于监狱罪犯的开支达到 450 亿美元，而在 1980 年只有 70 亿美元。20 世纪 90 年

---

① 翟中东著：《矫正的变迁》，中国人民公安大学出版社 2013 年版，第 110 页。

② 姜文秀：《美国“囚犯战争”研究》，吉林大学 2011 年博士学位论文，第 10 页。

③ 姜文秀：《美国“囚犯战争”研究》，吉林大学 2011 年博士学位论文，第 11 页。

④ 姜文秀：《美国“囚犯战争”研究》，吉林大学 2011 年博士学位论文，第 11 页。

⑤ 姜文秀：《美国“囚犯战争”研究》，吉林大学 2011 年博士学位论文，第 13 页。

代，全美监狱系统增加了 351 处监管设施和建筑。”[①] “据美国司法部资料统计，从上世纪 70 年代初期到 2004 年，美国罪犯人数增长 5 倍，这使得监狱的费用成为州预算中增长最快的部分。联邦及各州政府每年对监狱的投入总计约 400 亿美元，囚犯人均食宿及管理支出每年约 2 万美元，仅每间牢房的建设费就需要 10 万美元左右，囚犯数的增多使一些财政并不宽裕的州更加捉襟见肘。”[②] 为了解决这一困难，美国政府采用了法律的、行政的、社会的等多重应对措施。

第一，不断以各种形式释放“旧犯”，以便于接纳“新囚”。这一措施主要是适度放宽了假释的条件，加大了假释的力度，以便更多的囚犯被假释出狱，腾出更多的监狱床位来满足关押“新囚”的需求。这一方法在短时间内确实起到了一定的缓解监狱拥挤的效果，但是，由于没有解决深层次的社会问题和矛盾，“很多被释放的囚犯没有合法的谋生之道，结果释放 3 年内被再次逮捕的多达 2/3，这又加剧了监狱的拥挤。”[③]

第二，不断建设新的监狱，提高接纳罪犯的能力。据统计，“1984 年，联邦监狱 30 所、州监狱 694 所，1990 年分别增至 75 所和 953 所。2000 年，美国监狱总数达到 5069 所，其中联邦监狱 146 所、州监狱 1558 所、看守所 3365 所。”[④] 建造新监狱确实能解决监狱拥挤的问题，但是不可回避的现实问题是监狱建设需要资金的支持，且具有一定的周期性，而罪犯数量的增加是现实性的，远远满足不了罪犯急剧增长的需要。

第三，制定了重返社会政策，大力助推社区矫正。重返社会政策就是主张通过帮助罪犯适应社会生活，融入社会，使罪犯不再犯罪的政策。主要通过以下三个领域帮助罪犯重返社会：“一是从刑罚适用中帮助罪犯重返社会；二是在监禁刑执行过程中帮助服刑人员重返社会；三是在社区矫正过程中帮助罪犯重返社会。”[⑤] 重返社会政策是现代刑罚“温柔性”的体现，彰显的是对轻型犯罪分子宽容性的一面。社区矫正的实施使得大量的罪犯被置于社区之中，到 2007 年，在美国被实施社区矫正的缓刑和假释的罪犯达到了 400 多万人。虽然短暂地缓解了监狱拥挤的现象，但是由于社区矫正的滥用，刑罚的惩罚性随之减弱，再加上犯罪率的持续走高，使社会公众的安全受到了极大威胁，社会公众对社区矫正的

---

① 姜文秀：《美国“囚犯战争”研究》，吉林大学 2011 年博士学位论文，第 69 页。

② 姜文秀：《美国“囚犯战争”研究》，吉林大学 2011 年博士学位论文，第 70 页。

③ 刘力：《美国监狱人口全球第一》，载《天涯》2003 年第 2 期。

④ 姜文秀：《美国“囚犯战争”研究》，吉林大学 2011 年博士学位论文，第 13 页。

⑤ 翟中东著：《社区性刑罚的崛起与社区矫正的新模式——国际的视角》，中国政法大学出版社 2013 年版，第 11 页。

有效性产生了动摇，反对的声浪越来越高，对社区矫正的怀疑、指责、批评越来越多，在社会的压力下，扩大监禁刑又成为不二的选择。这就使得监狱的压力进一步加大。

第四，政府和私营部门合作，推行监狱私营化。即“由私人或私人公司开办的矫正机构，通过与政府矫正机关签订合同来开展罪犯矫正业务”，[①] 通过联邦和州政府与私营部门合作，以求解救整个监狱行业，并由此使美国监狱系统形成一个“矫正的商业综合体”。“监狱私有化是政府服务或公共服务私有化的具体实践领域，不仅包括私人部门接管公共监狱的情形，还包括营利公司建造并管理监狱的情形；既有私人机构承包特定服务的具体形式，也有公共部门与私人部门在融资、建造、经营、管理等监狱管教相关公共服务方面的多种合作方式。”[②] 也就是说“私人部门介入监狱领域，具体而言，可以是企业经营监狱机构，或者承包经营监狱所有监狱业务，或者通过签约方式参与部分服刑人员矫正服务活动”。（第 3 页）为了解决监狱的拥挤现象，为了使罪犯能够关得下，政府和私营部门合作的现代监狱新形态：私营化监狱随之出现。

三、监狱私营化的价值取向：降低成本和提高效率

监狱私营化是美国政府为了应对囚犯增多、监狱拥挤状况作出的无奈选择。从社会管理的理念来看，是将私营部门的资源引入公共管理领域的大胆尝试，但是主导监狱私营化的价值取向则是美国政府为了降低政府监狱成本的居高不下，打破政府监狱高投入低效率的状态。

进入 20 世纪六七十年代，美国的犯罪率、再犯罪率、重犯率等严重危害了公众安全，为了应对犯罪问题，美国发动了严厉打击犯罪的“犯罪战争”，随后毒品犯罪在美国的泛滥，又发起了严厉打击毒品犯罪的“毒品战争”。在这些战争中，由于过度使用和依赖监狱对罪犯的监禁，最终导致了监狱对罪犯的关押危机，迫使美国政府不得不寻求建设新的监狱以缓解监狱爆满的拥挤现象，这就是爆发在美国的“囚犯战争”。无论是建设新的监狱，还是投入大量人力物力来管理日益增加的监狱，都需要公共财政的大规模投入，这就使得公共财政捉襟见肘。如何降低监狱的经营成本，不仅成为美国政府和州政府所面临的困境，而且也是美国纳税人的共同呼声。在此背景下，监狱私营化成为美国社会的共识。所

---

① 姜文秀：《美国“囚犯战争”研究》，吉林大学 2011 年博士学位论文，第 8 页。

② 王廷惠著：《美国监狱私有化研究——私人部门参与提供公共服务分析》，中山大学出版社 2011 年版，第 3 页。在本文中，凡在文中标出的页码，均表明是本书内容的所在位置，不再一一在参考文献中标注，特此说明。

以，“监狱私有化的支持者认为，私人部门经营监狱能降低成本，提高效率”。（第32页）此时，私营部门从监狱运营的广阔前景中看到了巨大的利润空间，力推监狱私营化。“私人企业声称，由私人部门承担监狱管教服刑人员的公共职责，在监狱管教这样的公共服务领域引入竞争力量和竞争机制，有助于引入创新机制，进而降低成本，增进效率。”（第48页）实现这一目标主要通过以下措施：

第一，私营监狱降低人工成本。“私人监狱降低成本的主要思路，可能主要是控制人工成本，具体措施包括减少雇佣员工、降低工资或削减福利待遇等。”（第48页）实践也证明，私营监狱在员工雇佣、工资待遇、工作效率等方面具有更大的灵活性，低成本高收益成为必然现象。“一项研究认为，私人企业节约监狱经营费用的10%~20%，主要是靠降低人工成本。”（第48页）

第二，降低私营监狱的公共物品的采购价格。监狱公共物品消耗是监狱支出的一大方面，从监狱基础设施的投资与维修，到罪犯监舍、生产物品的采购与更新，再到罪犯生活卫生医疗保健的保障等，都是监狱必不可少的支出。政府监狱的公共采购受制于严格的行政规章与程序，所采购的物品往往是价高质劣。而私营监狱的采购者愿意承担更多的财务风险，公共物品采购不受制于严格的行政规章与程序，有更大的灵活性和选择空间，更关注成本控制。“私人部门采购程序更灵活，不受制于严格的政府采购制度和采购程序，受缺乏弹性的官僚体制约束较少，通常能以较低的食品、物料和设备存货水平，更快采购所需商品和服务，并且通过谈判争取更低的采购价格。”（第49页）

第三，提高管理水平，减少公共物品的消耗。私营监狱将企业管理的经营理念运用于监狱管理之中，能够通过规范和科学的管理体系、管理制度，降低管理费用，这也是私营监狱在管理上的最大优势。“如果通过市场融资，私营监管公司甚至可以节省20%的成本。”[①]“田纳西州一名私营监狱的监狱长曾做过这样的比喻，在州立监狱，如果有服刑人说：‘如果你们警察不和我好好沟通，我会把这间牢房里的东西统统砸烂！’州立监狱的警察则会说：‘砸吧，反正我们可以再花美金来重修，你是威胁不了我们的。’但是，作为私营监狱公司的持股人之一，如果服刑人要用这种威胁方式来对付我，我肯定会好好和他商量沟通的。”[②]由此可以看出，监狱的管理属性不同，对同一问题的处理方式就会有着巨大的差

① 张克武：《近距离观察美国监狱》，http://wljy.changde.gov.cn/art/2007/7/10/art_9421_103768.html.

② 徐国人：《西方社会的毒瘤——律师帝国》，http://vip.book.sina.com.cn/book/chapter_36683_18196.html.

别，当然对管理成本的影响也是巨大的。

第四，利用私营部门的资源优势，提高管教质量。“监狱私有化的支持者还希望借助私人监狱解决政府监狱普遍存在的管教质量问题。”（第 50 页）一些研究者通过对政府监狱和私营监狱的比较研究，认为无论在监狱设施维修保养，还是在罪犯生活水平和身体健康状况、管理绩效等方面，私营监狱都优于政府监狱。“借助监狱质量指数，lojan 运用定量和定性方法综合比较得出的结论是，几乎在所有方面，私人监狱均比联邦和州政府监狱的绩效表现更优。”（第 50 页）

大量的美国专业机构经过几十年的实践和比较研究，认为私营监狱不仅降低了监狱运营的成本，而且提高了矫正的效率。监狱私营化的支持者“一般认为，私人经营监狱比政府监狱能节约 10% ~ 15% 的成本”。（第 49 页）“Sellers（1989）比较了 3 家私人部门经营的感化中心、监狱和 3 家公共经营的监狱，他的结论是，3 家私人机构管教每个服刑人员的平均成本（日均 46.75 美元）低于公共机构（日均 73.76 美元），建议政府认真考虑私人监狱作为公共部门提供管教服务的替代主体。”（第 49~50 页）美国佛罗里达州独立审查机构通过对私营监狱和公共监狱的重新犯罪率比较后，于 1998 年发布研究报告，“得出的结论是，私人机构服刑人员释放后 1 年内再次犯罪比例为 17%，而公共管教机构则高达 24%。”（第 52 页）

四、监狱私营化的主导形式：签约外包

关于美国监狱私营化的形式，早在 1985 年储槐植教授就在《国外法学》发文，从宏观上总结为提供直接技术服务和开办监禁矫正设施两种形式。[①] 王廷惠教授认为，美国监狱的私营化主要是通过签约外包的形式实现的，他的理论基础是新公共管理理论中关于公共服务市场化的主张，强调“政府部门通常通过合同外包、业务分担、共同生产或解除管制等具体形式，将部分公共服务转由非政府部门经营，政府只需承担资金筹措、业务监督以及绩效评价等责任”。（第 65 页）美国监狱私营化的签约外包形式具有极大的市场竞争优势，不仅能够降低监狱经营的成本、节约开支，而且还能够改变监狱服务模式，创新监狱体制机制，提高监狱服务的效率和品质，提高改造质量。但也有研究者认为，美国现阶段的监狱私营化已经形成了一个“矫正的商业综合体”。在这个综合体中，监狱私营化表现为两种形式：“第一种形式是私营部门帮助政府建造新的监狱，运营管理权仍在政府部门手中，因而被称为‘名义上的私营化’。第二种形式是私营

① 储槐植：《美国监狱制度改革的新动向——监狱私营化》，载《国外法学》1985 年第 2 期。

企业和政府部门签订合同，保证以比公立监狱更低的成本运作监狱，完全负责监狱事务的日常管理，因而被称为‘运营的私营化’。”① 其实，这两种形式都属于王廷惠教授所说的签约外包的范畴。其中，监狱私营化的形式区分，可按照监狱权属、经营权和管理责任等的不同来加以考察。归纳相关文献的研究，笔者认为，美国监狱私营化的形式主要有以下几种：

第一种是“名义上的私营化”监狱，是私营部门帮助政府建造新的监狱。私营部门建造监狱不受制于政府部门的规则、政治过程和政治压力，有极其灵活的管理机制和激励机制，因而在监狱建造中具有高效率和低成本的优势，能够在短时间内完成监狱建造工作，满足关押罪犯的迫切需求，这是政府部门所不具有的优势。“依照经验，政府建造一座监狱通常需 5~6 年，而私人公司建造一座监狱通常只要 2~3 年。”（第 40 页）但监狱的运营管理权仍在政府部门手中。

第二种是监狱非核心业务签约外包。这是最为狭义的以合同形式的签约外包，主要是把监狱业务中非核心的部分由私营部门来提供。“由公共部门作为委托人，同代理人即能真正提供公共服务的组织签订合同。”（第 65 页）将监狱服务的特定领域或者是特定环节的服务活动，由私营部门来提供或者是管理经营，“通常，私人部门参与提供的服务活动包括医疗服务、食品服务、押送服刑人员、心理保健、文化教育和职业培训、戒毒和戒酒治疗以及假释等。”（第 69 页）除此之外，“政府还可借助签约方式将监狱所有相关服务的管理和经营活动实行外包，仅保留监狱设施的所有权。”（第 72 页）很明显，“私营公司部分地参与监狱事务，主要是为监狱提供所需要的多种服务。例如，一些设施的建设；监狱工作人员的培训；给罪犯提供多种有偿服务，包括食物、医疗、培训、监管等。在这种情况下，私营公司一般根据与监狱签订的合同，提供监狱所需要的服务。监狱和私营公司之间是一种比较纯粹的商业关系，双方根据合同开展相应业务。”② 在这种形式中，监狱的核心业务牢牢掌握在政府手中，外包的非核心业务只是政府为提高质量和效率对社会资源的充分利用而已。

第三种是签约租赁和经营监狱。“政府与拥有并经营监狱的私人机构签约，或与一家私人企业拥有监狱而由另外一家私人企业经营的监狱签约。”（第 72 页）这种形式一般包括两个层面的签约外包，一是以签约的方式租赁监狱设施，有监狱设施的私营机构把监狱床位提供给政府从中营利；二是和专业性的监狱经

---

① 陈颀：《美国私营监狱的复兴——一个惩罚哲学的透视》，载《北大法律评论》2009 年（第 1 辑），第 154 页。

② 吴宗宪：《论西方国家的监狱私营化及其借鉴》，载陈兴良主编：《刑事法评论》（第 14 卷），中国政法大学出版社 2004 年版，第 361~394 页。

营私人机构签订外包协议，由专业性的私营机构对监狱进行经营管理，政府以购买服务的形式向私人机构支付报酬，在这样的形势下，“政府机构并无监狱的独家使用权”。“无论谁拥有监狱所有权，私人经营者和州政府监狱系统之间往往形成了一对一的关系，即州政府管教机构是监狱承包机构的唯一客户。这样，州政府对承包者的管理非常严密，购买和签约的过程确定了承包者和州政府之间的权利与责任。”（第 77 页）在这里，政府既是私营监狱的“租赁者”和“供应者”，同时也是私营监狱的监管考评者，政府扮演了三重角色。吴宗宪教授认为，这种形式的监狱私营化才是“完全的私营监狱”，因为“在这种情况下，私营公司独自建设一些监管设施，为罪犯提供食宿和其他设施，由私营公司负责管理监狱和罪犯；这类监狱的责任主要由私营公司承担，国家的监狱管理部门可能在合同中规定私营监狱必须遵守的一些条件，也可能派员监督私营监狱的运行，包括派员负责监狱工作中执法性质较强的一部分工作，或者对私营监狱进行鉴定，了解它们是否达到了有关的标准，并且根据鉴定结果决定是否续签合同”。①

第四种是合作经营监狱。这种形式的签约外包是“在私人和政府之间进行某种程度的选择和组合”，就是“政府与私人企业签署融资、建造和经营监狱的合同，但政府享有监狱的独家使用权”。（第 73 页）其中主要的合作形式有：一是形式上由私人管理和经营监狱。“政府还可借助私人部门设立公司，这些私人机构完全服务于政府部门的需要，政府承担融资和建造监狱的责任。私人公司虽然在法律上独立于政府，由于政府官员在公司董事会任职，实际上仍由公共部门官员实施有效控制。监狱不过是出租给政府使用，政府管教机构可以直接雇佣工作人员，也可与私人管理公司签订经营合同。”（第 73 页）例如，在美国最大的私营监狱公司美国改造公司和美国第二大私营监狱公司沃克矫正公司所经营的业务中，大多都属于这种经营形式。政府的职能是按照合同的约定，对监狱经营进行监管，按照指标考核体系进行绩效考核。二是罪犯劳动力雇佣制，又称为“租赁制”，指的是政府或狱方与私营业者（个人或公司）签约，在约定之期限内，将罪犯租赁给私营业者来从事生产获利，而政府则可向私营业者收取一定金额的“租金”。签约业者不但掌控对于罪犯劳动力的利用，而且监狱营运上基本的罪犯照料与纪律规训的营运层面亦由私营业者负责。② 罪犯劳动力雇佣制的目的是减少禁闭成本和贡献财政收入，在这种体制下，监狱不但能自我维持，还有

① 吴宗宪：《论西方国家的监狱私营化及其借鉴》，载陈兴良主编：《刑事法评论》（第 14 卷），中国政法大学出版社 2004 年版，第 361~394 页。

② 李忠民：《美国刑事商业性私人参与研究与借鉴》，西南政法大学 2012 年博士学位论文，第 78 页。

剩余资金上缴当地政府。

综合来看，美国监狱私营化的形式，是以契约形态为核心，依照合同的约定而进行制度设计。“总之，不同的具体合同安排，意味着政府机构和私人公司的具体职责、权利与义务边界存在多种丰富的现实组合形式。根据实际情况，政府可以从中选择最合适的方式矫正罪犯，提高管教服务的整体绩效。”（第 73 页）“根据对 1998 年州和联邦管教机构的一项调查，截至 1997 年底，84 个与州及联邦政府签约的监狱中，34 家为政府拥有的监狱，50 家归经营、管理监狱的私人机构所有，或为其他私人企业所有，7 家监狱名义上为私人拥有，实际上所有权归政府。”（第 73 页）即使为私人所经营的监狱，也并非为私人所拥有，在罪犯的诸多业务上，必须依赖政府的“权威”，离开了政府的合作，私营监狱就失去了运营的保障和前提。

五、监狱私营化争议的焦点

如前所述，美国监狱私营化的缘起在于解决监狱拥挤问题。急剧增长的监狱人口，需要建造新的监狱，联邦和州政府面对大量的财政投入，已不堪重负、力不从心。在“20 世纪 90 年代初期，州、地方政府和联邦政府的年监禁成本为 200 亿美元，每年修建足够监狱满足关押持续增加的服刑人员需 60 亿美元”。（第 55 页）到了 2007 年，各级政府投入监狱的资金在财政收入中的比例越来越大，“2007 年，俄勒冈州预算的 10.9%用于监狱支出，佛罗里达州和佛蒙特州州政府的 9.3%用于监狱支出，科罗拉多州为 8.8%，加利福尼亚州为 8.6%。”（第 150~151 页）由此引起了财政危机，使社会公众产生了严重的不满情绪。早在“1982 年的一次盖洛普民意测验表明，美国有 44%以上的人已不愿缴纳更多的税款用于修建监狱”。[①] 在这样的背景下，为了寻求新的途径，美国掀起了监狱私营化运动，在短短几十年中，私营监狱得到了迅猛发展。“根据美国司法部司法统计局的资料，到 2000 年底，31 个州和联邦监狱系统中有 87359 名服刑人员关押在私人监狱，占州服刑人员总数的 6%和联邦服刑人员总数的 8.3%，14 家公司属下有 153 家私人管教机构，拥有床位 119442 张。现在，美国 3/5 的州均有私人监狱，大多数的州与私人监狱公司签订了关押服刑人员的合同。到 2005 年，超过 10 万名服刑人员被监禁在私人监狱。2006 年，美国私人公司经营管理的管教机构近 264 家，关押近 9.9 万成年服刑人员。截至 2008 年，关押在私人监狱机构中的服刑人员总数接近 13 万。”（第 13 页）

在私营监狱得到迅速发展，快速解决监狱拥挤问题的同时，关于私营监狱的

① 杜强：《美国监狱私营化现象》，载《社会》1999 年第 2 期。

合法性、成本核算、效率与质量、权力边界、与政府的关系、罪犯权利的保障等问题也引起了美国社会的广泛争议，而且这些争议自监狱私营化以来从未停止过。以政府雇员、知识分子、宗教人士、律师协会等为主体的反对者认为，“监狱私营化是一项卑劣的社会政策。政府根本无权将涉及公民重要权利的监狱管理权通过契约转让给私人行使。监狱私营存在着一系列的法律和事实问题。政府之所以将监狱管理权拱手让给私人，说穿了无非是不愿提供管理监狱所必要的金钱，规避宪法所赋予的职责”。[①] 其中，“学者们的反应主要基于有关法律理论”。以私营监狱管理者、商人、制造商、计算机公司、旅馆电话维修公司等为主体的私营部门经营者，“则为监狱私营化给他们带来金钱上的福音而欢呼。监狱私营化的实行，无疑为他们开辟了一条从国家监狱制度中获利的道路”。[②] 我国有学者认为，美国对于监狱私有化的争议，“在学术上学者们主要采取了两条主要研究进路：以成本—收益为中心的实证分析为方法论的辩护进路和以规范化的合法性分析为方法论的质疑或反对进路”。[③] 笔者从私营监狱的合法性、成本核算、效率和质量、权力边界四个方面探讨了美国监狱私营化争论的焦点问题。

（一）关于私营监狱的合法性

美国是一个法治、开放、务实和法律多元化的国家，任何一项社会政策，首先必须具有合法性，才能够得到社会公众的认同，否则就会受到社会的谴责，监狱私营化同样面临这样的问题。

首先，反对监狱私营化的人们认为，监狱的刑罚执行和日常管理是政府的职责，关涉到法律和伦理问题。“私营监狱因其独特的性质而不能以与其他私营化部门类似的方式得到正当化论证。这是因为，监狱关涉的乃是国家刑罚与个人自由，私营监狱的存在不能保证惩罚的合法性。”[④] 显然，行使监狱管理职责具有明显的公权力性质，是不可转让的，否则，就是政府的失职和违宪、违法行为。“他们认为，成立私人监狱属违法行为，宪法不允许将政府授权私人部门履行公权的职责。”（第 141 页注释）“公立监狱的合法性来源于国家主权和社会一个人自由的划分。唯有坚持公立监狱的合法性，法治、人道等现代国家—社会的基本

① ［美］杰姆斯·海奇：《私营公司在美国监狱系统中的获利之道》，朱伟临译，载《国外法学》1987 年第 6 期。

② ［美］杰姆斯·海奇：《私营公司在美国监狱系统中的获利之道》，朱伟临译，载《国外法学》1987 年第 6 期。

③ 陈颀：《美国私营监狱的复兴——一个惩罚哲学的透视》，载《北大法律评论》2009 年（第 1 辑），第 151 页。

④ 陈颀：《美国私营监狱的复兴——一个惩罚哲学的透视》，载《北大法律评论》2009 年（第 1 辑），第 159~160 页。

原则才能得到根本贯彻而不被侵蚀，个人自由才能得到真正落实和保障。”[①] 私营监狱是政府将公权力让渡于私营部门的行为，是违法的。

为了解决私营监狱的合法性问题，美国联邦政府和州政府大多采取了以下三种措施：一是以法律授权形式，许可私营监狱的经营，使私营监狱取得合法地位。这是在美国监狱私营化早期普遍采取的措施。“各州监狱私有化的展开，也都是在法律先行基础上进行的。所有存在私人运作监狱的州中，州法律均授权特定机构管理监狱机构的私人运作。”[②] 以授权阻却违法的指责。二是制定法律，确立私营监狱的合法地位，使私营监狱合法化。例如，“1986 年，田纳西州颁布了《私人监狱签约外包法》，明确规定允许私人企业建造并经营监狱。”（第 69 页）“科罗拉多州 2008 年通过了一项法律，为私人监狱创新安全教育和提供教育予以资金激励，允许私人监狱收费标准更具有弹性。”（第 158 页）三是以立法的形式授权罪犯管教部门和私营监狱部门合作，有些州在法案中还提出了监狱私营化的指导意见，强力推进监狱私营化。“德州参议员 Ray Farabee 提出了 251 号法案，后来成为 1987 年德州政府法典中的第 495 章，授权德州犯罪司法委员会与私人企业签约，或与县政府签约进行监狱融资、经营、维持或管理，允许德州管教部门与私人公司签约建造和经营德州监狱。”不仅如此，“立法机构起草了法案指导德州有关机构通过签订合同方式提供监狱服务，通过提前假释、工作释放和监狱产业计划，成功将服刑人员融入社会。而且，立法机构形成了确保私人部门提供的服务满足各种不同宪法标准的程序。”（第 42~43 页）1985 年，佛罗里达“州立法机构通过了第 944.105 条款，授权佛罗里达州管教局与私人企业签订经营和维护管教机构并监管服刑人员的合同。1993 年，由于州管教局不愿让私人监狱企业参与，州立法机构通过了第 957 章，即《监狱私有化法案》，成立了佛罗里达矫正私有化委员会（CPC），以加速私有化进程。该法案授权 CPC 与私人管教机构签订设计、融资、出租、建造和经营监狱的合同。”（第 51 页）俄克拉荷马州“为了使政府部门对私人企业依赖的负面效应最小化，州立法机构于 1997 年修改了法律，规范了州政府与私人监狱产业的关系”。（第 45 页）

其次，对于监狱私营化，也有一些相对理性的声音，认为“如果政府仅授权私人监狱经营管理权，保留规则制定权和裁决权，授权则具有宪法正当性”。（第 147 页）美国是一个务实的国家，为了解决监狱拥挤，也获得了立法和司法

---

① 陈颀：《美国私营监狱的复兴——一个惩罚哲学的透视》，载《北大法律评论》2009 年（第 1 辑），第 160 页。

② 王廷惠：《美国监狱私有化实践中的政府角色研究》，载《中国行政管理学会 2004 年年会暨“政府社会管理与公共服务”论文集》，2004 年，第 64 页。

部门的大力支持。“私人监狱也得到了法律环境的认可。很少有州议会以立法的方式禁止监狱私有化。联邦法院也拒绝对监狱私有化作出违宪判决，相反，联邦法院积极发布法庭命令以控制监狱拥挤，而这有时是促使政府走向监狱私有化的一个直接压力。”[①] 因此，促进了监狱私营化进程。

在美国监狱私营化中，即使采取了诸多法律措施，使私营监狱具有了合法性，但是，依然有研究者认为，“监狱事务并不仅仅局限于以管理者为中心的监狱运营事务，而且涉及一个国家（社会）—监狱—囚犯三者及其之间互动的复杂网络体系。”“允许私营公司控制监狱是把监狱从完整的司法系统割裂出来”，所以，即使法律予以授权，也“是个不合法的政府授权”。[②]

（二）关于私营监狱是否降低了成本

美国的监狱私营化，最为直接的原因是在短期内获得监狱床位，解决监狱拥挤问题，应该说这一目标已经完全实现。而其追求的第二个目标就是降低监狱经营的成本。美国一些研究人员和研究机构从不同的角度，运用不同的方法进行了研究，但是得出的研究结论却大相径庭。有人得出的结论是：“私人企业节约监狱经营费用的10%~20%，主要是靠降低人工成本。”（第48页）也有人得出结论是：“私人经营监狱比政府监狱能节约10%~15%的成本。”（第49页）还有研究者认为，私营监狱在成本核算上并不比政府监狱低。归纳起来看，这些研究主要集中在：

第一，单一囚犯支出的比较研究。“20世纪80年代中期，美国囚禁一个服刑人员的年平均成本高达2万美元。”（第34页）“根据（加利福尼亚）州管教局数据，每年州监狱囚禁一个服刑人员的成本为28439美元，而私人监狱的人均成本为17000美元，私人监狱每关押一个服刑人员能节省11000美元。”（第159页）此时，加利福尼亚州有16.5万名服刑人员，假如这些囚犯全部由私营监狱运营，节约的资金绝对不是一个小数目。

第二，限定一定的指标体系进行比较研究。例如，“美国监狱学者马丁·塞勒以地点、规模、历史、结构、种类以及人均占有空间等7个因素上的相似性为标准，选择了3所公立监狱和3所私立监狱，就设施状况、矫正措施、监禁处遇三个方面进行了比较研究。他通过实地考察，与监狱工作人员进行结构性访谈等多种方法的运用后，发现与3所公立监狱相比较，私立监狱在运行过程中，罪犯

---

① 敬乂嘉：《从美国监狱私有化看美国公共治理的路径变迁——一个核心职能私有化的视角》，载《复旦公共行政评论》2007年第1期。

② 陈颀：《美国私营监狱的复兴——一个惩罚哲学的透视》，载《北大法律评论》2009年（第1辑），第159页。

人均支出较为节省，矫正措施也要多一些，其中两所私立监狱设施的总体状况要优于公立监狱。因此，他得出的结论是：当政府以契约的形式，将监禁矫正罪犯的功能赋予私营监狱时，监狱的开支会得到实质性的节省。”① “大学、政府机构对公共监狱与私人监狱进行的23个有争议的成本比较研究中，关于私人监狱是否具备成本优势和效率优势，存在截然不同的看法。有的研究结果认为私人监狱节约高达63%的费用支出，同时也有研究认为公共监狱成本并不比私人监狱高，私人监狱并无成本优势和效率优势。”（第83页）其中，研究成果差距之大，出乎人们的预料，这就更强化了人们探求真相的动力。

第三，将监狱私营化的州和没有监狱私营化的州进行比较研究。“Vanderbilt大学的两个教授在2003年8月份的报告中分析了利用私人监狱是否有助于州管教局降低监狱支出的问题。根据1999~2001年的数据，这一研究发现利用私人监狱的州在控制公共监狱开支方面比没有私人监狱的州更为成功，有私人监狱的州监禁服刑人员的日均成本增长比没有私人监狱的州要低8.9%。另外一项新墨西哥州Rio Grande Foudation的研究比较了46个州管教局的情况，也得出了有私人监狱的州比没有进行监狱私有化的州更节约支出的结论。”（第167页）

第四，运用统计研究的方法，利用大数据原理，得出具有说服力的结论。“根据西格尔（Geoffrey F. Segal）在2002年底对有代表性的28项监狱成本研究所做的比较分析。西格尔把这些研究分成三类：第一类（表1A）是在方法论上自觉采用严格、中立、学术规范化研究方法的，有较高的可信程度的研究；第二类主要是政府部门或政府委托的关于私营监狱平均成本的研究；第三类研究一般因为在方法论上缺乏科学对比的严谨，故而一般被视为是不可靠的。”②

① 杜强：《美国监狱私营化现象》，载《社会》1999年第4期。

② 陈颀：《美国私营监狱的复兴——一个惩罚哲学的透视》，载《北大法律评论》2009年（第1辑），第155页。

表1 监狱运营成本比较研究①

表1A

研究机构及时间	私营监狱大约节约成本
路易斯安那大学，1996	14%~16%
威斯康星州特别工作组，1996	11%~14%
亚利桑那州矫正局，1997	17%
宾夕法尼亚州特拉华县，1999	14%~16%
佛罗里达州 OPPAGA，2000	3.5%~10.5%
亚利桑那州矫正局，2000	12.23%

表1C

研究机构及时间	私营监狱大约节约成本
城市学会，1989	0
塞勒斯研究，1989	63%
加利福尼亚州矫正共同体，1993	0
美国矫正协会：佛罗里达，1995	0

表1B

研究机构及时间	私营监狱大约节约成本
田纳西州汉密尔顿县，1989	5%
得克萨斯日落咨询公司，1991	12.4%~20.2%
得克萨斯犯罪司法委员会，1993	8%~10%
佛罗里达州矫正委员会，1993	8%~10%
澳大利亚，1993	23%
得克萨斯犯罪司法委员会，1994	18.6%~22.9%
澳大利亚，1994	11%~28%
肯塔基州矫正局，1994	9%
得克萨斯犯罪司法委员会，1995	20.5%~20.6%
田纳西州财政评估委员会，1995	0
英国，1996	13%~22%
英国，1996	11%~17%
华盛顿州，	0~2%
肯塔基州矫正局，1996~1997	12%
得克萨斯犯罪司法委员会，1997	14.9%~16.4%
得克萨斯犯罪司法委员会，1999	4.4%~8.8%
辛辛那提大学，1999	0~2.45 美元每人
得克萨斯犯罪司法委员会，2001	10.7%~11.3%

① 陈颀：《美国私营监狱的复兴——一个惩罚哲学的透视》，载《北大法律评论》2009年（第1辑），第156页。

"通过对'表1'特别是'表1A'所显示的比较研究的数据的分析，我们可以断定在一般情况下私营监狱可以比同等情况下的公立监狱节约10%~15%的运营成本。这一结论也得到了有私营监狱经验的州政府部门以及官员的认同。"①

应该说，上述这些研究方法都具有自身的合理性。但是我们也必须承认，这些研究方法也有自身的致命缺陷：一是关押在不同地域的囚犯，因当地的生活水平高低不同，物价也有很大差异，本身就不具有可比性，通过比较得出的结论当然没有说服力。二是根据美国的监狱管理体制，州政府管理的监狱和联邦政府管理的监狱在各个方面都不尽相同，甚至在很多方面差异很大，也不能放在一起进行比较研究。三是选择的指标体系不同，结论也就不一样。

尽管如此，有一点是肯定的，即监狱私营化之后，由于存在竞争压力，私营监狱就会利用灵活的动力机制和激励机制，通过创新规划和管理实践降低成本。"私营监狱出于利益最大化的考虑，购物时精打细算，尽量采取节约的措施；私营监狱较少官僚主义的繁文缛节的羁绊，对各种资源的控制更有成效；私营监狱有更为灵活的人力资源运用机制，具有多快好省地建造和维修监狱设施的能力，等等。"② 笔者认为，关于成本的核算，应该分为不同的层次加以核算：一是会计成本，在这一点上，通过数据比较，应该说私营监狱的成本远远低于政府监狱。二是提高改造质量，控制犯罪所节约的成本。监狱成本的核算不能仅仅停留在财政支出的显性层面，而应关注深层次的隐性层面，即在打击犯罪，改造和矫正罪犯上。"刑期于无刑"，监狱监禁罪犯的目的不仅要实现惩罚和报应，更在于保卫社会。只有通过提高罪犯的改造和矫正质量，罪犯回归社会后不再犯罪，使犯罪现象减少，才是监狱更高的价值追求，监狱的效益才能真正得到体现。三是深化监狱体制改革，创新社会管理方法和推进刑罚文明所带来的收益，并由此降低隐性成本。显然，这些方法缺乏完整的指标体系，核算起来是比较困难的。

（三）关于私营监狱是否提高了效率和质量

提高效率和改进罪犯矫正教育的质量是美国监狱私营化一直试图实现的目标，但是由于缺乏相对统一的或者比较科学的考评标准，因此对于这一问题的争论也由来已久。

支持监狱私营化的人士和研究机构通过研究，主要从监狱设施、服务项目、服务程序、再犯罪率、违反规定的状态、重新监禁等方面得出结论：私营监狱的效率和服务质量都要高于政府监狱。表现在：

---

① 陈颀：《美国私营监狱的复兴——一个惩罚哲学的透视》，载《北大法律评论》2009年（第1辑），第156页。

② 杜强：《美国监狱私营化现象》，载《社会》1999年第4期。

第一，私营监狱大都是适应监狱私营化的要求而新建造的监狱，因此监狱的硬件设施充分使用了现代技术元素，促使管理效率和服务质量的提高。“相对于公共机构而言，私人监狱往往更愿采用新的监管技术，如中央控制系统、热红外探测器、计算机管理系统等，提升监狱管理的整体技术装备水平和管理绩效。”（第53页）

第二，设定一定的指标体系，对私营监狱和政府监狱进行比较研究，也得出了“私营监狱效率更高，质量更优”的结论。“Brakel 研究了美国田纳西州东南部城市查塔努加 Silverdale Detention Center 的结论是，私人接管 Silverdale 明显改善了服刑人员身体状况和监狱维修保养，在一些服务项目和服务程序上也有所改进。Logan 借助监狱质量指数，运用定量和定性信息加以比较，得出的结论是，在几乎所有方面，私人监狱均比州和联邦监狱绩效更优。佛罗里达州管教私有化委员会也比较了公共和私人监狱的绩效，认为在再度拘捕、违反释放条件以及重新监禁等方面，私人监狱表现均略胜一筹。”（第84~85页）

第三，运用不同的指标体系，通过严格学术规范研究和方法论与分析存在缺欠研究，得出了相同的结论。“来自莫尔（Adrian T. Moore）和西格尔的2002年的报告，对现有的18个对各种标准的监狱质量所做的比较研究进行了分类和总结，分为严格学术规范的A类，方法论与分析存在缺欠的B类。”① 比较研究的结论如表2所示：

表2 监狱质量比较研究②

表2A	
研究机构及时间	结论
都市学会，1989	私营监狱（PP）质量更好；职员和囚犯评分更高；更少越狱和骚乱
司法部，1991	PP 胜过公立监狱（SP）7~8个维度
路易斯安那州州立大学，1996	私营监狱在5类比较中表现更好；公立监狱在5类比较中表现更好

---

① 陈颀：《美国私营监狱的复兴——一个惩罚哲学的透视》，载《北大法律评论》2009年（第1辑），第156~157页。

② 陈颀：《美国私营监狱的复兴——一个惩罚哲学的透视》，载《北大法律评论》2009年（第1辑），第157页。

续表

表 2A	
研究机构及时间	结论
亚利桑那州矫正局，1997	私营监狱在监狱安全、保护职员和囚犯及遵守专业标准上做得更好
美国青少年研究所，1998	私营监狱在总共 30 项比较中胜出 20 项
佛罗里达州累犯研究，1998	私营监狱在总共 5 项比较中胜出 4 项
达拉斯县司法治疗中心，1997，1999	参与私营治疗项目的囚犯比未参与项目的囚犯累犯率下降 50%
OPPAGA 组织，2000	在三个效果显著的案例中，私营监狱的表现让人满意
亚利桑那州矫正局，2002	PP 在 10 项比较中胜出 8 项，1998 PP 在 10 项比较中胜出 5 项，1999
美国司法援助署，2001	PP 的职员和囚犯的攻击率更高；SP 的骚乱和死亡率更高。PP 在（矫正）方案设计上让人印象深刻
表 2B	
研究机构及时间	结论
美国矫正协会：奥基乔比，1985	无根本差异；PP 运营上的显著改进
银溪研究所，1988	PP 在大多数项目上表现更好，其余项目与公立监狱相同
塞勒斯报告，1989	3 所中的 2 所 PP 表现更好
田纳西财政报告，1995	PP 在整体上表现更好
英国，1996，1997	PP 在整体上表现更好
明尼苏达州囚犯访谈，1999	SP 的表现更好

通过表 2 可以看出，“莫尔和西格尔的报告说明了在大多数情况下，私营监狱的质量和表现并不比公立监狱差”。①

第四，以罪犯刑满释放后的一定时间内再犯罪、被逮捕、被重新判刑等方面的状况进行比较研究。“得出的结论是，私人机构服刑人员释放后 1 年内再次犯

① 陈颀：《美国私营监狱的复兴——一个惩罚哲学的透视》，载《北大法律评论》2009 年（第 1 辑），第 158 页。

罪比例为17%，而公共管教机构则高达24%。”（第52页）“10%的私人监狱囚犯在释放后的12个月内再次被捕，而政府监狱这一比例高达19%；私人监狱囚犯获释后有6%囚犯会被重新判刑，而政府监狱则为10%；10%的私人监狱囚犯在释放后的12个月内被重新监禁，而政府监狱这一比例为14%；私人监狱释放囚犯的再犯率为17%，而政府监狱为24%。”①

然而，反对者对这些研究成果提出了质疑，除了地域差异、罪犯差异、研究样本差异等问题之外，最突出的问题有：一是研究样本规模小，不具有代表性。“这一研究受到了佛罗里达州管教局研究者的批评，他们认为这一研究的样本规模太小，根据同一种族、年龄等选择的样本也不能提供真实的情况，许多私人监狱的囚犯同时也在政府监狱待过，这样，比较对象的可比性就值得怀疑。”② 二是在违反释放条件方面，政府监狱要远比私营监狱好。“在违反释放条件方面，政府监狱问题比私人监狱要少。”③ 这说明私营监狱为了获得更多的利益，违法使罪犯在监狱里待得时间更久，由此暴露出私营监狱唯利是图的价值取向。三是私营监狱与政府监狱的比较研究存在严重缺陷。尤其是在内容设计、服务项目、研究程序、对象选择和研究范围等方面缺乏科学性。

（四）关于私营监狱的权力边界

监狱私营化是私人部门涉足公共服务领域，或者说是私人力量参与到传统的政府垄断部门，必然会对政府的公共权力和公共职责产生冲击。尤其是作为具有刑罚执行性质的监狱，公共权力的行使或者提供公共服务直接涉及服刑人员的人身自由、人格尊严，私人部门的介入事关权力的设定、转移、限制和责任承担。因此，私营监狱的权力边界成为争议的核心问题。

实践中，美国社会也提出了一系列问题，试图寻求令人信服的答案。传统上由政府控制的监狱，转由私人部门经营之后，监狱享有什么样的权力和权利？私营监狱和政府之间如何分权？权力的行使通过什么方式实现？“通过严格仔细的监督和评价，政府能否进行适当监管？进入后监狱私有化阶段，政府如何履行职责？公共目标会因私人机构的介入而受到影响吗？可授权私人看守使用致命武器的公共权力适当与否？如果在押服刑人员或者监狱雇员产生不满情绪，应该由政

---

① 王廷惠：《私有化的边界与局限：以美国监狱私有化实践为例的分析》，载《制度经济学研究》2007年第3期。

② 王廷惠：《私有化的边界与局限：以美国监狱私有化实践为例的分析》，载《制度经济学研究》2007年第3期。

③ 王廷惠：《私有化的边界与局限：以美国监狱私有化实践为例的分析》，载《制度经济学研究》2007年第3期。

府还是私人承包者负责?”（第 139 页）也有学者认为，界定私营监狱的权力边界主要涉及三个重要的法律问题：“一是私人企业代替政府行使公共职能的法律适当性问题；二是服刑人员权利和程序适当性问题；三是政府行动的责任问题。”（第 147 页）针对这些问题，笔者认为，人们争议的焦点实际上主要形成了三种观点：

1. 政府职责说

监狱是政府机构的有机组成部分，尤其是涉及关押、监视、假释，以及在特定情况下直接对囚犯采取暴力行为等刑罚执行问题，是政府的专属权能，不具有可让渡性。“美国的监狱私有化明显以惩罚的执行权的转移为特征。在监狱私有化的安排下，私人监狱不仅要为囚犯提供各种监狱服务，如食物、医疗、电信、娱乐、教育、卫生等；更重要的是要提供强制性服务，即关押、监视和在必要时直接对囚犯采取暴力行为；此外还在囚犯的危险程度评定、改造效果评估、假释等涉及司法裁判的领域获得一定决策权力。私人组织行使暴力以获取利润的合法性得到了确认，这对于现代国家的实践是一个反转，严重偏离了现代国家理论的基本原则，构成了一个理论解释的难点和理论发展的起点。”① 监狱私营化将国家所专有的职权转由私人机构行使，很明显，对于政府本身而言，是在逃避自身应该承担的责任。对于服刑人员来说，加大了受到来自私人机构伤害和受到不公平待遇的风险。对于私人机构则是在利益驱动下，假借公权力获取私利。“历史表明，私人经营监狱总是伴随着更高利润驱动所导致的恶劣监狱条件，以及剥削监狱劳动力等现实问题。一些人认为，将服刑人员转移到私人部门意味着政府逃避公共责任。”（第 141 页）这是因为私营机构所追求的财务目标和政府监狱所追求的社会利益存在难以调和的矛盾冲突。“社会利益与私人公司的财务目标之间必然存在根本冲突。罪犯改造的社会目标在于尽量降低犯罪率，而私人公司则倾向于最大程度地增加监狱和服刑人员数量，想方设法增加服刑人员的服刑时间。公共目标与私人目标之间的冲突，难以找到合适的平衡机制。”（第 141 页）所以，“监狱私有化实践侵蚀了一些基本的文化观念，打破传统、信念、道德和价值观，公共职责在一定程度上屈从于商业利益。”（第 145 页）当商业利益凌驾于公共利益之上，公共职责被商业利益所取代时，会给社会带来危害，是一种危险的行为。因此，政府不能置自己的职责于不顾，把社会公众推向危险的境地，尤其是将服刑人员完全置于私人机构的管制之下。“所以，工会及一些机构一直坚持主张政府不宜实行监狱私有化政策，矫正罪犯的职责非政府机构莫

① 敬乂嘉：《从美国监狱私有化看美国公共治理的路径变迁——一个核心职能私有化的视角》，载《复旦公共行政评论》2007 年第 1 期。

属。”（第 141 页）这一观点将私营监狱排除在监狱运营的主体之外，完全否认了私营监狱拥有运营监狱的权力。

2. 政府授权说

这一观点是针对监狱私营化存在违反宪法和法律的指控而提出的。事实上，美国作为一个法治国家，法治是政府作为的底线，在监狱私营化之初就已经对这一问题作出了充分的制度安排。主要是通过立法、修改法律等方式，或明确授权私人部门参与监狱经营和提供公共服务；或设立专门机构实施监狱私营化。这样就解决了监狱私营化中的法律障碍问题。从监狱私营化的实践看，联邦和各州的做法也不尽相同，甚至还有很大差异。一是按照法律的授权，政府和私人部门签订经营监狱的契约，将监狱管理权完全移交给私人部门，政府只是监管者。私营监狱在政府的监管下完全履行政府监狱所享有的监狱管理权，并取得政府购买服务的资金，这是政府购买服务模式。二是政府部分授权给私营监狱。“依据授权，私人监狱可以拥有一些州和地方政府授权分解的部分管理责任，这并不意味着州和地方政府可以授权私人机构全权执行政府职能，全面履行政府义务。”（第 147 页）

政府授权说虽然克服了法律障碍，从形式上看具有合理性，但是同样存在实践中的矛盾冲突和政府的不可免责性。首先，政府对监狱具有的法定职责。“法院确定的是，合同约束下提供改造服刑人员服务的主体，不能对其违反宪法的行动免责。一个不容忽视的问题是，私人企业经营所有监狱机构的适当性和可能适用的更为广义的法律或宪法。”（第 147 页）其次，政府是私营监狱违法行为的最终责任承担者。“管教机构的完全私有化，需要考虑一系列的问题，包括签约政府机构是否对承包者的所有非法行为负责。”（第 147~148 页）“利用私人部门力量和竞争机制虽然使政府免除了一部分管教服刑人员的具体活动，但是在服刑人员改造的社会责任方面，政府仍为最终承担者。”（第 165 页）“实际上，美国的人权法案规定，私人部门可以管理监禁机构，但政府对服刑人员负有最终监管责任。”（第 153 页注释）也就是说，不管哪种形式的监狱私营化，政府都是最终的责任承担者。最后，政府对私营监狱的财务经营状况具有什么样的责任。“如果签约监狱设施条件无法达到宪法要求，由谁最终承担责任并加以赔偿；政府机构是否可以对承包者的行为免责”，（第 147 页）“签约机构是否对承包者破产担负责任。”（第 148 页）这是对私营监狱政府承担责任的延伸研究。

3. 公私分权说

这是一种比较理性的观点。监狱私营化不仅是监狱运营方式的转变，而且是监狱经营理念的变革，在制度设计层面必须预测到可能存在的巨大风险。例如，“私有化监狱的签约者通常可能控制监狱纪律、假释机会，还会出现过度拥挤以及处罚产业化等问题。”（第 63 页）社会公众的担心并非多余，监狱私营化如果得不到有效的监督和规范的管理，就会使监狱成为私人企业牟利的工具，使罪犯成为私人公司奴役的“奴隶”。“问题并不在于监狱私有化本身，而是演变为让人无法接受的囚犯私有化。管教服刑人员，传统认为只能是联邦和州政府的职责，通过以合同方式让出价最低的私人公司管理服刑人员，可能使服刑人员沦落为可出租、买卖的对象。”（第144~145页）因此，只有明确界定私营监狱的权力边界，明晰私营监狱的权利义务关系，才能为政府和社会公众的有效监管和监督提供依据。“在一定程度上，监狱私有化是将政府部分职责转移至私人部门。但是，从美国监狱私有化实践的具体情况来看，私人监狱的出现以及监狱产业的发展，一方面确实改变了政府的行为边界，局部收窄了政府的具体行为范围。另一方面监狱私有化并不意味着政府从提供管教服刑人员的公共服务活动中完全撤出，反而意味着政府必须承担更多的与签约有关的责任，包括如何构建合适的绩效合同并进行绩效监督与绩效考评。”（第165页）从美国监狱私营化的实质内容看，不论是哪一种监狱私营化形式，其实都不是真正意义上的“私有化”，或者监狱全部权能的转移。“Dilulio 认为，政府应该担当法律和道德责任，必须管理监狱，私人管理监狱的激励、创新等优势有失真成分，合适的思路应该是在私人和政府之间进行某种程度的选择和组合。”（第63页）因此，公私分权的监狱私营化经营模式成为解决矛盾纠纷的最佳选择。

“正如 Segan and Moore 所注意到的那样，政府在决定是否私有化和确定私有化范围与边界时，应该注意几个重要问题。首先，决策者必须认识到私有化的不同目标与动机。是否采取私有化，必须全面衡量各个目标，包括促进创新、改进质量、增强责任等方面。最为重要的是应该认识到，节约成本和效率改进本身是私有化所产生的竞争过程所带来的结果，而争胜竞争过程对整个体系有着重要的积极动态效应。其次，应该避免过分依赖成本比较资料与数字。决策者应该认识到成本比较本质上具有静态特征，因为忽略了私有化通过引入私人部门参与提供公共服务所导致的争胜竞争过程所产生的动态效应。再次，以绩效为基础的合同作为州政府签约的合适工具，有助于更好地控制合同承包者，同时确保政府更好地履行职责。绩效合同清楚地规定了承包者必须实现的预期目标，具体工作实施方法则赋予承包者以选择权。承包者被给予选择最能够实现政府绩效目标的创造性和科学方法。绩效合同是实现私有化超越节约成本的广义目标之关键方法，政府购买的是结果，而不是过程，私人企业只有在实现规定质量和绩效目标之后才能得到相应报酬。最后，决策者应该意识到实现需要和拥有选择权的好处。合同必须根据所期望目标进行设计。必须注意的是，特定的私有化方法不是解决所有问题的灵丹妙药，私有化不过是过去20年已经发生在政府内部的多种改革手段中的一个，确保几种可供选择的方法是决策者必须关注的问题。”① 只有如此，监狱私营化才能有序推进、取得实效，才能实现改进管教质量的目标。实际上，私营监狱的公私分权得到了美国社会的普遍认可。“私有化的赞成者和反对者均认为，承包者负责经营和管理监狱，政府仍应保留权威和终极责任。”（第 153 页）

从上述争议的焦点可以看出，“监狱私营化的最麻烦、最基本的问题是，由人民的政府代行的、惩罚那些违反法律的犯罪人的人民的统治权，是否可以交由私营机构行使？问题在于，剥夺他人自由和对他人采取强制措施的权力，是否可以委托给非政府机构行使的问题，而不是这些人或者群体是否可以从他们提供的服务中获利的问题。”② 不仅如此，监狱私营化还牵涉到更为广阔的领域。“伊拉·罗宾斯（Ira P. Robins）认为，监狱私营化还存在下列问题：（1）用什么标准来管理这些机构的运作？（2）由什么人来监督这些标准的实施？（3）公众是否能够接触这些机构？（4）如果私营机构的员工进行罢工，谁来负责维护安全？（5）谁来负责监狱惩戒程序的实施？（6）私营公司是否会拒绝为某些罪犯提供服务，例如，拒绝为患艾滋病的罪犯提供服务？（7）如果私营公司大幅度增加费用，政府将会采取什么对策？（8）如果私营公司宣布破产或者因为不能盈利而退出这项业务，将会发生什么事情？”③

六、结语：美国监狱私营化的启示

美国监狱私营化经过了几十年的实践，在社会公众的谴责、支持和争议中获得了不少的经验和教训。就整体而言，私营监狱的业绩优于政府监狱，“私营监狱为囚犯提供许多培训班，教给囚犯谋生技能，如建筑技术、电脑操作等。美国最大的私营监狱设有 73 种课程，2000 年就有 8000 多人完成了监狱内的短期培训，并获得了相应的技能证书”。④ 正是由于取得了令人瞩目的成绩，才得到了社会公众的认可。但是，不可否认的是，监狱私营化还存在诸多的问题，就技术层面而言，“政府不一定总能与签约的私人监狱形成并维护良好的契约关系，也不一定总能将公共管教体制成功转型为公私参与的混合体制。”（第 168 页）总

① 王廷惠：《美国监狱私有化实践中的政府角色研究》，载《中国行政管理学会 2004 年年会暨“政府社会管理与公共服务”论文集》，2004 年，第 70 页。

② 吴宗宪：《论西方国家的监狱私营化及其借鉴》，陈兴良主编：《刑事法评论》（第 14 卷），中国政法大学出版社 2004 年版，第 361~394 页。

③ 吴宗宪：《论西方国家的监狱私营化及其借鉴》，陈兴良主编：《刑事法评论》（第 14 卷），中国政法大学出版社 2004 年版，第 361~394 页。

④ 张克武：《近距离观察美国监狱》，http://wljy.changde.gov.cn/art/2007/7/10/art_9421_103768.html.

结美国监狱私营化的经验，有以下几个方面的启示：

第一，对监狱私营化必须进行缜密的制度安排和规范的技术设计。正如有学者所言："首先私有化需要政治拥护者，一旦启动私有化进程，政治和行政领导就应宣传私有化哲学，并力争获取外部支持。其次，一旦引入私有化项目，必须设计包括确定私有化时机和制定私有化政策的正式机构，确保有效实施相关政策。再次，政府机构必须采取措施，鼓励私有化。最后，必须获取可靠、完备的政府承担公共服务之相关成本数据，以确保竞争的适当程序，并使决策易于实施和判断。"（第149页）其实，笔者认为，在这一过程中最为主要的是"政治拥护者"和立法支持，二者缺一不可，这是监狱私有化的前提。在美国社会的政治环境中，缺失了其中任何一项，都会成为社会诟病的焦点。

第二，明确确立政府改革的目标，以目标作为考核改革的标准。笔者认为，之所以美国监狱私营化会出现强烈反对的声音，其原因之一就是改革的目标不明确，导致不同的研究者从不同的角度提出不同的衡量标准，运用不同的方法得出不同的研究结论，采取不同的指标体系得出不同的绩效考核数据。从美国监狱私营化的初衷看，就是解决监狱拥挤和提高服务效率，只要这一目标实现了，其他方面就成为监狱私营化的附属品或者监狱私营化的额外收获。正如王廷惠教授所言："如果跳出简单的会计数字比较，结合美国监狱私有化实践借助私人部门力量和竞争过程提高监狱管教公共服务效率而言，私有化的基本思路与政府变革实践一致。就私人监狱产生的竞争过程内生的动态效率而言，政府目标基本得以实现。"（第84页）

第三，在监狱私有化改革模式的选择上，公私分权模式无疑是最佳选择，这是监狱私营化的方向。"将职责、竞争与私人监狱整合进新的监狱体制，形成公、私混合型监狱管理与运行制度，以提高监狱服务质量，控制监狱管教成本，提高整个监狱系统的透明度与责任意识，是改革监狱体制必须关注的重要问题。"（第138页）因此，监狱私营化的努力方向是"强调只要有效组合各种资源和要素，在一定条件下公共组织和私人组织均有可能提高管理绩效，应该在私人和政府之间进行某种程度的选择和组合"。（第55页）通过资源的组合，实现绩效最优化，特别是针对监狱这一特定领域，实现罪犯的矫正教育是首要因素，因此"围绕监狱管教这一公共服务领域，公、私部门，不同层级的政府之间，均以建立良好的利益共生和战略合作关系，呈现出创造性伙伴关系"。（第169页）只有这样，才能真正实现经营监狱的公私合作的混合体制。

第四，必须明确监狱私营化的责任原则。"在传统上，剥夺罪犯的人身自由、管理监狱和监管罪犯，是国家的责任，是一种公共责任（public accountability）。但是，监狱私营化改变了这种观念和做法。那么，在监狱私营化的情况下，如何理解和解决私营监狱与公共责任之间的问题呢?"① 这些责任原则是"（1）罪犯仍然是国家的罪犯；（2）私营监狱的责任、监禁标准与实践，不得比公立监狱差；（3）私营监狱必须遵守现行的规章制度"。"里查德·哈定（Richard W. Harding，1997）认为，在解决私营监狱的责任问题时，必须贯彻下列责任原则（tenets of accountability）：（1）必须严格区分刑罚的分配（allocation）与刑罚的管理（administration），私营公司的责任仅仅局限于刑罚的管理。（2）决不能由那些通过刑罚政策（penal policy）获利的人影响刑罚政策。这意味着，要站在全社会的立场上制定和发展刑罚政策，而不能仅仅为了让一些人从中谋取经济利益而发展刑罚政策……"②

第五，政府在监狱私营化中的角色由单一的主导者转变为多元化，"监狱私有化过程中的政府，不仅是监狱运行质量的看守者和监督者，作为提供公共服务的竞争者，还是提高监狱管理效率的重要力量"。（第170页）看守者、监督者、监管考评者等都是政府在监狱私营化中所扮演的角色，每一种角色都是必不可少的，都与监狱私营化的成败与否密切相关。

---

① 吴宗宪：《论西方国家的监狱私营化及其借鉴》，陈兴良主编：《刑事法评论》（第14卷），中国政法大学出版社2004年版，第361~394页。

② 吴宗宪：《论西方国家的监狱私营化及其借鉴》，陈兴良主编：《刑事法评论》（第14卷），中国政法大学出版社2004年版，第361~394页。

附录1：

王廷惠教授简介

王廷惠，女，1968年7月生，贵州铜仁人，土家族，经济学博士，广东商学院副院长，广东商学院国民经济研究中心主任、教授。兼任暨南大学经济学院博士生导师、广东经济体制改革研究会副会长、中国工业经济学会理事。先后就读于北京大学、中国人民大学和华南师范大学，2004~2006年在北京师范大学经济与工商管理学院从事理论经济学博士后研究。在《中国工业经济》等期刊发表论文50余篇，其中10余篇被《新华文摘》、《高等学校文科学术文摘》、人大复印资料等转载、转摘，出版专著3部：《微观规制理论研究——基于对正统理论的批判和将市场作为一个过程的理解》（中国社会科学出版社2005年版）、《竞争与垄断：过程竞争理论视角的分析》（经济科学出版社2007年版）、《美国监狱私有化研究——私人部门参与提供公共服务分析》（中山大学出版社2011年版）。2003年5月被中共广州市委、广州市人民政府授予"广州市劳动模范"称号，2006年5月被中共广东省委、广东省人民政府授予"广东省劳动模范"称号。代表作为《美国监狱私有化研究——私人部门参与提供公共服务分析》。

附录 2:

《美国监狱私有化研究——私人部门参与提供公共服务分析》目录

第六章 美国监狱私有化实践存在的问题及其前景
第一节 美国监狱私有化实践存在的主要问题
一、私人监狱利润动机与公共目标之间的冲突：政府逃避责任和公共安全隐患
二、私人监狱降低成本和提高效率的优势并不突出
三、监狱劳动力出租与囚犯私有化：监狱劳动力的“新奴隶制度”
四、私人经营监狱失败：责任主体归属
五、法律疑虑：公共权力授予私人主体的宪法正当性及与其他法律的冲突
第二节 监狱私有化前景：尚未结束的私人部门参与提供公共服务过程
一、联邦监狱私有化：私有化的发展
二、合同监督和绩效管理——监狱私有化中日益重要的政府作用
三、收益递减的私有化进程
四、尚未结束的监狱私有化过程：私人部门参与提供公共服务的趋势
第七章 监狱私有化的现实意义
第一节 全面理解监狱私有化
第二节 监狱私有化选择：政府行为边界与行为方式的变化
第三节 监狱私有化最具价值的政策含义：竞争过程与竞争机制制约政府垄断权势
第四节 监狱私有化实践过程中的公私合作——公共服务提供方式的新尝试
第五节 监狱体制改革的可能方向：民事化和非军事化
第六节 监狱改造的社会化：我国监狱体制改革可选择的一个方向
一、服刑人员矫正的根本目标：回归社会的再社会化模式
二、服刑人员改造的非监禁化：监狱行刑实践模式的积极探索——社区矫正
三、服刑人员科学分类与服刑人员矫正的科学化

（中山大学出版社2011年版）

监狱学学科建设与发展的主要观点

2014年9月26日至28日，上海政法学院和江苏省司法警官高等职业学校在江苏镇江共同举办了“2014年政法院校监狱学学科建设与发展研讨会”。研讨会共收到论文50多篇，围绕监狱学学科定位、学科体系重新审视与构建、监狱学人才培养、研究的理念与方法、学科的历史地位进行了研究；对监狱学学科建设与发展面临的新形势、新任务，学科建设的转型发展，以及监狱法颁行以来监狱学学科建设的成就、问题与发展走向等12个方面的问题进行了探讨。同时，来自政法院校、监狱、科研院所的60多位专家学者以及实务工作者就监狱学学科建设与发展基本理论，监狱学学科、专业建设与监狱学人才培养，监狱基本原理与前沿问题三大模块进行了大会研讨。

坚守与展望

——“2014年政法院校监狱学学科建设与发展研讨会”综述

为了促进监狱学学科建设持续、健康地发展，加强全国相关院校及部门之间的监狱学学科研究和学术交流，2014年9月26日至28日，上海政法学院和江苏省司法警官高等职业学校在江苏镇江共同举办了“2014年政法院校监狱学学科建设与发展研讨会”。研讨会共收到论文50多篇，围绕监狱学学科定位、学科体系重新审视与构建、监狱学人才培养、研究的理念与方法、学科的历史地位进行了研究；对监狱学学科建设与发展面临的新形势、新任务，学科建设的转型发展，以及监狱法颁行以来监狱学学科建设的成就、问题与发展走向等12个方面的问题进行了探讨。同时，来自政法院校、监狱、科研院所的60多位专家学者以及实务工作者就监狱学学科建设与发展的基本理论，监狱学学科、专业建设与监狱学人才培养，监狱基本原理与前沿问题三大模块进行了大会研讨。

一、监狱学学科建设与发展的基本理论

监狱学学科建设与发展的基本理论是监狱学研究的基本问题，也是多年以来监狱学发展过程中所遇到的“瓶颈”问题。讨论的重点主要集中在监狱学的学科名称、学科属性、学科地位、学科构成、学科研究方法、研究学派的形成、学术批判、学术争鸣、发展走向，以及监狱学学科建设与监狱工作的接轨等问题上。在这一模块专家学者共提交了18篇论文，在大会研讨中先后有8位代表做了主题发言，其中主要的观点有：

上海政法学院刑事司法学院党总支书记贾洛川教授就新形势下监狱学学科建设发表了自己的观点。认为在监狱学学科建设中存在的问题：一是原创性不足、开拓创新意识不够，拘泥于国外模式和相关学科模式，更难以形成独立学科所需的理论严密性和学派，当代中国监狱学学科建设在原创的意义上还有很长一段路要走。二是学科独立性尚差，监狱科研快餐化、形式化，还没有形成自身独特的体系创建模式，对于监狱学的研究对象、逻辑起点、基本概念、研究方法等都没有形成较好的共识。三是监狱学科学体系建设尚未与当下监狱实践问题研究形成互动机制。四是监狱学学科研究方法单调。五是学科的学术规范尚未健全。为

此，贾洛川教授提出，解决监狱学学科建设问题，必须首先立足于本土取向，重视原创性；重点切入，强化独立性；学科体系建设的根基在于围绕实践性；在学科研究的方法运用上，要体现多元性；在学科建设的品位上，要凸显学术性。从宏观的角度提出，监狱学学科体系是由系统化、专门化且具有内在逻辑联系的体系化的监狱学分支构成的，绝不是若干分支学科的松散结合或简单叠加。建设监狱学学科体系从根本上说就是要按照监狱学学科的内部关系、结构来从整体上研究和发展监狱学学科，自觉促进监狱学学科体系的高度分化和高度综合，进而以整体的功能作用于监狱活动的各个方面、各个领域，以推动监狱事业的全面发展与进步。他同时认为，监狱学学科发展的未来趋势必然是监狱学学派的形成和发展，这是监狱学在21世纪的中国能否真正成为一门独立、自为、成熟学科的重要标志之一。

江苏省司法警官高等职业学校校长张晶研究员以“监狱学学术批评的在场——基于学术批评的监狱学建设”为主题，提出了监狱学学科建设的新观点。他认为监狱学学科建设的基础在于应用现代监狱理念，科学认知囚犯，科学认知监狱，科学认知监狱警察等。在科学认知的基础上，提倡开展学术批评，只有这样，才能推进学科建设，理性引领监狱学科的未来，廓清监狱学领域的是非曲直，彰显监狱学研究的人文精神。他坚定地认为，监狱学没有绝对的权威，没有“学霸”，也没有永远不变的正确。因此，敢于挑战传统、挑战权威、挑战前人，才是监狱学学术批评的创新、突破之道。这种持续、有力度的冒犯，不仅会给监狱学学术研究、监狱学学术批评带来清新的活力和亮色，而且能实现监狱学学术批评的目的。同时，主张监狱学学术批评，其内容是学术，其形式是批评。或者说，一篇标准规范的学术批评就是一篇上乘的学术研究成果。因此，监狱学研究亟待学术批评。当然，监狱学学术批评要注意方法、要注意对象、要注意语气、要注意态度、要注意策略、要注意政策，而不能充满话语霸权、恶意贬损、讥讽不懈和盛气凌人。这就需要评判者的人格品行，需要批评者的学识睿智，需要评判者的胆识勇气。倡导监狱学研究的学术，倡导批评，倡导止于学术的批评。一切不是为了学术的学术批评都是不受欢迎的，更不是倡导的。为此，必须约定相应监狱学学术批评的规则，以促进健康积极的学术批评繁荣，为丰富监狱学研究提供正能量。呼吁监狱学研究的学术批评要体现学术批评的建设性、严谨性、深刻性和善意性。

中央司法警官学院监狱学学院副院长王雪峰教授从宏观的监狱学角度，对监狱学学科的价值、构成与挑战发表了自己的看法。他认为应站在宏观视角看待监狱实践和监狱理论问题，把监狱问题视作一种文化和思想问题，将监狱放在思想史和文化史的视野中进行观察和研究。主张监狱不仅仅是一个机构，还是一种与人性对峙的文化设计。监狱学不仅仅是一种探究监狱运行原理的学问，还是人类对监禁体验反思的文化结晶。监狱作为一种制度设计，是理性的无奈和文化的必然，监禁刑面临的困境也是人类面临的共同困境。要破解困境，就需要进行文化上的反思，而这正是宏观监狱学的价值所在。宏观监狱学的构成是以历史和文化长河中关于监狱问题的实物、记载、论述、文学创作乃至传说为研究对象，是关于监狱的法理、哲理和思想的总汇。倡导宏观监狱学则是以社会整体发展为出发点，关注的是监狱在社会文化演进中的地位变动以及社会对监狱的观念和认识的变化。提出宏观监狱学是对监狱学学科发展和学术谱系重建的一种理论上的观照。对监狱学学科专业建设，监狱学学者要进行角色转变和视角转换，引入其他学科的理论和方法，打破学科畛域，以问题为中心开展多元化研究，为监狱学研究开辟新的思路。

上海政法学院刑事司法学院院长姚建龙教授认为，我国的矫正制度包括违法矫正体系与犯罪矫正体系两大体系，具有多元化与多样化的特点，具有不同于国外矫正制度的特殊性，但这一特殊性一直缺乏系统的理论关注。监狱学虽然是研究矫正制度的领头学科与核心学科之一，但显然并不能替代对矫正制度的研究。提倡以大矫正观为指导，建立矫正学学科，并重构我国的矫正制度，以改变我国目前矫正制度多头管理、分割、交叉、混乱的状况。主张打破目前矫正制度管理的部门界限、违法矫正与犯罪矫正界限、审前矫正与判后矫正界限，主张矫正管理的一体化、矫正人员的一体化、违法矫正与犯罪矫正的一体化、审前矫正与判后矫正的一体化。在大矫正观的指导下，探索建立统一的矫正学，将监狱学、社区矫正学视野之外的其他矫正制度构成部分纳入矫正学的研究范畴，以为我国矫正制度的完善提供理论支持。就矫正学的学科体系而言，其下位学科主要包括两大部类：一是违法矫正学；二是犯罪矫正学。违法矫正学可以分为治安违法矫正学、工读教育学、戒毒学等学科，犯罪矫正学可以分为监狱学、社区矫正学、亚犯罪矫正学等学科。

上海市南汇监狱党委书记王毅结合监狱工作实际，认为在监狱学学科建设中，在研究方法上必须引进质的研究方法，只有用现代的监狱理念培养出来的学生才能管理当代的罪犯。认为我国监狱学研究存在：一是理论上的媚俗、苍白、稚嫩与漂浮的问题；二是监狱理论研究与实际需求相脱离，处于不平衡状态；三是侧重于宏观和中观层面的理论和政策，缺乏与监狱基层一线的互动和对接，跟不上监狱实际发展需要的实务研究，缺乏“地气”；四是侧重于群体或整体规律的研究，忽视了个体差异性的研究。因此，应把质的研究方法应用于监狱学研究。首先是在理论基础上，推广解释主义、批判主义和建构主义理论。其次，在研究方法上，“在自然情景中进行的，关注个体，注重对意义的解释性理解；质的研究通过访谈等多种途径获得资料，采用归纳法分析资料。”主张在质的研究方法运用上，要结合监狱的工作特点和民警的个人能力，尤其是民警（研究者）本身的理论思维水平、学科知识结构、过往经历与经验、科学研究素质与能力、洞察力和判断力以及对质的数据的敏感性等。大力倡导在今后的监狱立法中，不仅要关注罪犯的合法权益保护、心理健康，也必须关注监狱人民警察的权益保护和心理健康问题，关注监狱人民警察的职业成长，二者同等重要，不可偏废，这也是今后一段时期监狱学理论研究中所要重点研究的问题。

山东政法学院警官学院的赵福刚老师总结归纳了监狱法颁行以来监狱学学科建设的发展轨迹及未来走向。认为目前监狱学学科建设取得的成就包括学科称谓逐渐成熟，理论研究不断深化，学科队伍不断壮大，主干课程逐渐丰富，实践基地遍布广泛，学科体系逐渐完善，学科之间相互渗透等。但是，还存在学科定位仍不清晰，监狱学学科体系划分不清，观念落后跟不上监狱实际发展，监狱学教材建设的滞后性，传统意识影响研究视域等问题。在今后的学科建设中，还需要深化监狱学培养模式改革，彰显育人特色；提升学科地位，深化学科研究；加强罪犯矫正技术开发研究，建设实践型学科；培养新时代高素质的符合国家公务员标准的政法精英。

甘肃省武都监狱的王水平科长认为，监狱学学科建设与发展存在监狱学的学科性质定位摇摆不定，建设与发展思路不明确，研究力量整合度不高，课题规划选题分散等“瓶颈”问题。

中央司法警官学院监狱学学院院长史殿国教授在提交大会的论文中阐述了自己的观点。监狱学的理论研究属于学术范畴，监狱学的学科体系应该从理性的角度来构建，监狱学在具体的研究方面应该保持自己相对的独立品格。学术争鸣背景下的监狱学科建设应当坚持科学性原则、整体性原则和民主性原则。目前，我国改造罪犯的理论还存在一些自身无法克服的缺陷，主要包括：从罪犯的犯罪原因来看，监狱的改造工作很难触及或者根除犯罪原因；从改造罪犯的目标——犯罪心理或思想看，监狱的改造工作很难根除其犯罪心理或思想；我国发展中的经济基础制约着社会的上层建筑，改造罪犯的理论设计过于理想化。尽管如此，我国监狱工作同样呈现出了良好的发展势头，法治化、人性化、规范化和国际化趋势凸显。其中，法治化成为我国监狱工作最具本源化的趋势，人性化成为我国监狱工作推行人道主义的内在反映，规范化是我国监狱工作由经验型向科学型转变的一种必然选择，而国际化则是我国监狱工作最终发展的一个历史性选择。提出我国监狱学的发展需要解放思想和实事求是，需要对诸如改造罪犯等重大影响监狱工作全局发展的重大理论问题进行研究和反思，唯其如此，中国社会主义的监狱学才会真正成为一门科学，中国监狱工作才会有一个美好的前景。

上海政法学院刑事司法学院王志亮教授在提交大会的论文《中国监狱学的定性定位定职》中认为，我国监狱学是一门既老又新的专业学科，历经百余年坎坷，几度兴衰，现在有必要对监狱学进行科学的定性、定位、定职。监狱学的定性是指确定监狱学的学科性质，包括三层含义：一是监狱学的学科定性入围，确定监狱学的学科归属；二是监狱学的学科定性入位，确定监狱学的学科定性"着床"；三是监狱学的学科定名，凸显监狱学的学科特色。监狱学的学科定性应圈定为法学，在法学领域范围内，监狱学是法学的派生学科，监狱学是一门独立的学科。监狱学的学科定性入位应在刑事学科上。监狱学的学科定性决定了其学科特点，学科定名为监狱学比较合适。监狱学的定位是指确定监狱学的学科地位，认为应确定监狱学在法学中的位置，应包括两层含义，一层含义为监狱学的独立性如何，这是监狱学的学科本位体现；另一层含义为监狱学的学科设置如何，这是监狱学培养专业人才之所在。监狱学的独立性是其存活的生命之本，监狱学的设置是其存活发展的摇篮，二者密不可分。在法学范围内，监狱学是独立的复合性学科，监狱学有自己独立的研究对象、是一门独立的专业学科，不附属于其他学科；在监狱学的学科设置上，监狱学为法学类的特设专业，特设的特点就是监狱学专业人才培养的特点。监狱学的定职是指确定监狱学的学科职能，包括两个方面，一是监狱学的教学，需要明确监狱学的学科体系；二是监狱学的研究，需要明确监狱学研究的意义。由此，监狱学是以监狱及其执行刑罚惩罚改造犯人为研究对象的一门复合性刑罚执行学科，在法学中占有重要地位，监狱学研究关系到国家政权建设、社会治安、犯人的生命及人身自由等。

中央司法警官学院《中国监狱学刊》编辑部编审闵征在向大会提交的论文中认为，监狱学学科的发展经历了一个由自发到自觉的过程，但近年来监狱学的研究似乎进入一个平台后徘徊不前，甚至有萎缩的趋势。监狱学是研究监狱的，即研究监狱机构内惩罚和改造罪犯的学问。监狱领域在国家政治生活中的地位，公众对监狱事业的态度情感，决定了监狱学学科的存在样态。认为影响监狱学学科发展的因素包括：一是监狱学的地位较低，是非规范学科，它要研究大量的非法律问题，其研究范围和内容不受法律规范的限制，它不仅研究监狱法律规范，而且要研究各种与刑罚执行有关的社会现象。二是监狱学的功用是执行规范，其自身惩罚与改造的"中心性"体现不出创造特质。三是我国监狱学发展在外部环境上也面临许多不利因素，自身发展条件受限。同时认为，我国正处于深化改革、社会巨变的历史时期，监狱学的发展面临挑战和机遇并存，长远地看，监狱学有广阔的发展前景。倡导监狱学的发展应尊重相邻学科，善于在融合中汲取营养，在发展自己的同时，努力为别人的发展助力；为别人借重，也得到外界帮助，提高效率，实现共赢。靠作为赢得地位，大力促进监狱学学科建设，将监狱学优异的成果呈现于世人面前，为行业提供优质的服务，以自己的良好作为求得社会各界的广泛重视和支持，为监狱学的发展赢得更好的待遇和更大的空间。

江苏省司法警官高等职业学校社区矫正专业科教师徐欢在提交大会的论文中认为，在监狱学学科体系构建中，应设立监狱社会学，即运用社会学的理论和方法对监狱这一微观社会进行多方面的研究，以发现监狱环境下刑罚执行中的潜在规律和特殊文化的学科。

二、监狱学学科、专业建设与监狱学人才培养

在这一模块，大家认为监狱学学科、专业建设与监狱学人才培养是紧密相联的问题，只有厘清彼此之间的关系，才能合理配置资源，使监狱学学科建设和发展纳入良性循环的轨道。讨论的重点主要集中在监狱学学科建设与人才培养的关系、监狱学课堂教学与实务型人才培养的关系、监狱学学科体系与实习实训基地构建的关系、监狱学学科建设与监狱学人才培养的路径、现代监狱警察职业化问题、监狱学人才培养的模式等问题上。与会的8位代表从不同侧面发表了自己的意见，其中的主要观点有：

上海政法学院刑事司法学院的魏化鹏老师对监狱学人才培养问题进行了思考。认为当前监狱事业改革发展急需四大类人才：一是监狱管理型人才，其中主要包括罪犯管理、司法警官队伍及有关专业人员管理人才；二是教育改造型人才，这部分人才今后将构成司法警官队伍的主体；三是心理矫正型人才；四是刑罚执行型人才。我国目前监狱人才的培养分为两个部分：一是学历教育部分，即由专门的司法警官院校承担的专科、本科和硕士研究生教育；二是已入职的监狱人民警察的培训教育。在监狱学学历教育和职业培训的过程中，监狱学人才的培养不仅需要优质的师资和一流的硬件设施，同时还需要依托专业化的学科设置，学科设置的优化与否直接决定监狱学人才知识结构是否合理，监狱学人才是我国监狱事业发展的“软实力”，监狱学人才的培养离不开学科建设，对从事监狱管理工作的监狱民警来说，其自身的专业素养直接影响工作的质量和效率。从学科的相关性角度分析，监狱学和刑法学、刑事诉讼法学存在密不可分的关系，监狱学是以刑事法学为基础，广泛运用相关学科的“合成学”。从研究对象的视角分析，监狱学不仅要研究刑罚的执行，还要研究对罪犯的管理、教育、医疗、卫生（包括心理诊断、咨询、治疗）以及监狱文化、监狱设施的构建等多方面的问题，这就需要综合运用管理学、教育学、心理学、犯罪学、精神医学、社会学乃至建筑学等知识。监狱民警不仅应熟悉相关法律知识，也应当是教育、管理专家和洞察罪犯灵魂的心理学工作者。

江苏省司法警官高等职业学校的陈文峰主任从完善人才培养的模式上发表了

自己的观点。认为高职院校监狱学专业应强化实践性教学，应进一步完善“校监合作工学结合”的人才培养模式。“校监合作”指的是学校与监狱的全面合作，是高等职业院校标志性内涵的体现。“工学结合”是学生学习与工作实践的结合，其内涵突出强调学生学习与就业的紧密结合。这种结合必须要对传统的人才培养模式进行较大的改革，要建立一个开放性的人才培养模式，即全新的工学结合的人才培养模式。在这种全新的工学结合的人才培养模式下，要重新架构课程体系、教学团队、教材、校内实训基地和校外实训基地。特别提出了树立开放、温和、宽容、理性的文化观念。认为监狱文化和学校文化的内涵有很大差别，甚至还存在一些相抵触的地方。校监双方要超越区域性的本位需求，积极构建有利于促进双方文化公平表达与多元传播的平台。“开放”要求校监双方解放思想，打开门户，自觉、主动地接受多元的价值观和文化。“温和”要求校监双方要以科学的态度，平等地对待对方的文化，没有偏见和偏激地对待双方文化的冲突与交融。“宽容”要求校监双方求同存异，客观对待客体文化的一些相对性的缺陷和不足。“理性”是坚密型校监合作中文化交融和互惠的最高境界，要求校监双方理智地选择并耦合双方文化中的有利元素，实现学校文化与监狱文化的互惠和互动。

上海市新收犯监狱的蒋成铁认为，从监狱学人才培养的学校教育方面来讲，存在专业课程设置不够全面，不能完全适应监狱的新发展；部分理论研究不切监狱实际，盲目追求新颖，易对监狱学人才的培养产生一定的误区；理论研究缺乏监狱实践调研，教学模式单一；学校教育对监狱学人才素质培养还不全面等问题，应加以克服和解决。

上海政法学院刑事司法学院武玉红教授向大会提交了论文《专业课程建设中例证互动的探讨》，认为在监狱学专业课程建设中应广泛应用和推广例证互动教学法，让教师和学生融入案件、充当角色、明辨现象、寻找答案，进而解决问题。在教学指导思想上实现由教给学生理论知识向教会学生应用知识，提高分析、解决问题能力方向的转变；在教学方法上由“字面解释”的单一灌输式向“实践理解”的互动启发式转变。主张把发展、提高学生的各种能力确定为教学目标的一个重要内容，并将其贯穿于教学的各个环节，把教、学、做事、做人有机地统一在教学过程之中。在学习理论知识的同时，加强各种教学与实际的联系，注重学以致用，使学生在理论与实际的联系中学习知识、认识社会，并提高他们运用法律分析解决问题的能力。

三、监狱基本原理与前沿问题

监狱基本原理是监狱学学科建设和发展的基础，也是专业建设的根基，而监